志情理：藝術的基元

再版前言

　　這套「中國美學範疇叢書」初版於二〇〇一年，時隔十五年再版，作為編委與作者，依然感到書不盡言，言不盡意。

　　中國美學範疇，顧名思義，是對中國數千年源遠流長的美學與文藝史理論的概括。範疇這個術語本是從西方哲學引進的。西方所謂範疇是指人類主體對事物普遍本質的認識與把握。它與概念不同，概念一般反映某個具體事物的類屬性，而範疇則是對事物總體本質的認識與把握。中國美學的範疇與西方美學相比，富有體驗性與感知性，善於在審美感興中直擊對象，這種範疇把握，融情感與認識、哲理與意興於一體，正如嚴羽《滄浪詩話》所說「唐人尚意興而理在其中」。中國美學範疇，實際上是中國古代美學與哲學智慧的彰顯，也是藝術精神的呈現。諸如感興、意象、神思、格調、情志、知音等美學範疇，既是對中國美學與文藝活動的總結與概括，也是人們從事藝術批評時的器具。對中國美學範疇的認識與研究，不僅是一種學術研究與認識，而且還是一種體驗與濡染的精神活動。中國美學範疇的生成與闡述，與個體生命的活動息息相關，這種美學範疇在社會形態日漸工具化的今天，其精神價值與藝術價值越發顯得重要。中國當代美學範疇與精神的構建，毫無疑問應當從中國傳統美學範疇中汲取滋養。

　　這套叢書緣起於一九八七年，當時正是國內人文思潮湧動的時

候，那時我還是在中國人民大學哲學系美學教研室任教的一名年輕副教授。吾師蔡鍾翔教授與中國人民大學中文系的同事成復旺、黃保真教授一起編寫出版了《中國文學理論史》，接著又發起與組織編寫了「中國美學範疇叢書」，歷時十三年，於二○○一年由百花洲文藝出版社出版了第一輯，有《美在自然》《文質彬彬》《和：審美理想之維》《興：藝術生命的激活》《原創在氣》《因動成勢》《風骨的意味》《意境探微》《意象範疇的流變》《雄渾與沉鬱》等十本。我承擔了其中的《和：審美理想之維》《興：藝術生命的激活》兩本。

在編寫這套叢書時，蔡老師作為主編，撰寫了總序，確定了基本的編寫思想，對於什麼是中國美學範疇及其特點，作出了闡釋，將其歸納為：一、多義性與模糊性；二、傳承性與變易性；三、通貫性與互滲性；四、直覺性與整體性；五、靈活性與隨意性。這五點是中國美學範疇的特點。強調中國美學範疇的認識與體驗、情感與理性、個體與總體的有機融合。另外，蔡師也強調「中國美學範疇叢書」的編寫與出版，是隨著中國美學的研究深入而催生的。在上個世紀八十年代初的美學熱中，對於中國美學史的興趣成為當時亮麗的風景線，我在當時也開始寫作《六朝美學》一書。而隨著中國美學史研究的深入，人們越來越對中國美學範疇產生了濃厚的興趣，在當時，意象、意境、境界、神思、比興、妙悟等範疇成為人們的談資，時見於論文與著作中，也是文藝學與美學中的熱門話題。正是有鑒於此，彙集這方面的專家與學者，編寫一套專門研究中國美學範疇的高水平叢書的策劃，便應運而生。正如蔡師在全書總序中所說：「『叢書』選題主要是

元範疇和核心範疇，也包括少量重要的衍生範疇，在這些範疇之內涵蓋若干相關的次要範疇。這是對中國傳統美學範疇的一次全面深入的調查，工程是浩大的、艱難的，但確是意義深遠的，它將為中國美學和中國文論的史的研究和體系研究打下堅實的基礎。」

這套書從策劃到編寫，再到出版，歷經十多年，作為撰寫者與助手的我，見證了蔡師的嘔心瀝血，不辭辛勞。比如揚州大學古風教授撰寫的《意境探微》一書，傾注了蔡老師審稿時的大量心血。儘管古教授當時已經在《中國社會科學》《文藝研究》《文學評論》等刊物發表了相關論文，在這方面成果不少，但是蔡老師本著精益求精的方針，反覆與他通信商談書稿的修改，經過多次打磨與修改之後，最後形成了目前出版的書稿。記得那時我和蔡老師都住在人民大學校內，每次我去他家拜訪時，總是見到他在昏黃的檯燈下伏案看稿與改稿，聊天時也是談書稿的事。有時他對作者書稿的質量與修改很是著急與焦慮，我也只好安慰他幾句。

本叢書體現這樣的學術立場與宗旨。這就是：一、追求「究天人之際，通古今之變，成一家之言」的學術旨趣。每本書都以範疇的歷史演變與範疇的結構解析為基本框架，同時，立足於探討中國美學範疇的當代價值與當代轉化。作者在遵循基本體例的同時，又有著鮮明的個性與觀點，彰顯「和而不同」的學術自由精神。二、本著「萬物並育而不相害，道並行而不相悖」的兼容并包之襟懷，融會中西，將中國美學範疇與西方美學與文化相比較，盡量在比較中進行闡釋，避免全盤西化或者唯古是好的偏執態度。

　　值得一提的是，叢書的第一輯出版後，在二○○二年五月二十五日，叢書編委會與江西百花洲文藝出版社在中國人民大學中文系舉行了第一輯的出版座談會，當時在京的一些著名學者侯敏澤、葉朗、童慶炳、張少康、陳傳才，以及詹福瑞、韓經太、左東嶺、朱良志、張晶、張方等學者參加了座談會並作了發言，我也有幸與會。學者們充分肯定了這套叢書的出版對於推動中國美學的研究，有著積極的意義，認為這套書具有很高的學術水準。與會者讚揚這套書體現了古今融會、歷史的演變與範疇的解析相貫通的學術特色，同時也提出了中肯的意見。正是在這些鼓勵之下，叢書的編委會與作者經過五年的繼續努力，於二○○六年底出版了叢書第二輯的十本，即《美的考索》《志情理：藝術的基元》《正變‧通變‧新變》《心物感應與情景交融》《神思：藝術的精靈》《大音希聲——妙悟的審美考察》《虛實掩映之間》《清淡美論辨析》《雅論與雅俗之辨》《藝味說》等。第二輯與第一輯相比，內容更加豐富，涉及中國美學與藝術的一些深層範疇，寫法愈加靈動，與藝術創作的結合也更加明顯。顯然，中國美學範疇研究的水平隨著叢書的推進也得到相應的提升。

　　從二○○六年叢書第二輯出版至今天，一晃又過去了十年。令人哀傷的是，蔡老師因病於二○○九年去世了。原先設想的出版三十本的計劃也終止了。在這十年中，中國美學範疇的研究有了很大的進展，比如將中國美學範疇與中國文化、中國哲學相連繫的論著問世不少，將中西美學範疇進行比較研究的成果也頗為可觀。但是這套叢書的學術價值歷經時間的考驗，不但沒有過時，相反更顯示出它的內在

價值與水平。時值當下對中國傳統文化與國學的研究與討論的熱潮，這套叢書的實事求是的治學態度，認真負責的撰寫精神，以及浸潤其中的追求人文與學術統一、古今融會、中西交融的學術立場，不追逐浮躁，潛心問學的心志，在當前越發彰顯其意義與價值。在當前研究中國美學的書系中，這套叢書的地位與價值是不可替代的，在今天再版，實在是大有必要。在這十年中，發生了許多變故，叢書的顧問王元化、王運熙先生，副主編陳良運先生，編委黃保真先生，作者郁沅先生等，以及當初關心與幫助過這套叢書的著名學者侯敏澤、童慶炳先生，還有責任編輯朱光甫先生，已經離世，令人傷懷。對於他們的辛勞與幫助，我們將永遠銘記在心。今天，這套叢書的再版，也蘊含著紀念這些先生的意義在內。

本次再版，百花洲文藝出版社本著弘揚優秀傳統文化的宗旨，經過與作者協商，在重新校訂與修訂的基礎之上，將原來的叢書出版，個別書目因各種原因，未納入再版系列。相信此次再版，將在原來的基礎之上，提升叢書的水平與質量。至於書中的不足，也有待讀者的批評與指正。

袁濟喜

二〇一六年十二月三十一日

總序

範疇，是對事物、現象的本質連繫的概括。範疇在認識過程中的作用，正如列寧所指出的，它「是區分過程中的梯級，即認識世界的過程中的梯級，是幫助我們認識和掌握自然現象之網的網上紐結」(《哲學筆記》)。人類的理論思維，如果不憑藉概念、範疇，是無法展開也無從表達的。美學範疇，同哲學範疇一樣，是理論思維的結晶和支點。一部美學史，在一定意義上也可以說是一部美學範疇發展史，新範疇的出現，舊範疇的衰歇，範疇含義的傳承、更新、嬗變，以及範疇體系的形成和演化，構成了美學史的基本內容。

中國傳統美學範疇，由於文化背景的特殊性，呈現出與西方美學範疇迥然不同的面貌，因而在世界美學史上具有獨特的價值。中國現代美學的建設，非常需要吸納融匯古代美學範疇中凝聚的審美認識的精粹。自二十世紀八十年代後期以來的十餘年中，美學範疇日益受到我國學界的重視，古代美學和古代文論的研究重心，在史的研究的基礎上，有逐漸向範疇研究和體系研究轉移的趨勢，這意味著學科研究的深化和推進，預計在二十一世紀這種趨勢還會進一步加強。到目前為止，研究美學、文藝學範疇的論文已大量湧現，專著也有多部問世，但嚴格地說，系統研究尚處在起步階段，發展的前景和開拓的空間是十分廣闊的。中國傳統美學範疇的特點是很突出的，根據現有的

研究成果，大致可以歸結為以下幾點：

一、多義性和模糊性。範疇中的大多數，古人從來沒有下過明確的定義或界說，因此，這些範疇就具有多種義項，其內涵和外延都是模糊的。如「境」這個範疇，就有好幾種含義。標榜「神韻」說的王士禎，卻缺乏對「神韻」一詞的任何明晰的解說。不僅對同一範疇不同的論者有不同的理解，同一個論者在不同的場合其用意也不盡相同。一個影響很大、出現頻率很高的範疇，使用者和接受者也只是仗著神而明之的體悟。

二、傳承性和變易性。範疇中的大多數，不限於一家一派，而是從創建以後便一代一代地傳承下去，成為歷代通行的範疇，但於其傳承的同時，範疇的內涵卻發生著歷史性的變化，後人不斷在舊的外殼中注入新義，大凡傳承愈久，變易就愈多，範疇的內涵也就變得十分複雜。如「興」這個範疇，始自孔子，本是屬於功能論的範疇，而後來又補充進「感興」「興會」「興寄」「興托」等含義，則主要成為創作論的範疇了。

三、通貫性和互滲性。古代美學中有相當數量的範疇是帶有通貫性的，即貫通於審美活動的各個環節。如「氣」這個範疇，既屬本體論，又屬創作論；既屬作品論，也屬作家論，又屬批評、鑑賞論。至於各個範疇之間的互滲，如「趣」和「味」的互滲，「清」和「淡」的互滲，包括對立的互轉，如「巧」和「拙」的互轉，「生」和「熟」的互轉，就更加普遍。因而範疇之間千絲萬縷、交叉糾纏的關係，形成一個複雜的網絡。

　　四、直覺性和整體性。許多範疇是直覺思維的產物，其美學內涵究竟是什麼，只可意會，不可言傳。典型的例子如「味」這個範疇，什麼樣的作品是有滋味的，如何賞鑒作品才是品「味」，怎樣才是「辨於味」，「味外味」又何所指等等，都是不可能用言語來指實，只能是一種心領神會的直覺解悟。既然是直覺的，即不經過知性分析的，就必然是整體的把握。如風格論中的許多範疇，何謂「雄渾」，何謂「沖淡」，何謂「沉著痛快」，何謂「優游不迫」，都不可條分縷析。直覺性與模糊性無疑是有不可分割的連繫的。

　　五、靈活性和隨意性。漢語中存在大量的單音詞，其組合功能極強，一個單音詞和另一個單音詞組合便構成一個新的複音詞。中國古代美學利用組詞的靈活性，創建了許多新的範疇，如「韻」和「氣」組合構成「氣韻」，「韻」和「神」組成「神韻」，「韻」和「味」組成「韻味」，等等。而這種靈活性可以説達到了隨意的程度，一個主幹範疇能繁育滋生出一個龐大的範疇群或範疇系列，舉其極端的例子而言，如「氣」，不僅構成了「氣韻」「氣象」「氣勢」「氣格」「氣味」「氣脈」「氣骨」，還演化成「元氣」「神氣」「逸氣」「奇氣」「清氣」「靜氣」「老氣」「客氣」「孱氣」「傖氣」「山林氣」「官場氣」等等，當然這些衍生的名稱未必都算得上範疇，但確有一部分上升到了範疇的地位。

　　上述這些傳統美學範疇的特點，也就是研究中的難點，要給予傳統美學範疇以現代詮釋，而不是以古釋古，難度是很大的。根本的問題在於古今思維方式的差異。我們現代的思維方式，基本上是採納了西方的思維方式，因此在詮釋中很難找到對應的現代語彙，要將傳統

美學範疇裝進現代邏輯的理論框架，便會感到方枘圓鑿，扞格難通。中國的傳統思維，經歷了不同於西方的發展道路，即沒有同原始思維決裂，相反地卻保留了原始思維的若干因素。我們不能同意西方某些人類學家的論斷，認為中國的傳統思維還停留在原始思維的水平。中國古人的理論思維在先秦時代已達到很高的水平，所保留的原始思維的痕跡，有些是合理的，保持了宇宙萬物的整體性和完整性，不以形式邏輯來切割肢解，是符合辯證法的原理的，在傳統美學範疇中也表現出這種長處。因此，研究中國美學範疇，必須結合古人的思維方式，連繫整個中國傳統文化的大背景來考察，庶幾能作出比較準確、接近原意的詮釋。範疇研究的深入自然會接觸到體系問題。中國古代美學家、文論家構築完整的理論體系者極少，但從範疇的整體來看是否構成了一個統一的體系呢？範疇的層次性是較為明顯的，如有些研究者區分為元範疇、核心範疇（或主幹範疇）、衍生範疇（或從屬範疇）等三個或更多的層次。但範疇之有無邏輯體系，研究者尚持有截然不同的觀點。我們傾向於首肯「潛體系」的說法，即範疇之間存在有機的連繫，範疇總體雖然沒有顯在的體系，卻可以探索出潛在的體系。但要將這種「潛體系」轉化為「顯體系」並非易事，因為這是兩種思維方式的轉換，轉換實際上是重建。有些研究者梳理整合出了一套範疇體系，只能是一家之言，是一種先行的試驗。由於對個別範疇還未研究深透，重建整個中國美學理論體系的條件就沒有完全成熟。於是我們萌發了一個構想，就是編輯一套「中國美學範疇叢書」，每一種（或一對）範疇列一專題，寫成一本專著，對其美學內涵作詳盡的現代

詮釋，並盡量收全在其自身發展的不同歷史階段上的代表性用法和代表性闡述，力爭通過歷史的評析揭示各範疇內涵邏輯展開的過程。「叢書」選題主要是元範疇和核心範疇，也包括少量重要的衍生範疇，在這些範疇之內涵蓋若干相關的次要範疇。這是對中國傳統美學範疇的一次全面深入的調查，工程是浩大的、艱難的，但確是意義深遠的，它將為中國美學和中國文論的史的研究和體系研究打下堅實的基礎。

這一工程從一九八七年開始策劃，歷時十三年，得到許多中青年學者的熱烈響應。更有幸的是，在世紀交替之年，獲得江西省新聞出版局和百花洲文藝出版社領導的大力支持，在他們的努力下，「叢書」被列入「十五」國家重點圖書出版規劃，「叢書」共計三十本，預定在四年內分三輯出齊。為此組織了力量較強的編委會，投入了充足的人力、物力、財力，力爭使「叢書」成為精品圖書。我們萬分感佩江西出版部門充分估計「叢書」學術價值的識見和積極為文化建設做貢獻的熱忱。最終的成果也許難以盡愜人意，但我們相信「叢書」的出版，必將在中國美學範疇研究的長途跋涉中留下一串深深的足印。

蔡鍾翔

陳良運

二〇〇一年三月

提　內
要　容

　　「志」「情」「理」接近於西方所謂的「知」「情」「意」，構成主
體性的三維，在審美和藝術活動中不可或缺。本書按探源 —— 征實
—— 發微的順序全面整理了中國傳統美學的「志」「情」「理」三個範
疇。首先主要從宏觀的哲學的視角切入，描述範疇的歷史演變，展示
前人的認識所已達到的深度和廣度；然後從藝術批評層面評述歷史上
有代表性的相關觀念，諸如「言志」說、「緣情」說等，分析其合理性
與侷限性；最後落實於發掘古典範疇的豐富內涵，努力會通中西，連
接古今，實現創造性地轉化，以期確立傳統範疇在現代美學理論體系
中的應有地位。全書條分縷析，立論切實，新見間出，既充分地占有
了史料，又深入地進行了闡發，較好地達到歷史與邏輯的統一。

目次

導　言

整理中國古代美學範疇，往往會涉足雙重兩難境地。

其一，很多美學範疇既是哲學範疇又是藝術批評範疇，三者其實並不同一。檢索古人的相關闡述，一般來說，哲學家們的言論要相對精確和嚴密，藝術批評家們的用語則涵義較為模糊和寬泛。即使是同一個人，當他從宏觀的文化視角表述一個範疇時，所取的是哲人的立場；而當他評析具體的文藝作品時，同樣的語詞卻賦予泛化的內涵，例如王夫之等對「志」範疇的運用就是如此。

基於這種情況，如果僅依據哲人的闡述，美學範疇就可能非美學化，我國古代哲學雖然基本屬於人類學哲學，但先哲們首先關注的一般是道德而不是審美；而如果只遵從批評家們的觀點，則任何一個範疇的內涵與外延都難以確定，這樣勢必使現代闡釋仍停留於混沌狀態。值得慶幸的是，我們的先人無論是哲學家還是藝術批評家都關注人生，在人生與藝術的關聯上我們能夠找到有關的切合點，而這種切合點又正好是美學所要考察的領域。

　　其二，整理一個範疇既需要史學家的眼光，又需要理論家的膽識，也就是既須「照著講」又須「接著講」。「照著講」要求充分尊重歷史，對前人觀點儘可能不斷章取義，不任意閹割；「接著講」要求有現代思想和理論系統，對前人的觀點有鑑別，有取捨，不片面地信從，不盲目地照搬。如果脫離前人的相關觀點，立論必然失之空疏，固不足取；但若囿於各種史料無以自拔，同樣難有作為。例如，「情」與「志」兩個範疇現代已有明確區分，如果我們仍然堅持先秦時代的渾沌用法或中古時期孔穎達提出的「情、志一也」的命題，那麼除了以一個史學家的立場實錄歷史外，還能夠期望做些什麼呢？

　　發掘古代的文化遺產應著眼於促進當代的文化建設。為了建設當代的審美文化，我們需要把握古典美學的潛在體系；為了把握這一潛在體系，又需要逐一整理其中的各個範疇。顯而易見，範疇研究是從史實研究走向原理研究的過渡環節。如果說史實研究偏重於「照著講」，原理研究著重於「接著講」，那麼範疇研究則應該尋求這兩種方式的大致諧調。立足於既存的歷史材料，著眼於當代的原理建設，在闡釋每一範疇時都力圖有創造性的轉化，這是擺在我們面前的任務。

　　從上述考慮出發，本書對每一範疇的整理都分為三個部分：第一部分主要從哲學、心理學角度描述範疇的歷史演變，展示先哲的認識所已達到的深度和廣度。對於美學領域而言，這是從思想史上「探源」。第二部分主要從藝術批評角度評述有代表性的基本觀點，分析其合理性與侷限性。對於美學研究而言，這又可謂是「徵實」。第三部分則真正立足於美學層次，對傳統範疇作現代闡釋，希冀會通中西，連結古今，探幽發微。美學本來就是介於哲學與藝術學之間的一個領域，其涵蓋面較之一般哲學要窄，較之藝術批評要寬，美學範疇只有定位於二者之間的中介區域才易辨明。相應地，撰寫各部分的態度也

有所不同，如果說第一部分著重於「述」，第二部分兼之以「評」，第三部分則著重於「立」。

「立」是本書的最終目的。「立」確實應該力求公允。然而在人文學科中，絕對公允的觀點幾乎沒有；而儘可能公允固然可取，卻易於導致見解平平。何況許多史實表明，當代認為公允的見解未必能得到後世的認同，當代認為不公允的觀點也可能對後世產生積極影響。

因此，筆者並不唯公允是求，只希望通過本書做些墊石鋪路的工作。如果一孔之見具有參考價值，有益於學界迸發思想的火花，即是莫大的欣慰。範疇整理中的立論部分應該是歷史與邏輯相統一的結晶，這是一個永遠達不到極限的課題；我們只能勉力為之，儘可能攀登到超越於前人、無愧於當代的高度。

本書所探討的「志」「情」「理」三個範疇，只是中國傳統美學範疇系譜中的一小部分；不過，三者結合在一起，也自成一個世界。

由於「理」一般是知性的產物或內容，「志」與「意」（意志）本屬一體，所以它們接近於西方一直流行的「知」「情」「意」之分。柏拉圖有一個著名的「馬車」喻試圖揭示三者的對立統一關係。他說：

我把每個靈魂劃分為三部分，兩部分像兩匹馬，第三部分像一個御車人。……頭一匹馬占較尊的位置，樣子頂美，身材挺直，頸項高舉，鼻子像鷹鈎，白毛黑眼。它愛好榮譽，謙遜和節制，因為懂事，要駕馭它並不要鞭策，只消勸導一聲就行。至於頑劣的馬恰相反，龐大，拳曲而醜陋，頸項短而粗，面龐平板，皮毛黝黑，眼睛灰土色裡帶血紅色，不規矩而又驕橫，耳朵長滿了亂毛，又聾，鞭打腳踢都難得使它聽調度。[1]

---

[1]　柏拉圖《文藝對話集》第131頁，人民文學出版社1963年版。

這段描述非常形象，馬車伕是理智，白馬是意志或激情，黑馬是情慾。它也具有一定範圍內的真理性，人們在日常生活中經常出現如同這樣一架馬車的情形：理智確定目的、方向，意志或激情與之密切配合，情慾則常常被周圍的感性對象所羈絆。不過，柏拉圖主要是從政治和道德的立場上評價三者的價值屬性，並以此為基礎規定它們的應有關係。他首先關心的是國家的治理，認為哲學家（「知」）當為君主，軍人（「意」）是輔助力量，以統治農工商（「情」）。顯而易見，柏拉圖在「馬車」喻中所考慮的「意志」帶有他律性質，對「情慾」的定性更是太灰暗，而「理智」實際上也並非那麼高尚、純潔，它有時使人成為某種社會規約的犧牲品的負面作用未被充分注意。美學著眼於人的自由、完滿的生存，著眼於人的審美和藝術活動。從這一角度看，「知」「情」「意」的關係比「馬車」喻所揭示的要複雜得多，三者的個別內涵和相互關係有待我們深入辨析。

我國先哲對於人類心性的把握絕不比西方人遜色，他們關於「志」「情」「理」的論述也是一筆寶貴的思想財富。先哲從不同方面的體味和開掘，深入到問題深處及其方方面面。

當然，他們的有關論述大多是分散的，隨機的，需要我們披沙揀金。整理這三個範疇，將大量相關史料中的閃光點按其既有的和應有的邏輯組織、集中起來，有可能成為美學研究領域一道亮麗的風景線。

我們不敢奢望一蹴而就。但是完全可以肯定，系列的範疇研究將有益於當代審美文化的建設，將有助於中國傳統美學走向世界。

上編

志

第一章

「志」範疇的歷史變遷

第一節　以「心」為本──「志」的字義諸說

　　漢字是象形文字，一個字的涵義往往從其字形構造上即可約略見出。「志」字便是典型的一例，有關它的字義的諸種說法，都以對其字形的不同判斷為基礎。

　　現存的遠古文獻，最古老的原始文本當是銘刻文字。有關文物表明，「志」字出現很早，矦馬盟書寫作𢖶，中山玉壺銘為𢖩，古鉢刻成𢗄，看似由「止」與「心」二字合成，據此或可訓為「心之所止」。東漢時許慎撰《說文解字》，本來未曾收錄此字，直至五代年間的徐鉉增補了十九字，「志」字是其中之一，篆體寫作𢖶。另在古文楷書中寫作「𢖽」，顯然是由「之」與「心」二字合成，因此人們普遍訓為「心之所之」。隨著字形的進一步演變，「志」終於成為由「士」與「心」組

成的上下結構，於是又有「志者士之心也」之説。

　　上述三種訓釋歧異明顯，似難統一。不過，若深入一層看，仍不難發現它們內在的相通相洽之處。其一，三者都認定「志」的下部結構是「心」，因此均以「心」為本位闡釋「志」的涵義，且都潛在地認為這是一個形聲兼會意字。其二，「士之心」説是建立在後來的字形演變基礎上的，突出強調了所指謂的心性因素的價值屬性，與其他兩種解釋是相容關係，使涵義更具確定性，雖然可備一説，但不涉及詞源學上的論爭。其三，第一、二兩種字義也有相通之處，遠古時代「止」「之」二字不僅字形相似，涵義也很接近。據《説文解字》，「之」古寫作「㞢」，其意是「出也。象草過屮，枝莖漸益大，有所之也。『一』者地也。」「止」古寫作「止」，其意為「下基也。象草木出有阯。」清代著名文字訓詁學家段玉裁注曰：「『屮』象草木初生形，『㞢』象草木過中枝莖益大，『出』象草木益滋上出達也。」他還認為，「之」具「往」義是引申，「以止為足」更是「引申假借之法」。（《説文解字注》）

　　有鑒於此，我們無意於嚴格甄別何者為「志」的真正詞源義，而只關注此字的基本涵義，客觀地介紹具有代表性的觀點。

一、「志也者臧也」

　　《荀子》〈解蔽〉篇中給「志」規定了一種最寬泛的涵義，值得我們首先注意。其中寫道：

　　心何以知？曰虛壹而靜。心未嘗不臧（同藏——引者）也，然而有所謂虛；心未嘗不兩也，然而有所謂一；心未嘗不動也，然而有所謂靜。人生而有知，知而有志，志也者臧也；然而有所謂虛，不以所已臧害所將受謂之虛。心生而有知，知而有異，異也者同時兼知之，

同時兼知之兩也；然而有所謂一，不以夫一害此一謂之壹。心臥則夢，偷則自行，使之則謀，故心未嘗不動也；然而有所謂靜，不以夢劇亂知謂之靜。

　　這段話的要旨在於闡釋「虛壹而靜」，所用的方法是排除對立面，即通過屏「志」而達到「虛」，通過排雜而達到「一」，通過息「動」而達到「靜」。所謂「志也者藏也」，係指所有心裡貯存的知識經驗（自然也包括情感經驗）。由於「虛」與「壹」「靜」密切相聯，所以「志」也與心理內容的豐富性、心理活動的動態性密切相關，它約略相當於後人所理解的「意」；更具體一點說，它涵括「志意思慕」等。

　　現代詩人、學者聞一多先生堅持和發展了荀子的這一觀點。在《詩與歌》一文中，聞一多先生從訓詁學出發，竭力論證「志與詩原來是一個字」。在他看來，「志」有三個意義，一是記憶，二是記錄，三是懷抱，這三個意義正代表著詩的發展的三個主要階段。他明確指出，「志」字從止，從心，本義是停止在心上。停止在心上也可說是藏在心裡，故荀子稱「志也者藏也」，而《詩序疏》所講的「蘊藏在心謂之為志」，最為確詁。藏在心裡也就是記憶，所以「志」又訓「記」。「詩」字訓「志」，最初指記誦而言。詩的產生本來在有文字之前，當時專靠言語記憶而口耳相傳，詩有韻和整齊的句法，便是為了記誦。文字產生以後，文字記載取代了心理記憶，既然記憶謂之「志」，那麼記載也謂之「志」，所以古時幾乎一切文字記載都稱作「志」。「詩」字訓「志」，第二個古義必須是記載。那時的詩也就是史，史官也就是詩人。社會繼續發展，散文應運而生，至此「志」「詩」二字的用途才分家，由習慣派定，韻文史稱作「詩」，散文史則稱作「志」。詩的第三個發展階段是與歌合流，詩的本質是敘事，歌的本質是抒情，經合流

而記事與抒情平等發展，於是形成「《詩》三百篇」。「志」的第三種意義由此產生，它訓作「意」，「意」也可說是「懷抱」。[1]

對於聞一多先生描述的詩歌發展階段，我們可以持保留態度。斷言詩與歌較晚才「合流」，與現代人類學的普遍發現相悖；該文著重論證「詩的本質是記事的」，指的是「《詩》三百」以前「詩歌發展的大勢」，但所列的史料多在「《詩》三百」出現的年代之後（左丘明與孔子約略同時，他記述史實一般採用的是當代語言）。如果不為尊者諱的話，人們便會感到這樣的論證難以信服。相應地；「志」的涵義是否存在由「記憶」始，經「記載」而達到「懷抱」的歷程，同樣缺少充足的依據。[2]儘管如此，「志」作為「心之所藏」的原初意義不容忽視，美學史上人們長期堅持的「詩言志」命題，常常是泛指詩歌表達主體內心所蘊藏的各種內容（亦即「意」「懷抱」等）。

二、「志者，心之所之」

漢代學者註釋先秦典籍，已見將「志」作為心之所向解。如鄭玄注《禮記》〈學記〉，釋志為「心意所趨向」。不過，將「志」明確解為「心之所之」是在宋代。五代時的學者雖然指出了「志」由「之」與「心」合成，但是僅把它作為形聲字，釋之為「意」，宋代學者則進一步認為它是形聲兼會意字。朱熹反覆強調：「志者，心之所之」（《朱子語類》卷五），「心之所之謂之志」（《論語集注》〈為政〉）。朱熹的學生陳淳在《北溪字義》中論述更為具體：

> 志者，心之所之。之猶向也，謂心之正面全向那裡去。如志於

1　《聞一多全集》第一卷，第185-191頁，三聯書店1982年版。

2　「記憶」與「懷抱」二者密切關聯。「記載」可以由「記憶」引申，「懷抱」卻很難由「記載」生發。

道，是心全向於道；志於學，是心全向於學。一直去求討要，必得這個物事，便是志。若中間有作輟或退轉底意，便不得謂之志。……志是趨向，期必之意。心趨向那裡去，期料要怎地，決然必欲得之，便是志。人若不立志，只泛泛地同流合污，便做成甚人？須是立志，以聖賢自期，便能卓然挺出於流俗之中，不至隨波逐浪，為碌碌庸庸之輩。若甘心於自暴自棄，便是不能立志。

　　這段論述代表了當時學界所已達到的思想高度，對「志」的把握已不再泛泛地稱之為「心之所藏」，而明顯地將它與「情」「意」等心理因素劃出了界限。首先，它指出「志」是心之所期，相對於人的現實生存具有超越性。其次，立志是人的本質特性之所在，只有立志才能成為人所應該有的樣子。其三，立志而付諸實踐當是全身心的，志在心靈中起著統帥的作用。第四，人之志具有陽剛、堅毅的特性，若選定了高遠的目標卻中途畏難而裹足不前，則只能算作是無志。

　　陳淳的論述也是對久遠的文化傳統的繼承。先秦時期諸子的言論與著作已普遍將「志」作為追求的理想或追求的堅毅本身理解，其中尤以孔子、墨子、孟子等更是如此。《論語》中記述孔子多次言及志，〈述而〉篇提出「志於道，據於德，依於仁，游於藝」的著名命題，〈為政〉篇中又自述「吾十五而志於學」，所謂「志於」就是「努力追求於」之意。孔子還常常與學生一道言志，如〈公冶長〉篇記述道：

　　顏淵、季路侍。子曰：「盍各言爾志？」子路曰：「願車馬衣裘，與朋友共。敝之而無憾。」顏淵曰：「願無伐善，無施勞。」子路曰：「願聞子之志。」子曰：「老者安之，朋友信之，少者懷之。」

　　無庸置疑，這裡言「志」即是表達理想、襟抱，其義就是「心之所之」「心之所期」。

　　除諸子著作外，先秦的其他典籍也常取此義。《左傳》〈襄公二十七年〉中「過於其志」的「志」即含「心之所期」意。《尚書》〈盤庚上〉記盤庚的話：「予告汝於難，若射之有志」，顯見這裡的「志」有「所向的目標」義。《周易》中的彖傳與象傳有幾十處用「志」，多作「欲求」解，如「有命無咎，志行也。」（〈否〉）「鳴謙，志未得也。」（〈謙〉）作「理想」解也不乏其例，如「君子以致命遂志」（〈困〉）。「志」的陽剛特性也有揭示，如「剛中而志行，乃亨。」（〈小畜〉）語例不勝枚舉。

　　宋代以後，「志」為「心之所之」義得到普遍認同。

三、「志者，士之心也」

　　「志」，或理解為「心之所藏」，或理解為「心之所之」，兩種涵義在先秦典籍中均已存在，我們很難從典籍出現的先後來確定二者何者在先，何者在後。[3]不過，從邏輯上看，表示心理活動的名詞往往是寬泛意義出現於前，嚴格意義出現於後。這符合人類對心理因素的辨析由混沌逐漸趨向明了的認識行程。據此我們不妨臆測，「志」作為「心之所藏」義早於「心之所之」義，「心之所藏」可以涵括各種心理內容，而「心之所之」則相對來說特別指稱人的意向。至清代，段玉裁注《說文解字》，雖然主要依據漢代的訓詁之學，卻也吸收了宋代義理

3　漢代學者熱衷於經學，對先秦典籍作了許多綴補乃至竄改。事實上，漢代學者較之先秦的主要思想家更為頻繁地採用「志」的寬泛含義。例如，其時「志」「識」已殊字，蔡邕在《石經》中將《論語》〈子張〉「賢者識（記）其大者」寫作「賢者志其大者」。

之學的部分成果。《說文解字》釋「志」，原作「從心，之聲」，段注則改為「從心之，之亦聲」，添加兩字，字義更為明確化。

關於「志」的字義，近人還有一解，即釋為「士之心」[4]。如果說前兩種字義的歧異主要建立在對「志」字上部結構的不同理解上，那麼，第三種字義不僅以字形的進一步變化為基礎，而且直接限制了「心」的含義。隨著人們對表示心性的範疇理解的深入，「志」「意」「情」等所指的區劃更加清楚，一個範疇所指涉的範圍相對縮小是必然的。儘管如此，「志」的第三種字義規定仍在一定程度上吸收了前二者的成分。它一方面肯定「志」為心之「存主」，有「心之所藏」義；另一方面又堅持「志」為心所「嚮往」，含「心之所之」義。

從思想史的發展演變看，這種解釋的出現也是順理成章的。自孔子和孟子以「帥」來比擬「志」在人的心性中的地位以來，「志」的價值屬性多為後世學者所公認，有志與無志，志高與志卑等是衡量一個人品格修養的重要尺度。王夫之堅持宋儒的看法，認為「志」為人心之主，並將「執持其志」看作是「正其心」的關鍵，他說：

孟子曰：「不動心有道。」若無道，如何得不動？其道固因乎意誠，而頓下處自有本等當盡之功，故程子又云：「未到不動處，須是執持其志。」不動者，心正也；執持其志者，正其心也。……孟子之論養氣，曰「配義與道」。養氣以不動心，而曰「配義與道」，則心為道義之心可知。以道義為心者，孟子之志也。持其志者，持此也。（《讀四書大全說》卷一）

4　蔡仁厚《孟子修養論》：「志字合士與心二字而成。前人云，志者，士之心也。故士必立志。」（載於《孟子思想論集》第75頁，台北，1982。

持志便使心有存主，心有存主則正，心之正者必然趨向於仁，趨向於道，由此互互綿綿，篤實精靈，一力到底，心之存主和心所嚮往實為一體之兩面。在這種意義上，筆者認為南唐徐鍇《說文解字繫傳》〈通論〉的闡釋最為簡潔明了：「心者直心而已，心之所之為志。」

當然，美學畢竟不同於道德哲學。在古代道德哲學中，「直心」一般被理解為道義之心、理義之心；而在美學中，人們寧願將它看作是未被異化或重新復歸了的真心。正是這種絕假純真之心的嚮往與憧憬，構成了「志」在藝術活動乃至整個審美文化中的恆久地位。

第二節　各領千秋——先秦諸子論「志」

中國哲學的主幹是心性之學，中國文化最突出的部分是「心的文化」（徐復觀語）。這種特點在先秦時代即已奠定基礎。先秦思想界最有代表性的諸子，無不關注個體安身立命之所。只是他們所代表的社會群體不同，所追求的人生境界也不盡一致，因而對某些心性因素的把握出現歧異。我們容易看到，儒、道、墨三家都重視「志」，它們從不同角度予以闡釋，其觀點各領千秋。

一、儒家：「志」是人生乾健之抱負

自孔子始，「志」已是一個內涵明確的哲學概念。僅據《論語》中的記述，孔子直接談及「志」的言論就有十四處（《禮記》等典籍引述孔子言「志」之語也有多處），它們幾乎無一例外地作為「心之所期」和「心有存主」的涵義運用。幾千年來，這種把握顯示了它經久不衰的頑強生命力，奠定了後世有關「志」的闡釋的基礎。

首先，孔子以「志」指稱人生的理想、襟抱。如「盍各言爾志？」

（《論語》〈公冶長〉）「何傷乎？亦各言其志也。……亦各言其志也已矣。」（《論語》〈先進〉）理想即是心之所期，心有所期則往往使人心有存主。所以「志」的這一涵義是最基本的。

其次，將「心之所期」與「心有存主」兩方面結合起來，「志」又可意指追求某種有價值的目標的堅韌毅力，所以孔子經常教導其學生要「志於道」「志於仁」以及「志於學」。堅韌的追求之中包含了今天所謂的「意志力」。

其三，「志」既然是堅毅的，因而便具有陽剛的性質，所以孔子將「志士」與「仁人」對舉，要求君子處世，既要有仁愛精神，又要有貞剛品質，「無求生以害仁，有殺身以成仁。」（《論語》〈衛靈公〉）他稱讚伯夷、叔齊的行為高潔，「不降其志，不辱其身」（《論語》〈微子〉）。

其四，「志」既是高遠的理想，又是堅韌的毅力，因此在人的心靈活動中發揮柱石作用，難以動搖，於是可以說：「三軍可奪帥也，匹夫不可奪志也。」（《論語》〈子罕〉）以個體之「志」與三軍之「帥」相類比，是後世學者直接以「志」為「人心之主」觀念的濫觴。孔子似乎已意識到「志」在人的心性中植根很深，故不可強奪。

最後，對於這種心性因素如何培養？孔子指出的辦法是：「隱居以求其志，行義以達其道。」（《論語》〈季氏〉）這就是說，礪志與個體修養密切相關，即使是做做德行高潔的人也須自省自立，隱居便於反身觀照，自勉不息。後世出現的「養志」說的源頭可以上溯於此。這段話還包含了「志」與「道」（主要是人道）相通或相守的思想。

即使以現代的視界為參照，我們也不能不說，孔子對「志」的把握既很切當，又較全面。

到了孟子的時代，「志」在意識形態中的地位進一步提升，成為一個重要的哲學範疇。究其原因，一是世風日下，社會道德系統幾近崩潰，士人若關注現實又不願與之同流合污，就必須高揚主體性與之抗衡；而「志」正是高揚主體性的決定因素。二是學術「向內轉」的傾向明顯，孟子與同時代的莊子對人類心靈的理解較之前人邁進了一大步；在一定意義上說，孟子才是心學的真正奠基人，各種心性因素的辨析至此更為明朗化。

二程（程顥、程頤）曾談到：「孟子有功於聖門，不可勝言。仲尼只說一個『仁』字，孟子開口便說『仁義』。仲尼只說一個『志』，孟子便說許多『養氣』出來。」[5]其實《孟子》一書講「義」、講「氣」，都與「志」之拓展有關。二程說孟子較孔子和顏回「多了些英氣」，儘管略帶貶義色彩，卻也是中的之論，這「英氣」正是孟子尚志的踐形。

孟子對「志」的論述，繼承了孔子的思想，並特別在以下幾個方面有新的發展。

其一，孟子將「志」明確地提到人之心性的中樞位置，並對「志」「氣」的關係作了揭示。他說：「夫志，氣之帥也；氣，體之充也。夫志，至焉；氣，次焉。故曰：『持其志，無暴其氣。』」（《孟子》〈公孫丑上〉）在這裡，「志」與「氣」都基本屬於意向性的心理活動，將二者區分開來並加以層次上的定位，對後世產生了深遠的影響。

其二，孟子所理解的「志」，是「居仁由義」之心，是心之正位。《孟子》〈盡心上〉記述了一段對話。當王子墊問：「士何事？」孟子簡潔答道：「尚志。」再問：「何謂尚志？」孟子進一步解釋：「仁義而已矣。……居仁由義，大人之事備矣。」後世所謂「志者，士之心」的說

5　轉引自朱熹《四書集注》〈（孟子）序說〉。另見《二程遺書》卷十八，文字稍有出入。

法，主要依據的是孟子這一觀點的長期流傳。

其三，孟子認為，「志」既然是心之正位，那麼矢志不渝就是大丈夫的必備品格。不管在何種境遇中，本心不失，此志不挫。他寫道：

居天下之廣居，立天下之正位，行天下之大道。得志，與民由之；不得志，獨行其道。富貴不能淫，貧賤不能移，威武不能屈。此之謂大丈夫。（《孟子》〈滕文公下〉）

這段話充分體現了孟子所崇尚的理想人格：剛中而志行，獨立而不倚，身處濁世而不同流合污，面對惡勢力而寧折不彎。後世學人修身養性多循此教，有的即使屢屢罹難，仍能百折不撓，譜寫出人生的「正義歌」，其美的光華千秋永存。孟子還將「志」與「勇」相聯，指出：「志士不忘在溝壑，勇士不忘喪其元。」（《孟子》〈萬章下〉）在他看來，持志就是執持正義，以道德自律，這樣的人意識到即使自己將屍拋山野、身首分離也義無反顧。

其四，相應地，孟子認為，若失志便是放失了人的本心，不能「居仁由義」，這是「自暴」「自棄」（《孟子》〈離婁上〉）。要扭轉這種現實生活中普遍存在的狀況，根本的辦法是「求放心」，或者換句話說是「尚志」，因為「先立乎其大者，則其小者弗能奪也」（《孟子》〈告子上〉）。

此外，孟子還初步區分了「意」與「志」，對「神志」也曾述及，這些我們將留待後面討論。

宋代的楊時曾指出，《孟子》一書，只是要正人心，可謂中的之論。為正人心而尚志，志的地位故而空前突出。

　　孟子之後，荀子也常言及「志」，且往往「志」「意」連用，大致
相當於今人所謂的「意志」「意欲」，是與「血氣」「知慮」並列的概念。
儘管其內涵較之前人所述無所拓展，但也是指稱心靈乾健的意向，如
他寫道：「志意修則驕富貴，道義重則輕王公，內省而外物輕矣。」
（《荀子》〈修身〉）

　　先秦儒家以孔、孟為代表，在惡劣的社會環境中致力於尋求自我
實現，他們宣傳社會的王道理想，強調個體的人生價值，鑄就了「知
其不可而為之」的崇高人格。他們尚志，是對道德理想的弘揚，是對
剛正人格的禮讚，因此同樣具有美學意義。

二、墨家：「志」為對象化的自由意志

　　墨家學說在先秦時代一度與儒家學說並列而稱為「顯學」，不容忽
視。墨家學說的核心範疇是「兼愛」，它近於儒家所謂的「仁」但又有
顯著不同，即主張不分親疏，愛無等差，所謂「兼」為周遍之意。出
於這種博大的兼愛精神，墨家非常注重身體力行，敢於吃苦耐勞，勇
於自我犧牲，顯示了令人敬畏的意志力量。由此可見，墨家重志也在
情理之中。

　　對於個體之志，墨家主要著眼於以下幾個方面。第一，「志」與
「行」的連繫。《墨子》〈經上〉說：「行，為也。」《墨子》〈經說上〉
則進一步闡釋：「志行，為也。」這就是說，志與行結合才有作為，有
志之行約略相當於現代所謂的實踐。第二，「志」與「勇」的連繫。墨
家較之孟子更早地將「志」與「勇」連繫在一起，《墨子》〈經上〉寫
道：「勇，志之所敢也。」孔子講過「勇者不懼」，墨家更將「勇」看
作是「志」的表現。第三，《墨子》中還提出「志功」概念。當時魯國
國君有二子，一者好學，一者好施，魯君詢問當立哪一位為太子，墨

子回答說：「吾願主君之合其志功而觀焉。」（《墨子》〈魯問〉）「志」是心靈的意向，「功」是行為的效果，這是主張將主觀的動機與客觀的效果結合起來評價一個人。第四，墨家還將「志」與「智」連繫起來，提出「志不強者智不達」（《墨子》〈修身〉），認為無志或志不強毅的人學習將不能精進，智慧也就不能通達。總起來看，墨家所考察的個體之志約略相當於現代心理學所謂的「意志」，是一種乾健的心理品質。

　　我們不應忘記，墨家是一個帶有宗教性質的團體，維繫團體成員的基本紐帶是對「天」的信仰。墨家所信奉的「天」是人格化了的「天」，它有目的、有意志，至高無上，向人世頒佈法令，要求世人行義、兼愛：

　　天欲義而惡不義。（《墨子》〈天志上〉）

　　天之志者，義之經也。（《墨子》〈天志下〉）

　　天之慾人之相愛相利，而不欲人之相惡相賊也。（《墨子》〈法儀〉）

　　「天志」既然是廓然大公的至理，不可違拗的準則，那麼自然就成了衡量現實生活的是非的根本標準。所以《墨子》中又寫道：

　　我有天志，譬若輪人之有規，匠人之有矩。輪、匠執其規矩以度天下之方圓，曰：「中者是也，不中者非也」。（〈天志上〉）

墨家是怎樣知道「天志」的呢？他們沒有像猶太人的《舊約》那樣，描述神對先知的直接指示，看來所謂「天志」只能來自於他們心靈的領悟。更進一層說，「天志」的基本內容是要人們兼愛與行義，交相利而勿相殘，這正好是人類的普遍追求或族類意志。族類意志其實存在於每一個人類成員的心靈中，它從心靈深層呈現出來而非由外鑠，也就是自由意志。墨家其實是不自覺地將自由意志對象化為「天志」來為人世立法。

墨子學派所論述的「志」已昭示表裡之分，具有重要意義。他們所述的個體之志相當於現代普通心理學中的「意志」，對於審美活動關聯不大；他們所述的「天志」則是人類的自由意志，既是道德立法的根基，又是審美文化得以產生的根據。古往今來，人們所追求的審美人生境界實即自由意志的體現，如陶淵明的《桃花源記》就可謂是自由意志之所向的形象化表達。

三、道家：注重相天體道之「神志」

儒家和墨家都力爭在現實社會條件下有所作為，與之相反，道家主張「無為」。因此不難理解，老莊哲學對現實社會實踐活動（志行）中起制導作用的「志」往往持貶抑態度。

《老子》一書有三章言及「志」，或作為「心之所欲」理解，或作為「抱負」「意志」把握，用法與儒、墨兩家沒有多大差別。老子顯然更強烈地感受到通常所言之志的乾健、陽剛特性，故稱「強行者有志」（《老子》〈三十三章〉）；而他是主張處世當以柔弱勝剛強的，因而主張「弱其志」（《老子》〈三章〉）。在道家看來，人們通常所謂的「志」是一種強烈的慾念，必須摒除。《莊子》中認為「富、貴、顯、嚴、名、利六者」為「勃志」，主張「徹志之勃，解心之謬，去德之累，達道之塞」（〈徐無鬼〉）。這種觀點雖然是偏激的，卻同時是深刻的。因

為只有超越直接的功利慾念才有精神上的自由與灑脱，莊子之學對華夏審美文化的積極影響也正在於此。

《莊子》中一方面批判「勃志」，一方面又崇尚「獨志」。什麼是「獨志」呢？一般的闡釋即是心靈至專至靜，唯有一志。《莊子》〈大宗師〉描述道：「若然者，其心志，其容寂，其顙頯。淒然似秋，暖然似春，喜怒通四時……」王夫之解釋這段話甚為中的：「志，專一也。……志字虛用，謂心不可得而窺測，惟有一志耳。」（《莊子解》卷六）更深入一層看，「獨志」乃是相天體道的神志。通觀《莊子》全書，談「一」與「天」之處特別多，其所以如此，是因為作者總是潛心追求「游心於物之初」，所謂「一」也就是一之於天。「獨志」即順天歸一之志，實即「游心」的近義詞，具體一點説就是「靈台一而不桎」「藏乎無端之紀，游乎萬物之所終始」（《莊子》〈達生〉）。「游乎萬物之所終始」即是體道，所以相天與體道原本是同一精神活動。莊子又曾描述：

　　若一志，無聽之以耳而聽之以心；無聽之以心而聽之以氣。耳止於聽（從俞樾校改——引者注），心止於符。氣也者，虛而待物者也。唯道集虛。虛者，心齋也。（《莊子》〈人間世〉）

「一志」即「至一」，「至一則生虛」（王夫之語），如此心靈方能聽氣得道。所謂「心齋」，實可理解為摒除感性的慾念與知性的思慮後任志而游。「無思無慮始知道」，任志所之方能體道。

莊子學派的這種取向本身極富審美意味，所謂「一志」與「游心」即是審美活動的悦神悦志境層。「神」與「志」緊密相聯，「用志不分，乃凝於神」（《莊子》〈達生〉）。進入這一層次，便實現心靈的澄明與

精神的自由。《莊子》〈知北遊〉描述道：「澹而靜乎？漠而清乎？調而閒乎？寥已吾志，吾往焉而不知其所至，去而來而不知其所止。」由於「志」是至一合天的心靈能力或心靈狀態，所以它又是潛在的真我，莊子學派主張人應該「非其志不之，非其心不為」（《莊子》〈天地〉）。真我原是完完全全，是人所應該有的樣子，因此《莊子》中又說：

> 樂全之，謂得志。（〈繕性〉）

> 循於道之謂備，不以物挫志之謂完。（〈天地〉）

審美活動能讓人在精神上全面占有自己的本質，將人從異化狀態帶入本真生存。就其基本的宗旨而言，莊學本質上是一種美學。

第三節　新的突破——柳宗元論「天爵」

一、自荀子起：認識的表淺化

孟子和莊子雖為不同學派的代表人物，但是二者對人類心靈的理解都達到了前所未有的深度。在他們之後的很長時間，沒能出現真正的繼承者。隨著人們對心性認識的表淺化，「志」在人學研究中的地位開始跌落。

荀子將「志」界定為「臧」，既是一種學術貢獻，又是一種思想偏離。之所以稱之為學術貢獻，是因為它是迄今所見到的對於「志」的最早定義；之所以說它是思想偏離，是因為這一定義幾乎未曾考慮此前諸子的通常用法。幸而這一定義以其相對模糊多義而能為人們接受，若明確釋「志」為識（記）則顯見是以偏概全。

　　《荀子》一書，君本思想非常濃重，作者主要從君主如何治國平天下角度觀察和討論問題。相對於此，個體人的價值與尊嚴、理想與追求，都顯得無足輕重。且看下面的幾則論述：

　　志意致修，德行致厚，智慮致明，是天子之所以取天下也。（〈榮辱〉）

　　志意定乎內，禮節修於朝，法則、度量正乎官，忠、信、愛、利形乎下。（〈儒效〉）

　　凡用血氣、志意、知慮，由禮則治通，不由禮則勃亂提侵。（〈修身〉）

　　第一則對君主言，是奉勸；第二則就儒者言，是誇讚；第三則涉及所有人，是要求。三則的思想一以貫之，就是個體志意要合乎禮，有利於君主取天下、治天下。儒家文化中以群體性湮沒個體性的特點主要由荀子造成，由於荀子是位大學者，他的觀點對中國文化的發展產生了重大的影響。從審美角度看，其影響主要是負面的。

　　秦漢幾百年間，荀子的思維模式占據著思想界的主導地位。《呂氏春秋》中專列有〈博志〉篇，稱頌孔丘、墨翟「晝日諷誦習業，夜親見文王、周公旦而問焉」；然而作者肯定先賢「用志如此之精」，不過是為了達到輔助君主所欲必得、所惡必除、建立功名之「大務」。按照這種邏輯，全天下臣民之志都應服從君主一人之志。董仲舒將「志」作為一般的心意理解，如說：「禮之所重者在其志，志敬而節具，則君子予之知禮；志和而音雅，則君子予以知樂；誌哀而居約，則君子予

之知喪。故曰：非虛加之，重志之謂也。」（《春秋繁露》〈玉杯〉）將禮樂與心志比較，肯定後者是內在的決定的因素，不無道理，只是所重之「志」缺少先秦諸子的深刻意味。值得注意的是，董仲舒提出「心之所之為意」（《春秋繁露》〈循天之道〉），正是後人對「志」的定義。西漢另一部重要著作《淮南子》受荀子影響相對較小，對個體較為重視，它主張「心欲小而志欲大，智欲圓而行欲方，能欲多而事欲鮮」，要求「窮不失操，通不肆志」（〈主術訓〉），對「志」之價值可謂重視，遺憾的是同樣也缺少深層哲理的開掘。

二、東漢至六朝：「志」範疇的沉沒

東漢以後的著作家，少見有人重視「志」的討論。其中王充崇尚志，主要作為人的動機把握，認為它的價值高於實際成果，只要志高遠，一時成果細微也是值得讚賞的。他說：「志善不效成功，義至不謀就事，義有餘，效不足，志巨大而功細小，智者賞之，愚者罰之。」（《論衡》〈定賢〉）只是按其思維的理路，注定難以深入把握「志」範疇。

魏晉南北朝本是一個思想大解放、個性得張揚的時代，令人不解的是，此時思想界的思辨水平雖然重新躍起，「志」範疇卻被拋棄於人們的理論視野之外。王弼注《周易》《論語》，對其中「言志」之處竟不及一顧；郭象注《莊子》，也未就這一範疇作深入探討。個中原因，也許是人們注目於諸如「有」「無」關係和「形」「神」關係等問題的討論，有所為而有所不為。

儘管如此，「詩言志」的觀念仍然存在，「志」與「情」時常對舉使用，只是普遍地言之泛泛，未能作深入拓展罷了。並且，人們在日常教人處世中，仍然極為重視「志」。如諸葛亮說：「立志當存高遠。慕先賢，絕情慾，棄凝滯……若志不強毅，意不慷慨，徒碌碌滯於

俗，默默束於情，永竄伏於凡庸，不免於下流矣。」（《誡外甥書》）嵇康甚至斷言：「人無志非人也。」（《示兒》）他們已看到，作為一個人，「志」提供了生活的目標與生存的價值，於人生必不可少。這種情況預示著「志」範疇不會在思想界永久埋沒。

三、柳宗元論「天爵」：「志」範疇莊嚴復出

南北朝時期華夏文化的中心轉向南方，南朝文化總體上看逐漸失去了乾健精神。隋唐之際，許多有識之士深感有必要為當代文化輸入陽剛之氣，孔穎達及「初唐四傑」等再度強烈關注「詩言志」問題。盛唐的文化人普遍心態外傾，「寧為百夫長，勝作一書生」，「志」被再度重視合乎邏輯。不過，盛唐文化雖然總體風貌是空前繁榮的，但需要靜守書齋的學術事業卻相對萎縮，這一時期在文化史上的建樹非常炫目，而在思想史方面的地位則甚是平平。

至中唐，韓愈振臂呼籲，要直承孟子，恢復「道統」，成為思想史上的一次重大轉折的開始，它開啟了宋明理學的初源。由於韓愈本人無暇於收視反聽，其實對人的心性並沒有深刻、周密的把握。他重養氣，提出了一些有價值的看法，但對「志」的理解則未見深入，基本停留於日常用語水平上，如說：「布衣之士，身居窮約，不借於王公大人則無以成其志。」（《與鳳翔刑尚書書》）此「志」審美意味甚微，功利色彩較濃，實為莊子學派所斥的「勃志」。

也許是由於一貫主張「統合儒釋」，對天人之際探究較深之故，柳宗元論「天爵」，竟打開了一片新的視野。他寫道：

> 仁義忠信，先儒名以為天爵，未之盡也。夫天之貴斯人也，則付剛健、純粹於其躬，倬為至靈。……剛健之氣，鍾於人也為志，得之者，運行而可大，悠久而不息，拳拳於得善，孜孜於嗜學，則志者其

一端耳。純粹之氣，注於人也為明，得之者，爽達而先覺，鑑照而無隱，眈眈於獨見，淵淵於默識，則明者又其一端耳。明離為天之用，恆久為天之道，舉斯二者，人倫之要儘是焉。故善言天爵者，不必在道德忠信，明與志而已矣。……故聖人曰：「敏而求之」，明之謂也；「為之不厭」，志之謂也。道德與五常，存乎人者也；克明而有恆，受於天者也。（《天爵論》）

這段話最為值得注意的有以下幾點：第一，從天人關係上推測人之志來自自然（天）之氣，且具有剛健的特性。《周易》中講「天行健，君子以自強不息」，涉及「志」卻未直接點明，柳宗元則作了明確的推斷。第二，它將人與生俱來的能力歸結為「志」與「明」，認為二者較之道德忠信更為根本，這超越了先秦儒家的認識，比同時代的韓愈要深刻。孟子以「仁義忠信」為「天爵」（《孟子》〈告子上〉），將觀念形態的某些道德原則也納入先天的範圍，不免牽強；從現代觀點看，柳宗元的看法更令人信服。第三，這段論述在我國思想史上最突出的貢獻在於揭示了人類心靈的雙向對立運動：「志」屬於心靈中孜孜以求自我實現的意向性系列，「明」屬於心靈中靜默地觀照事物的認識性系列，二者處於人類心靈活動的根基地位。這種區分與西方亞里士多德對心靈的功能作認識與欲求之分不謀而合，並為現代心理學家所認同。如果結合莊子學派的用法，所謂「明」也可看作是包含有「志」（神志）的潛在作用的心靈能力。

在中國古代思想史上，柳宗元的這一真知灼見不僅前無古人，而且後少來者，實在難能可貴。

第四節　融合會通——宋明理學家認識的深化

宋代是一個崇文抑武的朝代。雖然在抵禦外敵中屢屢敗北，常受屈辱，可是在文化建樹上卻全面展開，無論是道德文化、科學文化還是審美文化領域，宋人都創造出新的輝煌。

相對於科學文化，道德文化與審美文化的連繫更為密切，因為二者同屬人文領域。宋代的一些文學藝術家（如歐陽修、蘇軾等），往往同時是哲人；宋代的道德哲學家（如邵雍、程顥、朱熹等），也往往同時是詩人或藝術愛好者。道德哲學力圖塑造現實的理想的自我，而審美文化真正使人在精神上成為理想的自我。正是在道德與審美的交叉點上，中華學人普遍滋生出推崇志的心理傾向。當然，宋代哲人論「志」，主要著眼於道德，無論是張載、二程，抑或朱熹，都是如此。

宋代理學造就我國思想史上可與先秦和魏晉南北朝比肩的第三座高峰，其成果多為明清學者所承繼。當然，明清學人在此基礎上也不乏建樹。對於「志」範疇的擴展，尤其值得注意的是王陽明、王夫之和葉燮。

一、張載與二程的討論

由於對人的心性的研討不斷深入，宋代學者熱衷於「志」的討論，一時蔚為風氣。

張載開此風氣之先。《正蒙》中言及「志」之處雖然不算太多，但往往出語精闢。他融主體之氣與宇宙之氣而為一，認為所謂「天人交相勝」，又可落實於「氣」與「志」的相互作用和矛盾方面主導地位的轉化：

氣與志，天與人，有交勝之理。（《正蒙》〈太和〉）

　　天以「氣」化生人，人當借「志」才可能勝天。因此，「志」統領著人生眾事，教育人當以「志」為本：

　　志者，教之大倫而言也。（《正蒙》〈中正〉）「志」所以處於這樣的地位，一方面在於它直接推動人們對世界的認識，所謂「志常繼則罕譬而喻」（《正蒙》〈中正〉），也就是「雖有未知，聞志即喻，不待廣譬」（王夫之語）；一方面在於它從根本上制導著人格的造就，「志大則才大事業大，故曰『可大』，又曰『富有』；志久則氣久德性久，故曰『可久』，又曰『日新』。」（《正蒙》〈至當〉）

　　此外，張載還明確區分開「志」與「意」二者，他指出：

　　蓋志、意兩言，則志公而意私爾。（《正蒙》〈中正〉）

　　這一區分非常重要，它至少適用於倫理學中意志的自律與他律之分。後經王夫之闡發，「意」與「志」屬於表、裡關係更進一步得到確認。

　　二程與張載處在同一時代，且關係甚密，觀點常有相通處。他們強調為人處事當以「立志為本」。在程顥看來，「志定」就是「一心誠意，擇善而固執之」（《河南程氏文集》卷一）；程頤也認為，所謂「立志」就是「至誠一心，以道自任」（《程氏文集》卷五）。

　　志當存高遠。按二程的看法，有志者自尊自信，以最高的標準為參照而孜孜追求，否則不能稱作有志。程頤指出：

　　志無大小。且莫說道，將第一等讓於別人，且做第二等。才如此

說，便是自棄。……言學便以道為志，言人便以聖為志。自謂不能者，自賊者也。（《程氏遺書》卷十八）

目標既如此高遠，所以他們認為，不僅玩物喪志，而且著書、做官也「奪人志」。

二程認為這樣的「志」當為人的主心骨，即「心之所主」或「不動心」（王夫之曾稱讚這種觀點「昭千古不傳之絕學」）。用比喻性的說法：

人心作主不定，正如一個翻車，流轉動搖，無須臾停。所感萬端。……心若不做一個主，怎生奈何？……有人胸中常若有兩人焉，欲為善，如有惡以為之間；欲為不善，又若有羞惡之心者。本無二人，此正交戰之驗也。持其志，便氣不能亂，此大可驗。（《程氏遺書》卷二）

前人（如孟子）本有「志」與「氣」在一定條件下互動的觀點，程顥認為它缺少普適性，修養深厚者既已一心誠意擇善而固執之，氣動怎能使之志移？所以他說：「一動氣則動志，一動志則動氣，為養氣者而言也。若成德者，志已堅定，則氣不能動志。」（《程氏遺書》卷一）

二程還提出「養志」說。依程子之思，天理本存在於人的心中，所以寂然不動，感而遂通。「養志」的關鍵在於本心的體認。它合乎孟子所謂的「反身而誠」，又近於莊子所謂的「心齋」：「『坐如屍，立如齋』，只是要養其志，豈只待為養這些氣來？」（《程氏遺書》卷二）

張載與二程都屬於宋代著名理學家，儘管他們關於「理」「氣」關

係的理解有所不同（這種不同被當代學界過分誇大了）。他們都著重思考人生問題，張載提出「德性所知」，程顥拈出「天理」二字，都是將視點落實於心靈深層，正因為如此，才有對「志」的推重。人生之志同時也是審美活動的指路星，所以對人生之志的論述必然具有審美意味，實際上已超出倫理學的範圍。

二、朱熹的集釋

當今的哲學史著作大都將朱熹認作是宋代理學的集大成者，這是有道理的。朱子學識宏富，兼收並蓄，且持論力求公允，大有吸納諸家之長而合為一個思想體系之勢。《近思錄》的編纂突出體現了他為學的志趣；《朱子語類》討論了宇宙論和人生論多方面的基本問題，幾乎無所不包。

不過，筆者管見，朱子首先是一個大學者，其次才是一個思想家。他治學的側重處在於闡釋先哲的觀點，較多從既有的文化遺產中搜尋而無暇於心靈深層的叩問，因此他既缺乏張載、二程等前輩的開拓精神，又不及同時代陸九淵那樣富有生氣。[6]朱子論「志」，幾乎面面俱到，但新見較少。現將他的一些基本觀點照錄如下：

①志若可奪，則如三軍之帥被人奪了。……志執得定，故不可奪；執不牢，也被物慾奪去。（《朱子語類》卷三十七）

②志最要緊，氣每不可緩。……持其志，便是養心。（《朱子語類》卷五十一）

6　陸九淵認為「《六經》皆我註腳」，朱熹則堅持「我注《六經》」。前者更體現思想家的氣魄，後者則是學者的風範。當然，時代的變遷與文化的發展使任何闡釋都有「我」在。

　　③心之所之謂之志。……志乎此，則唸唸在此，而為之不厭矣。
（《論語集注》〈為政〉）

　　④人之為事，必先立志以為本，志不立則不能為得事。雖然立
志，苟不能居敬以持之，此心每泛然而無主，悠悠終日，亦只是虛
言。立志必須高出事物之表，而居敬則常存於事物之中，令此敬與事
物皆不相違。（《朱子語類》卷十八）

　　⑤志是心之所之，一直去底。意又是志之經營往來底，是那志的
腳。凡營為、謀度、往來，皆意也。所以橫渠云：「志公而意
私。」……志是公然主張要做底事，意是私地潛行間發處。志如伐，意
如侵。（《朱子語類》卷五）

　　⑥意者，心之所發；情者，心之所動；志者，心之所之，比於
情、意尤重。（《朱子語類》卷五）

　　⑦情又是意底骨子，志與意都屬情。（《朱子語類》卷五）

　　語例①繼承了孔子的觀點，可惜沒有看到「志」同時是人的「似
本能」（馬斯洛語）傾向，闡釋淺俗化，不及二程的有關言論深刻。語
例②沿襲孟子的思想，只是沒有進一步展開。語例③給予「志」的字
義以明確的規定，較之漢末鄭玄所講的「心意所趨向」更簡潔。語例
④闡述的是人們歷來重視的立志問題，不過將它與「居敬」連繫起來，
較有新意。大致說來，立志是要超越現實，「居敬」才能實事求是，二
者不可偏廢。語例⑤闡釋「志」與「意」的關係，稱「志如伐，意如侵」

實在是隨意比附，不得要領。語例⑥⑦闡釋「志」「情」「意」三者的區別與連繫，一方面以之為並列關係，另一方面又以之為種屬關係，似乎自相矛盾；由於係門徒記錄，我們可以理解為因語境不同而發，但斷定「志」屬「情」而不屬於「性」則顯然有違先哲之所指。

總起來看，朱熹論「志」較為全面而少有創見，較為細密卻欠缺深刻。據說國外學術界很重視朱熹「志」「意」論的研究，有的學者還就他這方面的言論整理成專題論文。[7]如果著眼於中國思想史的總體發展，對於朱子有關「志」「意」論的學術價值，實在不宜估計過高。

三、王夫之的總結

在中國古代思想史上，王夫之才是對前人有關「志」範疇的研究進行系統總結的巨擘。他對「志」的研究既全面，又深刻。

在王夫之之前，我們有必要提及明代的王陽明。這位心學大家對人的心性研究在前人基礎上更趨深入，「志」作為最基本的心性因素，地位自然凸出。切就人的社會實踐活動來說，王陽明認為：

> 志不立，天下無可成之事。雖百工技藝，未有不本於志者。……志不立，如無舵之舟，無銜之馬，漂蕩奔逸，終亦何所底乎？（《教條示龍場諸生》）

而就人的個體生存而言，「志」同樣具有本原意義：

> 夫志，氣之帥也，人之命也，木之根也，水之源也。源不浚則流息，根不植則木枯，命不續則人死，志不立則氣昏。（《示弟立志說》）

7　見[美]陳榮捷文，《中國哲學》第五輯，三聯書店1981版。

王陽明直接將「志」等同於命、根、源，這是前無古人的。並且，王陽明的道德哲學的核心觀點是「致良知」，「志」的自覺其實也是良知顯現。他談到：

「從心所欲，不踰矩」，只是志到熟處。（《傳習錄》上）

善念發而知之，而充之。惡念發而知之，而遏之。知與充與遏者，志也，天聰明也。（《傳習錄》上）

這樣理解在某種程度上統一了先秦時代孟子和莊子兩派對「志」範疇的不同把握，「志」被看作人與生俱來的惟精唯一、冥合本原的自由意志。從思想史的發展看，王陽明可以說是從朱熹到王夫之之間的重要過渡人物。

王夫之論「志」，顯示了前所未有的高頻率，他的主要著作如《詩廣傳》《周易外傳》《讀四書大全說》《莊子解》《張子正蒙注》《思問錄》等從不同角度反覆論及「志」；王夫之的「志」論，又呈現出前所未有的氣勢，縱橫捭闔，融會貫通，不僅關係於人生論，而且涉及宇宙論。

首先，「志」從何來？王夫之表達了類似於柳宗元的看法，認為它來自天、來自道。他指出「志」乃「性之所自含」（《讀四書大全說》卷八），且為「乾健之性」（《張子正蒙注》〈神化篇〉）。我們知道，先哲普遍認為，「天命之謂性」，「性」是與生俱來的。「志」所以能治「氣」，在於它以「道做骨子」：

天下固有之理謂之道……故道者，所以正吾志者也。志於道而以道正其志，則志有所持也。蓋志，初終一揆者也，處乎靜以待物。道

有一成之則而統乎大，故志可與之相守。（《讀四書大全說》卷八）

「志」作為基本的心性因素，由於與「道」相守且兼具眾理，所以它「本合於天而有事於天」（《莊子解》卷十九）。有事於天在於它能治「氣」，這樣，「志」與「氣」的關係也就成了天與人相為有功。他發揮了張載的思想，指出：

氣者，天化之撰；志者，人心之主；勝者，相為有功之謂。惟天生人，天為功於人而人從天治也。人能存神儘性以保合太和，而使二氣之得其理，人為功於天而氣因志治也。（《張子正蒙注》〈太和篇〉）

即使僅著眼於人格修養，「志」也處在天人之交的樞紐位置上，人的主體性、能動性源於「志」。

其次，「志」者何謂？在王夫之看來，一般地說它是「心之所期為者」（《詩廣傳》卷一），嚴格說來則是「正心」，是「大綱趨向底主宰」（《讀四書大全說》卷八）。他批評朱熹釋《大學》的「正心」只講「心者身之所主」，不得分明；而認為「孟子所謂志者近之矣」：

惟夫志……恆存恆持，使好善惡惡之理，隱然立不可犯之壁壘，帥吾氣以待物之方來，則不睹不聞之中，而修齊治平之理皆具足矣。此則身意之交，心之本體也。……故曰「心者身之所主」，主乎視聽言動者也，則唯志而已矣。（《讀四書大全說》卷一）

由於王夫之將「志」理解為與「道」相守的「心之本體」，因而能很好地融合思孟學派與莊子學派的對立觀點。依他之見，莊子所講的

「心齋」「虛靜」就是任志所之，如他評註《莊子》〈大宗師〉中「其心志」一語道：「志字虛用，謂心不可得而窺測，惟有一志耳。」（《莊子解》卷六）他還指出：

> 志者，神之棲於氣以效動者也。……齋以靜心，志乃為主，而神氣莫不聽命矣。（《莊子解》卷十九）

在王夫之看來，深入到心靈深層，作為人的抱負的「志」與作為人的神志的「志」其實是一體的，也就是說，「志」不僅外向體現道，而且內向指於道。遠古時代，我國先哲即已意識到「道不遠人」，王夫之通過對「志」的探索而作了更具體的揭示。

再次，關於「志」之價值，王夫之也順理成章地提到了極高位置，認為它是人之所以為人的特性所在：

> 釋氏所謂六識者，慮也；七識者，志也；八識者，量也。前五識者，小體之官也。嗚呼，小體，人禽共者也。慮者，猶禽之所得分者也。人之所以異於禽者，唯志而已矣。不守其志，不充其量，則人何以異於禽哉！（《思問錄》〈外篇〉）

「八識」是佛教唯識宗的理論。前五識是指五官感覺；六識是「意識」；所謂「七識」即「末那識」，被看作是「意根」，此識不以外境為順應對象，唯以第八識為所依、所緣；第八識即「阿賴耶識」，又稱「種子識」，是心靈活動的最深依據；「量」有尺度、標準之意。這裡以「志」為第七識，與前述肯定「志」與「道」相守的觀點是相通的。

據此而生發，王夫之依據「志」與「意」的比例關係將人劃分為

四等：「庸人有意而無志，中人志立而意亂之，君子持其志以慎其意，聖人純乎志以成德而無意。」（《張子正蒙注》〈有德篇〉）。這裡其實並無鄙視民眾之意，因為社會地位低下者同樣可以有高遠的追求。「志」與「意」之分實際上涉及的是意志的自律與他律問題，平民百姓不乏意志自律者，而高官顯貴也多有意志他律者。作為一個人，關鍵是要不失本心，要有「我」在；「志」是個體心靈深層之「真我」，又是通天下之「大我」。

王夫之的「志」論內容極其豐富、深邃，其美學意義不容低估。例如，他認為，「志」既處在天人相交的樞紐上，因此審美活動中天人合一的心理體驗發生於悅神悅志境層便能得到合理解釋；又如，人們常說，藝術活動是以生命為底蘊建造的烏托邦，無論是從生命底蘊方面看，還是從烏托邦的性質方面看，都與「志」密切相關；還如，王夫之將《大學》的「自」直接釋為「志」（見《讀四書大全説》卷一），這對於正確把握審美和藝術理論的「自由」概念頗有裨益；等等。

王夫之之後，葉燮直接在詩論中對「志」範疇作了較詳備的規定，我們留待後面闡述。

第二章

「言志」説述評

第一節　「言志」説的形成與變異

　　西方學者指出，一切藝術以音樂為指歸。這是很有道理的。不過我們同樣可以説，一切藝術都以詩情、詩意為內核。詩，正如音樂一樣，是最為純粹的藝術形式之一。中國古代詩歌美學發端於「言志」説。「言志」説的形成與變異，同中國傳統美學「志」範疇的形成與展開密切相關。當然，「言志」屬於藝術批評觀念，所指之「志」常有泛化情形，需要我們有所甄別。

一、「詩言志」是先秦普遍認同的觀念

　　中國文學最早繁榮的是詩歌。詩歌另一方面側重於表達創作者和吟誦者內心的思想感情，另一方面賦予所表達的內容以有節奏、合韻律的語言形式，這是遠古時代人們在樂、舞之外所最易找到的將人生

藝術化的方式之一。事實上，詩、樂、舞原本是初民間或從事的一體化活動。這些藝術形式的出現為人們現實所處的散文化生活增添了色彩，注入了情調，因此，對於人類生存來說，它們具有產生和發展的必然性。

詩的媒介是語言，語言表達人的思想感情，也就是「言志」。生活本身滋生出言志的需求。朱自清先生說得好：

　　……樂以言志，歌以言志，詩以言志是傳統的一貫。以樂歌相語，該是初民的生活方式之一。那時結恩情，做戀愛用樂歌，這種情形現在還常常看見；那時有所諷頌，有所祈求，總之有所表示，也多用樂歌。人們生活在樂歌中。樂歌就是「樂語」，日常的語言是太平凡了，不夠鄭重，不夠強調的。明白了這種「樂語」，才能明白獻詩和賦詩。……獻詩和賦詩正從生活的必要和自然的需求而來，說只是周代重文的表現，不免是隔靴搔癢的解釋。[1]

　　洩導胸臆是人的自然需求。抒發胸臆即言志，採用樂語言志即是詩。以「志」訓「詩」，從這種意義上理解也許較為合適。

　　先秦時代，人們以詩言志包括兩種基本方式，一是作詩言志，一是引詩言志。

　　據朱自清先生的檢索，《詩經》裡說到作詩的共有十二處，如：「維是褊心，是以為刺。」（〈魏風〉〈葛屨〉）；「家父作誦，以究王訩」（〈小雅〉〈節南山〉）；「矢詩不多，維以遂歌」（〈大雅〉〈卷阿〉）；「吉甫作誦，穆如清風」（〈大雅〉〈烝民〉）等。縱觀這些陳述創作意圖的詩

1　《朱自清古典文學論文集》上冊，第199頁，上海古籍出版社1981年版。

句，它們大致可分為兩類：一類為諷，一類為誦，即美、刺兩端。無論是美或是刺，都是要洩導創作者的胸臆，因此「言志」之義已在其中。

比較而言，引詩（當時稱「賦詩」）言志的情形更為普遍。孔子嘗說：「不學《詩》，無以言。」（《論語》〈季氏〉）可見該時代的人們常常借既有的詩句進行思想感情的交流。由於時境的不同，人們引詩往往斷章取義[2]，或直接表達自己的願望、情感，或代表某一邦國表明思想、態度，這二者都屬於「言志」範疇，聽者則從其所引之詩而「觀其志」。

詩句既然成為日常交流的語言形式之一，那麼，作詩與引詩便時常有相混淆的情形。清代勞孝儒推測道：

> 風詩之變，多在春秋間人所作。……然作者不名，述者不作，何歟？蓋當時只有詩，無詩人。古人所作，今人可援為己詩；彼人之詩，此人可虜為自作。期於「言志」而止。人無定詩，詩無定指，以故可名不名，不作而作也。（《春秋詩話》）

為了言志而作詩、而用詩，無所謂發明的專利，許多詩可能是集體智慧的結晶，是在流傳中完善的。

以詩言志在生活中是如此廣泛，相應地人們對此逐漸形成觀念的自覺。據《左傳》記載，孔子曾說過：

> 《志》有之：「言以足志，文以足言。」不言，誰知其志？言之不

2　《左傳》〈襄公二十八年〉載盧蒲癸語：「賦《詩》斷章，余取所求焉。」

文，行而不遠。（《左傳》〈襄公二十五年〉）

依據這段話所述，「言志」觀念在孔子之前即已存在，雖然不限於詩，但主要指詩，因為詩不僅表達心意，而且要求給人以美的韻律，是此才方便於廣泛地傳播。這段話中「《志》」為何種古書，今已不詳；至少我們知道，在孔子之前，趙文子就對叔向講過：

伯有將為戮矣！詩以言志。志誣其上而公怨之，以為賓榮，其能久乎！（《左傳》〈襄公二十七年〉）

鄭伯招待晉國使者趙孟（文子），子展等群臣賦（引）詩稱頌，獨伯有「賦《鶉之賁賁》」，借詩句「人之無良，我以為君」來發洩心中的不滿，當著外賓的面罵了國君。趙文子因而料想他將有殺身之禍。此例從誦詩者方面說是「言志」，從評論者方面說是「觀志」。

同樣，《國語》也記述了春秋時代的「言志」觀念。〈魯語下〉有言：「詩所以合意，歌所以詠詩也。」所謂「合意」也就是「合志」，早期的漢語「志」與「意」可互換使用或聯合使用，如荀子的著作中常常如此，後來《說文解字》直接以「意」釋「志」。至少在春秋時代，詩與歌已有初步區分，此例中以詩為純語言的作品，歌使這類作品更易於唱和；詩可單純誦讀，歌則需要吟唱。當然，其時絕大部分詩是可歌的。

至莊子時代，「言志」觀念更明確、更普遍。《莊子》中的〈天下〉篇是很有價值的學術批評著作，它指點先秦諸家的特點與得失，往往非常精當。其中寫道：

《詩》以道志，《書》以道事，《禮》以道行，《樂》以道和，《易》以道陰陽，《春秋》以道名分。

應該說，這是時人認同的具有權威性的論斷。我們知道，後來荀子也曾講到：「《詩》言是，其志也；《書》言是，其事也」（《荀子》〈儒效〉），表述同《莊子》〈天下〉篇非常相似。從莊子學派的論述中我們可以看出，早於荀子之前，所謂的「六經」（《莊子》的〈天運〉篇已出現此稱謂）已經是普遍流行的教科書，當時的人們形成了共識，《詩》是言志的，而不是（確切地說主要不是）記事的。記事是實錄業已發生的外部事件，言志則是表達內心的襟抱。按照西方學者的觀點，前者屬過去時，後者屬將來時。此外，屈原、宋玉等直接在詩賦中表達了「言志」的觀念。

二、「詩言志」命題可能出現於秦漢之際

儘管「詩言志」觀念在先秦時代已廣泛流傳，但「詩言志」命題很可能稍晚才出現。這一命題首見於《今文尚書》〈堯典〉，其中記述舜對他的樂官說：

夔，命汝典樂，教胄子。直而溫，寬而栗，剛而無虐，簡而無傲。詩言志，歌永言，聲依永，律和聲。八音克諧，無相奪倫，神人以和。

這段記述的真實性令人懷疑。不過，也許出自一種民族自豪感，人們往往不加細究，「寧願」相信它是真實的。

陳良運先生明確提出否定意見，頗有說服力。其持論的依據為：

首先，從文字學看，殷代形成的甲骨文和殷周之際流通的金文中都沒有「詩」和「志」字，距殷周相當遙遠的堯舜時代決不可能有如此繁複而又明確的文字表述。況且《詩經》三百零五篇中沒有出現一個「志」字，因而可以說其作者們並未形成明確的「詩言志」觀念。

其次，從文獻學角度看，《今文尚書》中涉及西周以前的諸篇，包括《虞書》《夏書》《商書》，都是戰國時代的擬作或著述，不是原始文獻。陳夢家先生在《尚書通論》中肯定它是秦代官本。顧頡剛先生曾撰《從地理上證今本〈堯典〉為漢人作》一文，認為現今所見的〈堯典〉成於西漢。

再次，從先秦諸子論詩的情況看。孔子說到《詩》最多，卻從未引過「詩言志」的話，甚至從未將「志」與「詩」直接連繫起來。孔子以後，孟子和荀子的著作中雖然將「詩」與「志」連繫了起來，但是都沒有直接引用過舜的話。儒家之外，道、墨、名、法諸家著述中也不見稱引。[3]

那麼，「詩言志」這一命題究竟出現於何時呢？

《尚書》，按王充的解釋是「上古帝王之書」（《論衡》〈正說〉）。相傳有幾千篇，經孔子而刪定為百篇。[4]這部典籍的流傳多有曲折。《史記》〈儒林傳〉記述，「秦時焚書，伏生壁藏之。其後兵大起，流亡。漢定，伏生求其書，亡數十篇，獨得二十九篇，即以教於齊魯之間。」伏生是秦時博士，專講《尚書》，所傳二十八篇，用漢代通用隸書寫定，即是《今文尚書》。晉代永嘉五年，匈奴南侵，社會動亂，《今文

3　　陳良運《中國詩學體系論》第30-34頁，中國社會科學出版社1998年版

4　　《漢書》〈藝文志〉：「《書》之所起遠矣，至孔子纂焉。上斷於堯，下訖於秦，凡百篇而為之序。」

尚書》已散佚。所以今本《尚書》又非《今文尚書》，而是唐初孔穎達等採用的古今文真偽混合的本子。

　　儘管如此，我們有理由認為，「詩言志」的表述漢初即已存在，因為司馬遷的《史記》〈五帝本紀〉中記載了舜的這段話，只是「詩言志」記為「詩言意」，「歌永言」寫作「歌長言」，大約當時人們雖然認為這段話很重要，但尚未形成一字不易地接受的習慣，因而嘗試用同義詞取代之。至班固撰《漢書》〈藝文志〉，則更確定地表述為「詩言志，歌詠言」。

　　思想史的發展演變存在這樣的邏輯，某種思想觀念的形成是一個階段，接著還有尋求這種思想觀念（多是對客觀事物的本質和規律的認識）的最佳表達形式階段，後者需要時間進行篩選、擇優。最佳的語言表達一經形成，人們就會逐漸習慣於沿用，無須在表達同一觀念時斟詞酌句而導致精力的浪費；思維畢竟遵循經濟原則。依據這一邏輯，我們又有理由認為，即使《尚書》中的〈堯典〉寫成於戰國時期，並且即使其中談到詩與「志」的關係，其表達仍可能採用像《左傳》〈襄公二十七年〉中「詩以言志」之類說法，故熟悉《尚書》的莊子學派便講「《詩》以道志」，一代大儒荀卿也停留於較繁複的表達水平上。「詩言志」命題以其異常簡潔和明確的優點出現於學術著作中，很可能在荀子之後。

　　事實上，後人「稽古」而寫出的舜的這段話，與〈樂記〉〈樂言〉篇及《禮記》〈經解〉篇中有關詩的論述思想相通，可以看作是同一時代的產物。[5]

5　陳良運先生對此有中肯的論述，請參閱《中國詩學體系論》第46-47頁，中國社會科學出版社1998年版。

三、從荀子到漢儒：「志」的理性內涵被強化

「詩言志」的觀念本為人們所普遍認同，但儒家將它納入道德教化的軌道，「志」的理性內涵因而被強化。其中將它弄得幾乎面目全非的關鍵性人物是荀子。

作為道德思想家，以倫理道德為中心考察、評述各種人文現象實屬必然。孔子稱，「《詩》三百，一言以蔽之，曰：思無邪。」（《論語》〈為政〉）這已見側重詩義、著眼教化傾向的端倪。孟子提出「說詩者不以文害辭，不以辭害志」（《孟子》〈萬章下〉），也顯然注重於領會詩的思想意旨。不過，孔子和孟子在當時都基本屬於自由思想家，對統治者若即若離，有較深厚的民本意識，並不忽視個體的合理需求。

至荀子，雖然他多是身處江湖之上，卻一直心存魏闕之中，儼然以治理「萬乘之國」的「大儒」自居，實質是官方思想家。他的政治哲學（治國、平天下）是核心，道德哲學（正心、修身）僅居從屬地位。在荀子思想中，有濃重的君本色調和極權傾向，要求一切為君主專制統治服務，剝奪個人權利，泯滅個性特點。詩與樂本是引導個體達到完滿生存的藝術形式，卻被荀子統統納入服務於政治教化的範疇。按他的理解，《詩》三百所言之志，全是聖人之志：

聖人也者．道之管也。天下之道管是矣，百王之道一是矣。故《詩》《書》《禮》《樂》之道歸是矣。《詩》言是，其志也；《書》言是，其事也；《禮》言是，其行也；《樂》言是，其和也；《春秋》言是，其微也。故〈風〉之所以為不逐者，取是以節之也；〈小雅〉之所以為「小雅」者，取是而文之矣；〈大雅〉之所以為「大雅」者，取是而光之也；〈頌〉之所以為至者，取是而通之也。天下之道畢是矣。（《荀子》〈儒效〉）

「言是」也就是言聖人之道，聖人之道即是《詩》所言之志。需要注意的是，這裡的「聖人」是一個抽象概念，並非指某一具體的人，而是指道的總匯（「管」），因其總匯為一便既「神」且「固」。所謂「道」，既不是老、莊所看重的天地之道，也不能等同於孔、孟所看重的人倫之道，而毋寧說是一天下、齊禮法的王霸之道。於是，《詩》三百均被看作這種聖人之志的體現，以讚頌古代君王為主旨的〈頌〉詩被順理成章地推到了詩之極致的地位。

立足於王霸之道，荀子的理想國是：天下定於一尊，萬民臣服（法後王）；無論貴與賤、尊與卑，都應各安其序（禮）。以此為參照，特別容易見出民眾生性惡劣，貪利縱慾，因此必須以道制欲（教）；若教而不化，則嚴加懲處（法）。荀子這些基本思想在秦漢時期是真正的顯學，秦代的法家與漢代的儒家都不同程度地直接師從於它。

由於秦嬴政「焚書坑儒」而導致文化傳統斷裂，漢初一些學者擔負了接續的使命。他們利用修補各種殘缺典籍之機，常常將當代的思想認識綴入其中。《禮記》中的〈樂記〉顯見有依據荀子〈樂論〉綴補的痕跡，《禮記》〈仲尼燕居〉所記孔子的話也與孔子的一貫思想不盡相符：

　　禮也者，理也；樂也者，節也。君子無禮不動，無節不作。不能詩，於禮繆；不能樂，於禮素；薄於德，於禮虛。

依據《論語》，孔子從未言及「理」；以「理」釋禮，正是荀子的習慣。所謂「樂也者，節也」也與荀子「以道制欲」觀點相通。孔子重視個體生存的圓滿與自由，因此將詩、樂看作個體人格修養中與禮並列的不同階段（見《論語》〈泰伯〉）；而在這段話中，禮居核心地位，

詩、樂不過是從屬於禮的手段而已。這又恰恰是荀子的思想。

有鑒於此，所謂「詩教」很可能是漢儒參照荀子言論的發明。《禮記》〈經解〉篇借孔子之口説道：

> 入其國，其教可知也：其為人也，溫柔敦厚，《詩》教也；疏通知遠，《書》教也；廣博易良，《樂》教也；絜靜精微，《易》教也；恭儉莊敬，《禮》教也；屬辭比事，《春秋》教也。

孔子時代並無「六經」或「六學」之説，這段話屬後人「創作」是毋庸置疑的。「溫柔敦厚」固然符合孔子的思想，但孔子並不止於此。以「溫柔敦厚」為詩教的綱領，取消了「興、觀、群、怨」，這是要人們通過學詩都變為統治者的馴服工具。「興、觀、群、怨」是自由思想家的觀點，僅僅強調「溫柔敦厚」則是官方思想家的觀點。二者存在本質區別，前者肯定抒發情感（興、怨）的合理性，後者實質是要以禮（理）抑情，甚至以禮（理）奪情。

漢儒多以官方思想家自居，一方面綴補某些「經」書，一方面以此為基礎向人文諸領域頒佈律令，即所謂「依經立義」。先秦時代流行的「詩言志」觀念，本是指表達心意、胸臆，至漢代大大強化了理性內涵。漢初陸賈、賈誼等就以「道」「理」釋志[6]。後來董仲舒進一步將「志」與「禮」直接連繫起來：

> 志敬而節具，則君子予之知禮；志和而音雅，則君子予之知樂；

6　陸賈《新語》〈慎微〉：「隱之則為道，布之則為文詩。在心為志，出口為辭。」賈誼《新書》〈道德〉：「詩者，志德之理而明其指，令人緣之以自成也。故曰：詩者，此之志者也。」

誌哀而居約，則君子予之知喪。故曰，非虛加之，重志之謂也。（《春秋繁露》〈玉杯〉）

這段話看似「重志」，以之為知禮、知樂、知喪（其實也屬禮）的基礎，但實質上已將「志」的內涵限制於禮義的範圍之內。

這種傾向不僅存在於政治思想家中，同樣也存在於藝術批評家中。一般來說，藝術批評家較之政治思想家的觀念稍要通脫，如《詩大序》的作者寫道：

詩者，志之所之也，在心為志，發言為詩。情動於中而形於言……故正得失，動天地，感鬼神，莫近於詩。先王是以經夫婦，成孝敬，厚人倫，美教化，移風俗。

「志」「情」並舉，且將「志」看作是「情動於中」，這是具有創新意義的見解，也許與漢代文學受到楚辭較多影響等因素有關；同時它極大地抬高了詩的地位，顯然是藝術批評家的視野。儘管如此，時代思潮仍在其中打上深刻的烙印。「動天地，感鬼神」是講藝術感染力，落在實處的社會功用是「正得失」。而所謂「正得失」，說得具體一點就是「經夫婦，成孝敬，厚人倫，美教化」，若以一言以蔽之，即是執持「禮」罷了。無怪乎作者隨後考察「變風」一類詩作，乾脆地判定它們：「發乎情，止乎禮義」。

「變風」「變雅」尚且如此，何況其他？對於〈關雎〉這樣的作品，原來很可能是寫一個青年對採集荇菜的女子的熱戀之情，可是在《毛詩序》的作者看來，它是歌詠「后妃之德」的：「風之始也，所以風天下而正夫婦也。故用之鄉人焉，用之邦國焉。風，風也，教也；

風以動之，教以化之。……樂得淑女以配君子，愛在進賢，不淫其色，哀窈窕，思賢才，而無傷善之心焉。是〈關雎〉之義也。」

自然，這種傾向不限於毛詩一家，同時代的魯詩、齊詩、韓詩所作的序也大體上是如此。事實正如羅根澤先生所指出的，兩漢經學家們「受著功利主義的驅使，將各不相謀的三百首詩湊在一起，這功利主義的外套便有了圖樣；從此你添一針，他綴一線，由是詩的地位逐漸崇高了，詩的真義逐漸汩沒了。」[7]個中原因其實不難理解，由於經學家們志（專心一意地追求）在政教，所以他們眼中的「《詩》三百」全是禮義之旨。

「言志」說雖然經荀子與漢儒之釋發生了變異，但是它本身的生命力並未就此枯竭。這種變異必將導致後世思想界的反撥，一方面為魏晉時期「緣情」說的出現創造了條件，一方面意味著後人將有重新闡釋。我們將在後面論及。

第二節　「言志」說的奠基意義

朱自清先生認為，就詩論而言，「詩言志」是開山的綱領，接著是漢代提出的「詩教」。[8]一般來說，「詩言志」是就創作者而言，「詩教」則是對於接受者而言。然而二者本質上是相通的，所謂「詩教」可以看作是「詩言志」的延展，在漢儒那裡，通過規定所言之志的範圍來使詩服從於政治教化。因此，我們認為對中國詩學真正有奠基意義的是「詩言志」的觀念而未必是「詩言志」的命題。為了有別於後者，

7　羅根澤《中國文學批評史》第一卷，第71頁，上海古籍出版社1984年版。

8　《朱自清古典文學論文集》上冊，第190頁，上海古籍出版社1981年版。

所以稱之為「『言志』說」。

事實上，「言志」說是中國藝術精神的最早自覺。

一、中國藝術精神的基石

近代以來，日本成為東、西方文化交匯的場地，站在這個島國比較東、西方文化的差異，有其得天獨厚之處。日本美學家今道友信曾寫道：

西方古典藝術理論是摹仿再現，近代發展為表現。出現這個概念後，蘊藏著的未完成作品因之受到尊重。而東方的古典藝術理論卻是寫意即表現，關於再現即寫生的思想則產生於近代。[9]

這裡的「東方」主要指我國，而「藝術」主要指美術。它以「表現」與「再現」劃分兩種藝術傳統，並且指出近代以來出現相互轉化的趨勢，應該說是較為公允的。

藝術本是以塑造具體可感的形象世界對現實人生既反映又超越的文化形式，再現注重於反映現實，表現側重於超越現實。西方最早發達起來的藝術形式是敘事性的，諸如史詩、雕刻、戲劇等，因此藝術家極為重視描摹客觀事物；中國最早發達起來的藝術形式是音樂與詩歌，藝術家首先關注的是表達自己的心情、意願。如果說西方文藝理論以「摹仿」說奠基，發展為以「典型」論為核心的龐大體系，那麼，中國傳統的文藝理論便是以「言志」說為基石，發展出以「意境」論為核心的潛在體系來，中、西方傳統的藝術觀念各領千秋，雙璧輝映。

從道理上講，音樂的出現應當早於詩。美國藝術理論家蘇珊·朗

9　今道友信《關於美》第74頁，黑龍江人民出版社1983年版。

格認為音樂與舞蹈一樣是最早的藝術，這種觀點得到較廣泛的認同。我國古代有關音樂的記載很多，且可以溯源很早，甲骨文中無「詩」字，「樂」字卻不只一次出現，從《左傳》記述的「季札觀樂」的史實看，當時人們已有較高的音樂欣賞水平。然而人們對音樂特性的認識，一般概括為「樂而不淫」「哀而不傷」「和而不流」等，雖然切合古樂的特點，卻不能更大範圍地代表整個藝術精神。「言志」說則不同，它不僅適合詩，而且也適用於樂，因為先秦時代「情」「志」並未得到嚴格的區分，洩導人情也可稱之為「言志」，用《詩大序》的話說：「情動於中」既可形於言，也可「永歌之」。

「言志」作為表達胸臆解，還適用於或至少影響著中國書論、畫論。漢字起源於象形文字，它最初像圖畫一樣再現自然風物。然而從春秋末期開始，人們已有意識地將文字本身作為藝術品，從其點畫、結體乃至章法上表現生命的情調。東漢大書法家蔡邕指出：

> 書者，散也。欲書先散懷抱，任情恣性，然後書之；若迫於事，雖中山兔毫不能佳也。（《筆論》）

「散」有不自拘束之意，「散懷抱」即讓胸襟空闊自由，是此方能流情性於筆端，表達內在的生命律動。中國繪畫與書法有著不解之緣。如果說早期的人物畫再現成分較重，那麼宋元以後盛行的山水畫則專注於表達主體的意趣，用倪雲林的話說，是不求形似，但寫胸中「逸氣」，因此人們將「逸品」置諸「能品」「妙品」，甚至「神品」之上。

中國藝術所以形成偏重於抒情言志的傳統，與人們的生存需要及藝術的調節功能密切相關。西方人早在古希臘時代就培養出一種自由

精神，個體在現實生活中可以率性而行，愛其所愛，恨其所恨，性格普遍外向，內心激情並不一定非要通過藝術才能宣洩。我國先人處於以血緣關係為基礎的宗法社會裡，倫理法規（禮）異常繁密，禮所確定的言行規範像一張網潛存於現實生活中，而人的生命總是本能地趨向於自由，現實的約束越緊，心靈渴求自由的願望越強烈，於是借藝術活動得以抒發。文藝史上有許多事例表明，一些身處仕途的藝術家，立身非常謹慎，從藝卻相當放蕩。從現代觀點看，禮教是一種奴性教育。為了社會秩序的穩定，禮教似不可少；但是任何人天生都追求自由，藝術活動提供了自由表現的空間，禮、樂互補的必然性由是而生。

　　然而古人只看到「樂合同，禮別異」，這是從人的族類角度看而形成的結論。若轉向個體的人，禮也是求同，不過「同」於特定群體罷了。前人的樂論偏重於強調全人類性，前人的禮論片面強調群體性；唯有詩論中出現「言志」説，既不排斥群體性和全人類性，同時也兼容個體性，言一己之心同時也可顯一國之心、天下之心，因此成為中國藝術精神的基石。[10]

二、人生乾健精神的發揚

　　漢語語義隨著人們認識的發展而分化，特別是有關人的心理活動的指謂，逐漸由混沌趨於明晰。「志」「情」「意」三者，正如朱熹曾

10　以屈原作品為例。《離騷》等當是言志的典範之作，淮南王劉安撰《離騷傳》認為：「〈國風〉好色而不淫，〈小雅〉怨悱而不亂，若《離騷》者，可謂兼之。」並稱「推其志，雖與日月爭光可也。」但漢儒以政教為尺度衡量，責備屈原「露才揚己」「責數懷王，怨惡椒、蘭」「多稱崑崙冥婚宓妃虛無之語，皆非法度之政、經義所載」（班固《離騷序》）。其實，「露才揚己」正是藝術活動中個體性的體現，它可以打破群體性的樊籬（禮，法度‧經義），直接表現人所應該有的樣子（全人類性）。正因為如此，《離騷》中的抒情主人公既有鮮明個性，又能光照千秋。

指出的，都是指動態的心理因素。最初人們以之為一體化的心理活動，後來逐漸分化開來。一般來說，「志」特別指稱人的理想、抱負，體現陽剛特點，所以王夫之稱為「乾健之性」；而「情」本來也可以指豪情、英雄激情等，但人們往往較多理解為男女歡愛或兒女情長，帶有陰柔性質。另外，「志」顯現為思想，相對來說較為明晰，而「情」直至現代仍被人們稱為「黑暗的感覺」，訴諸主體朦朧的體驗。邵雍曾連繫藝術活動對二者作過區分：

　　……懷其時則謂之志，感其物則謂之情；發其志則謂之言，揚其情則謂之聲；言成章則謂之詩，聲成文則謂之音。然後聞其詩，聽其音，則人之志、情可知之矣。（〈伊川擊壤集自序〉）

　　他將「志」與「情」同詩與樂分別連繫起來，雖然並未觸及志剛、情柔的區別，卻道出了「志」的相對明晰性與「情」的相對朦朧性的特徵。宋代理學家對「志」與「意」作了明確區分，得到後學認同，反映出人對自身的心理研究更為深入。「志」與「意」有深與淺、恆持與偶發、公（人類共通）與私（一己之願）等區分，但是在藝術批評中始終未得到貫徹。不僅如此，人們還以「意」兼指「情」與「志」，作為中性詞廣泛使用。

　　在春秋時代，「志」的涵義相當廣泛，今天所謂的情感之情也包含其中，《左傳》〈襄公二十七年〉記述，其時人們稱「六情」（喜、怒、哀、樂、好、惡）為「六志」。所以該時代所謂的「詩以言志」，即是指詩表達人的思想感情。戰國末期荀子將「志」與「情」在詞義上區分開來，卻仍見人們在共通的意義上互換使用。如《楚辭》中的《離

騷》一方面感嘆「屈心而抑志」的現實處境，一方面又表示忍無可忍的情感態度：「懷朕情而不發兮，余焉能與此終古！」直到漢代還存在這種情況。

　　先秦兩漢的審美觀念以時代精神為背景，總體上看是蓬勃向上的。具體落實於藝術觀念，抒情從屬於「言志」也是其中的基本原因。其時的讚頌之辭，在格調上健康、爽朗自不必說，就是表達個人際遭的不平，也有一種濃重的悲劇色彩，在哀怨的話語中包裹著崇高的格調。

　　漢末的天下大亂客觀上使統治思想界幾百年的「名教」不能不有所鬆綁，隨後的魏晉南北朝由於長期的政治割據更強化了這一趨勢。與對名教的疏離甚至反叛相連繫，魏晉南北朝的藝術家與藝術批評家淡化了「詩言志」的觀念，陸機甚至提出「詩緣情而綺靡」命題取而代之。「緣情」與「言志」雖然並不是針鋒相對的，但畢竟體現了人們觀念的變化。自此以後，正如朱自清先生所述：

　　六朝人論詩，少直用「言志」這詞組的。他們一面要表明詩的「緣情」作用，一面又不敢無視「詩言志」的傳統；他們沒有膽量全然撇開「志」的概念，逕自採用陸機的「緣情」說，只得將「詩言志」這句話改頭換面，來影射「詩緣情」那句話。[11]

　　對情的偏重是對禮教的反叛，突出了個體地位的合法性，也使藝術擺脫政教的束縛，進一步贏得自身的獨立性成為可能。這樣便在內

11　《朱自清古典文學論文集》上冊，第224頁，上海古籍出版社1981年版。

容與形式兩方面帶來新變：著眼於表達一己哀樂，儘可能採用華美言辭。無論是從文藝發展史還是從文藝批評史角度看，這一階段都功不可沒。然而，對「言志」的忽視導致了作品缺少氣骨的弊端，正像裴子野所指出的：「其興浮，其志弱，巧而不要，隱而不深。」（《彫蟲論》）

隋唐之際，朝野對六朝文學非議頗多，「言志」説重新抬頭。魏徵説：「《詩》者，所以導達心靈，歌詠情志者也。」（《隋書》〈經籍志〉）孔穎達奉命主持編撰五經義訓，對「詩言志」命題作了重新闡釋：

> 詩者，人志意之所之適也。雖有所適，猶未發口，蘊藏在心，謂之為志；發見於言，乃名為詩。言作詩者所以舒心志憤懣而卒成於歌詠。故《虞書》謂之「詩言志」也。包管萬慮，總名曰「心」。感物而動，乃呼為「志」。「志」之所適，外物感焉。言悅豫之志，則和樂興而頌聲作；憂愁之志，則哀傷起而怨刺生。〈藝文志〉云，「哀樂之情感，歌詠之聲發」，此之謂也。（《毛詩正義》卷一）

值得注意的是，作者對「志」「意」「情」作了一體化的理解，這符合先秦「詩言志」的觀念。較之漢儒的闡釋，突出了「情」的地位，並吸收了司馬遷等的觀點，將「言志」釋為「舒心志憤懣而卒成於歌詠」。相對於六朝的時尚，又特別落實於「志」，意味著乾健取向的恢復。[12]

緊接著，「初唐四傑」不僅在藝術觀念上，而且在藝術實踐中力圖

---

12 當然，應該承認，孔穎達對「情」「志」之分是很模糊的，在別的場合，他又提出，「在己為情，情動為志，情、志一也。」（《春秋左傳正義》卷五十一）

扭轉風氣。唐初宮體詩仍盛行，其審美趣味沿襲南朝遺風。聞一多先生指出：「宮體詩在唐初，依然是簡文帝那沒筋骨，沒心肝的宮體詩。不同的只是現在詞藻來得更細緻，聲調更流利，整個的外表顯得更乖巧，更酥軟罷了。」[13]「沒筋骨」是缺氣力，「沒心肝」是缺思想，二者都與「志」未到場密切相關。「初唐四傑」意欲扭轉此風氣，因而又倡「言志」，崇尚「骨氣」「剛健」。王勃寫道：

　　夫文章之道，自古稱難。聖人以開物成務，君子以立言見志。（《上吏部裴侍郎啟》）

　　毋庸諱言，這是儒家思想的抬頭。不過所謂「言志」已脫離從屬於政教的約束，重在表達關乎個體窮通的襟抱，如他的《澗底寒松賦》吟詠道：「徒志遠而心屈，遂才高而位下。」楊炯在《王勃集序》中概述了「初唐四傑」的「志業」：

　　……龍朔初載，文場變體，爭構纖微，競為雕刻。……骨氣都盡，剛健不聞。思革其弊，用光志業。……於是鼓舞其心，發洩其用，八絃馳騁於思緒，萬代出沒於毫端，契將往而必融，防未來而先制。……以茲偉鑑，取其雄伯，壯而不虛，剛而能潤，雕而不碎，按而彌堅。

　　所謂「光志業」也就是王勃所說的「宜於大者遠者」（《平台秘略論》〈藝文〉）。「初唐四傑」力圖以宣志重振乾健精神，恢復「壯而不

13　《唐詩雜論》，《聞一多全集》第三卷，第13-14頁，三聯書店1982年版。

虛，剛而能潤，雕而不碎，按而彌堅」的文風；可惜文壇積習太久，一時難以徹底救弊。

後來陳子昂再度舉起復古主義的旗幟，力倡「風骨」與「興寄」（〈與東方左史虬修竹篇序〉），雖然藝術觀念與「初唐四傑」非常接近，但時代的發展正值文風不但應該轉變而且可以轉變的關頭，成就了他作為扭轉風氣的關鍵性人物而名垂青史。韓愈讚譽説：「國朝盛文章，子昂始高蹈。」（《薦士》）從理論上看，陳子昂的貢獻在於首先明確提出了「興寄」，並將它與「風骨」連繫在一起。而所謂「興寄」，其實就是指因物起興，托物言志。

需要説明的是，只有在為理想而奮鬥的情形裡，「志」才具有乾健性質；同是表達理想，若為出世之思，則此種「言志」就未必具有陽剛氣象了。

三、「言志」説的頑強生命力

「言志」説經初唐一些學者、文人的闡釋發揮再度煥發出生命的活力，自此以後，它成為中國古代詩學不可動搖的理念。從盛唐至清末，人們表現出普遍的認同。只是隨著時代的變遷，對它的理解和闡釋不能不存在差異。從總體趨向看，一方面是「志」的內在涵義逐漸明晰，一方面是「志」與其他心性因素的關聯得到更為廣泛的揭示。

史稱「唐詩主情」，陳述的是一種事實，究其原因，在於唐人重情。然而唐人重情而不失志，這便使唐代詩壇有別於南朝而呈現出健康爽朗的氣象。李白與同時代的高適、岑參、王昌齡等一樣，詩歌中洋溢著豪邁之情，充分體現了「志」的統帥作用，其《古風》（第一）自述道：

〈大雅〉久不作，吾衰竟誰陳？……自從建安來，綺麗不足珍。聖

代復古元，垂衣貴清真。……我志在刪述，垂輝映千春。希聖如有
立，絕筆於獲麟。

通篇表達了復興先秦時代「詩言志」傳統的強烈願望，集中反映
了作者的文藝思想。應該說，藝術史家所稱的「盛唐氣象」，從社會心
理看是由於該時代的藝術家以志率情、情志渾一而形成的。中唐以
後，社會開始走下坡路，感傷之情逐漸占據上風，李商隱的詩歌可以
看作其時社會心理的表徵。即使在創作上側重於表達哀怨之情，在觀
念上李商隱仍認為「屬詞之工，言志為最」（《獻侍郎鉅鹿公啟》）。只
是他認為「言志」不限於一種模式，因時因地可以有不同的取向，《獻
相國京兆公啟》寫道：

人稟五行之秀，備七情之動，必有詠歎，以通性靈。故陰慘陽
舒，其途不一，安樂哀思，厥源數千。……刺時見志，多有取焉。

以這種觀點看，他的那些被稱為「言情」的詩歌也屬言志之作。
宋人主理，詩論家中重質不重文的思想傾向較為普遍。有的甚至
認為，詩不當以工拙論，只要德足而志高，「固不學而能之」（朱熹：
《答楊宋卿》）。他們常以詩所言之志為「性情之正」，而所謂「性情之
正」即是「義理」（真德秀《詩賦》）；這樣便將言志與表達義理連繫起
來。范浚在《詩論》中寫道：

抑嘗復讀《三百篇》而求其大義，知《詩》之志，與《春秋》不
殊旨也。讀《長發》而知桀之亡，商之所以興也。讀《大明》而知周
之興，紂之所以亡也。……孟子曰：「《詩》亡然後《春秋》作。」然

則《詩》之志與《春秋》，豈殊旨哉！

這是從「《詩》三百」中求興亡盛衰的微言大義。其時更為普遍的是強調要「思無邪」，袁燮在《題魏丞相書》中寫道：

志之所之，詩亦至焉。直已而發，不知其所以然，又何暇求夫語言之工哉？故聖人斷之曰：思無邪。心無邪思，一言一句，自然精粹，此所以垂百世之典型也。魏晉諸賢之作……陶靖節為最，不煩雕琢，理趣深長，非餘子所及。

應該承認，宋人與漢人一樣，也在對「言志」說加以理性化；不過漢儒主要取法荀子思想，強調外在的禮的制約；宋人更多取法孟子思想，將內在的「理」與「志」相連繫。宋人在情之外更強調性，性又可謂之天理，為後世強調志正、志潔作了思想鋪墊。

元代方回特別欣賞曾點的超然物外之志，認為陶淵明的詩作正體現這種志趣，「志」與意境便順理成章地連結了起來（《心境記》）。

明代謝榛以「志」為詩文作品四種必不可少的因素，認為「體貴正大，志貴高遠，氣貴雄渾，韻貴儁永。」（《四溟詩話》卷一）從藝術本體論角度肯定了「志」與「氣」的乾健特性。

清前期錢謙益、王夫之等對「言志」說又有新的發揮。尤其是葉燮，以「志」為其詩論的核心範疇，他認為：

詩之基，其人之胸襟是也。有胸襟，然後能載其性情智慧、聰明才辨以出，隨遇發生，隨生即盛。千古詩人推杜甫。其詩隨所遇……此其胸襟之所寄託何如也。（《原詩》內篇）

「胸襟」主要指抱負即「志」；而所謂「載」不僅是裝載之義，實有「攜載」、統率之意。葉燮又釋所言之「志」為佛家的「種子」，創作主體的「才、識、膽、力」四要素均以此為根基，為寄託，四者充實志而形於言：

志之發端，雖有高卑、大小、遠近之不同，然有是志，而以我所云才、識、膽、力四語充之，則其仰觀俯察，遇物觸景之會，勃然而興，旁見側出，才氣心思，溢於筆墨之外。（《原詩》外篇）

因此，葉燮將古往今來之詩總分為兩類，認為唯「志士之詩」可取：

事雕繪，工鏤刻，以馳騁乎風花月露之場，不必擇人擇境而能為之，隨乎其人與境而無不可以為之，而極乎諧聲狀物之能事，此才人之詩也。處乎其常而備天地四時之氣，歷乎其變而深古今身世之懷，必其人而後能為之·必遭其境而後能出之，即其片語隻字，能令人永懷三歎而不能置者，此志士之詩也。（《密游集序》）

志士之詩所以不能不作，又作無不傳，一方面是因為「必遭其境而後能出之」，關係「理」「事」「情」；另一方面是因為「必其人而能為之」，關係「才、識、膽、力」。不過，將主、客體兩方面的因素結合起來，聚焦於一點，仍然是志。在葉燮看來，陶潛、杜甫、蘇軾等之所以「能造極乎其詩」，就在於「能造極乎其志」（《密游集序》）。

自孟子提出「志者氣之帥」後，「志」在心理活動中的主導地位得到後世的廣泛認同。至葉燮生發於詩歌創作理論中，「志」成為攜載、

統率各種主客體要素的核心力量。以現代觀點看，「志」即理想、自由意志，它融合其他主客體要素而構成想像力，而藝術品正是想像力的產物。在葉燮之前，錢謙益、王夫之等也作過類似的闡發。不難見出，「言志」說至此大放光彩。

直至清末，黃遵憲、梁啟超等倡導「詩界革命」，仍以「言志」說為本，黃遵憲寫道：「吾論詩以言志為體，以感人為用。孔子所謂『興於詩』，伯牙所謂移情，即吸力之說也。」（《人境廬詩草》〈與梁啟超信〉）

「言志」說的頑強生命力還表現於人們對「意」的普遍認同上。先秦至兩漢，「志」「意」未得到明確區分。[14]《易傳》中提出「言不盡意……立象以盡意」的命題直接引發魏晉玄學的「言、意之辨」。陸機受玄學影響，將「文」與「意」對舉，將「意」看作是創作主體的「情」「志」在作品中的凝聚。後來范曄明確指出：「常謂情、志所托，故當以意為主，以文傳意。」（《獄中與諸甥侄書》）唐代王昌齡撰有《論文意》的專論，並提出了「意境」一詞。晚唐時杜牧強調「為文以意為主，氣為輔，以辭彩章句為之兵衛」。王、杜的觀點影響很大。宋代哲人已將「志」與「意」明確區分開來，但是在藝術批評著作中未得到響應。究其原因，一是「情」「意」「志」三者中，「意」沒有偏陰或偏陽的侷限；二是「意」既不像情那麼甚是朦朧飄忽，又不像「志」那麼較為明晰抽象，相對來說有具體多樣的特點，因此以之兼指「情」與「志」較為合適；三是「意境」說誕生，在藝術活動中人們賦予「意」以極為豐富的涵義，約定而俗成，以致連在哲學、倫理學中一再強調「志」「意」之分的王夫之，在其詩論著作中卻格外突出「意」的價

---

14 孟子講「以意逆志」，已見有所區分，但屬極少情形。

值。[15]

第三節　「言志」說的歷史侷限

「言志」說在我國流傳兩千多年，其合理性如前所述。然而，在其漫長的歲月中，人們的審美視野不斷拓寬，「志」的涵義又有潛在變化，因此，其歷史侷限性也在所難免。廣義上「志」兼含「情」與「理」，狹義上「志」介於「情」與「理」之間。依前者，「言志」說包含了強烈的主體性傾向；依後者，「言志」說時常偏於「理」一側，表現為觀念性太強，重質不重文等。從文藝的自律方面看，這又是導致「緣情」說出現的基本原因。

一、主體性獨尊

先秦時期，人們即已認識到，「《詩》以道志，《書》以道事」。詩被看作是宣導情志的文化形式，這就注定「言志」說只適用於抒情詩或其他表現型藝術，越出此範圍就可能走向謬誤。

毋庸諱言，《詩經》中其實已有敘事性質的篇章，如〈國風〉〈豳風〉〈七月〉敘述了豳地農民一年四季無休止的勞作過程和勞動生活的各個方面；〈大雅〉〈生民〉追述周始祖后稷從出生到成長，從發明種植五穀到開創祭祀禮儀等，幾乎帶有人物傳奇性質。不過這些作品的敘事並非不露主體痕跡的客觀描述，而是字裡行間洋溢著詩作者強烈的思想感情，都有濃重的抒情色彩，稱之為「言志」之作也並不為過。「言志」說一方面由先秦詩歌的創作實踐（所謂「賦詩」也是一種因時

15　例如，王夫之在《唐濤評選》卷一中寫道：「以言起意，則言在而意無窮。以意求言，斯意長而言乃短；言已短矣，不如無言。故曰『詩言志，歌永言』，非志即為詩，言即為歌也。」

因地的再創作）而萌生，另一方面它又從觀念上限制了後世敘事詩的發展。

古往今來，間或有人引用孟子「《詩》亡然後《春秋》作」的話證明《詩經》記錄歷史的性質，有的甚至認為，《詩》就是史。如果漢民族果真同樣具有一個類似於西方的荷馬時期，出現了成熟形態的史詩，那麼《書》《禮》等就不可能有與《詩》並列的地位了。當然，我們並不否認《詩經》的史學價值，抒情詩作為整體可以反映一個民族的風格和一個時代的氣象。例如，今天人們通過唐代詩歌同樣可以窺見該時代的人物風情乃至其他社會狀況。黑格爾曾指出：

> 史詩把民族精神的整體及其各種實際現象都納入同一部作品中，抒情詩卻只涉及這一整體的某一特殊方面，不能像史詩那樣包羅萬象。所以只有通過全民族的抒情詩的全部作品，而不是通過某一首抒情詩，才能把全民族的旨趣、觀念和目的都表現無遺。[16]

史詩一般來說只出現於一個民族的早期，抒情詩則在民族發展的任何階段中都可以出現。「言志」說的經久生命力直接來自我國抒情詩豐厚的土壤。

按照黑格爾的觀點，抒情詩的特性在於個別主體的自我表現，重點不在當前的對象而在發生情感的靈魂。在這裡，主體性處於支配地位，即使敘述外部事件，也打上主體思想感情的鮮明烙印。「言志」說概括了抒情詩的本質特徵。不過，在歷史發展中，有些詩論家獨尊主體性，不僅輕視敘述，甚至連詠物都被斥之為「餘事」，客觀因素簡直

16　黑格爾《美學》第三卷下冊，第190-191頁，商務印書館1981年版。

在這裡失去了合法地位。如張戒寫道：

> 言志乃詩人之本意，詠物特詩人之餘事。古詩、蘇、李、曹、劉、陶、阮，本不期於詠物，而詠物之工，卓然天成，不可復及。其情真，其味長，其氣勝，視《三百篇》幾於無愧。凡以得詩人之本意也。（《歲寒堂詩話》）

張戒是宋代一位立論較為持平的詩論家，可見這種觀點具有廣泛的代表性。人們論詩偏重於思想觀念，對形式的精工持鄙薄態度等都是這種傾向的延伸。

由於「言志」說立足於抒情文學，所以當唐傳奇、宋話本、元雜劇，特別是明清小說繁榮以後，人們進行理論概括時不得不更換為與「言志」說大相異趣的另一套話語系統。即使是對於詩，人們也隱約意識到僅注目於主體的情志是不夠的，所以明清詩論家往往「情」「景」並舉。葉燮在《原詩》中既強調以「志」為基礎的「才、識、膽、力」諸因素，同時又非常重視規定著客體的「理」「事」「情」。這些都在一定程度上起到了補弊作用。

二、思想觀念較為直露

漢民族缺少嚴格意義上的宗教傳統，卻有著根深柢固的祖宗崇拜。相信上帝的希伯萊人更多將眼光投向未來；保持祖宗崇拜的漢民族更普遍地依戀過去，將越遠越古的祖先越加神聖化，所以與祖宗崇拜相伴生的是厚古薄今。這種習慣表現於詩學領域，形成了幾千年來人們往往以《詩經》為詩歌的典範。

筆者管見，就我國古代詩歌發展史而言，「《詩》三百」當屬於古風期，它的特點是形式簡樸，甚至不免粗糙；內容充實，卻不免觀念

直露。簡言之，即內容壓倒形式。翻開《詩經》，「我」字、「心」字出現的頻率非常高，這表明作者們尚停留於直言胸臆階段。如一向為人們所稱道的〈小雅〉〈採薇〉，「我」字竟五見，「心」字也四見，全詩所言之「志」集中於結尾兩句的直白：「我心傷悲，莫知我哀！」後世堅持「言志」說者多以《詩經》為難以企及的範本，其論說的侷限性由此可想而知。

《詩經》雖然稍有直露之嫌，但畢竟多為抒發真情實感之作。而在先秦賦（引）詩言志的情形中，觀念化傾向已非常突出。賦詩者通過既有詩句曲折地表達自己的心意，一般來說側重於表達思想，而不是傳達感情。漢儒著述引詩，不減先秦盛況，他們上推天人性理，下究萬物情狀，並察王道興衰，確是以之「正得失，經夫婦，成孝敬，厚人倫」，這樣自然不免斷章取義，附會闡釋，專注於發明、發揮《詩》所蘊涵的思想觀念一端。「發乎情，止乎禮義」是漢儒對「詩言志」的一致把握，禮是外在的倫理法則，義是明確的道德觀念，詩雖然由人們「情動於中」而發於言，但必須以禮義為指歸，這就是漢儒所理解的「言志」說的涵義。

在這種情勢下，「緣情」說應運而生，作為藝術觀念雖也有偏頗，畢竟發揮了補弊作用，符合歷史的辯證法。唐初論者「情」「志」並舉，所謂「言志」兼表抒情，成就了中國古代詩歌史上真正的古典期，其時的詩作情理渾一，情景交融，不露痕跡，巧奪天工，鑄就後世難以企及的典範。

然而中國古代文化主要為道德文化，人們普遍習慣於從道德角度分析、評價社會生活的方方面面，包括文藝活動。突出強調「言志」說的道德內涵傾向在唐宋以後仍一直存在。如清人朱彝尊認為：

　　《書》曰：「詩言志。」《記》曰：「志之所至，詩亦至焉。」古之
君子，其歡愉悲憤之思感於中，發之為詩。……夫惟出於不可已，故
好色而不淫，怨悱而不亂，言之者無罪，聞之者足以戒。後世君子誦
之，世治之污隆，政事之得失，皆可考見。故不學者比之面牆，學者
斯授之以政，使於四方，蓋詩之為教如此。魏晉而下，指詩為緣情之
作，專以綺靡為事，一出乎閨房兒女子之思，而無恭儉好禮、廉靜疏
達之遺，惡在其為詩也！（《與高念祖論詩書》）

　　這顯然是對「詩教」傳統的繼承。雖然朱氏論詩一般來說較為通
脫，志情兼尚，但這裡仍然突出強調的是詩的道德及政治作用。
　　我國傳統詩、文理論有四個核心理念，它們可依序排列為：緣
情，言志，明道，載道。前二者屬詩論，後二者屬文論。從中可以見
出，「緣情」說與「載道」說較為偏激，一者往往以抒寫一己哀樂為能
事，一者則以文章（文學中的散文也在其中）為載道之具；「言志」說
與「明道」說居中，較為公允。然而從政教出發理解「言志」，則很容
易使之與「明道」失去界限。歷史上還曾醞釀過「文以言志」說，雖
然終未確立，卻可見「言志」說有很容易偏重思想觀念的危險。[17]

三、注重內容而輕視形式

　　「言志」說由於高揚主體性，專注於自我情志的表現，常常蘗生出
不拘形式的傾向。就詩作者而論，當他情感正烈、意氣昂揚、如同火
山爆發之時，是來不及斟詞酌句的，其作品亦如噴出岩漿的冷卻凝
固，既得天趣，又不免粗糙。中外有些藝術批評家都指出過這類情

17　陸機、范曄、劉勰等論文均言及「志」，不過多作為基礎性因素之一。唐代柳冕則在
　　《與徐給事論文書》中寫道：「文章本於教化，形於治亂，繫於國風。故在君子之心
　　為志，形君子之言為文，論君子之道為教。」似有將「言志」說推及論文的傾向。

況。清代賙濟批評辛棄疾的詞作説：

> 稼軒不平之鳴，隨處輒發，有英雄語，無學問語，故往往鋒穎太
> 露。（《介存齋論詞雜著》）

「鋒穎太露」即內容壓倒形式，屬壯美形態，與主體意氣的高揚密
不可分。設若情濃而志弱，雖然同是專注於自我表現，則形式容易走
向妍麗。這是因為，志直而情曲，志剛而情柔，志勝情往往導致形式
粗獷。唐志契在《繪事微言》中記述的看法不無道理：無英雄氣便似
婦女描繡，純英雄氣便似酒店賬簿。

「言志」説的某些持論者明顯表現出注重內容而輕視形式，重質不
重文的傾向。董仲舒寫道：

> 君子知在位者之不能以惡服人他，是故簡六藝以贍養之。《詩》
> 《書》序其志，《禮》《樂》純其美，《易》《春秋》明其知。六學皆大，
> 而各有所長。《詩》道志，故長於質。（《春秋繁露》〈玉杯〉）

從人格修養看，這種觀點無可厚非；但若運用於文藝評論，則失
之褊狹。文藝發展史表明，形式與內容有同等重要的地位，在不同時
代二者的主導地位可以相互轉化。

至宋代，竟出現了以形式的精研為「餘事」的較普遍的傾向。朱
熹明確反對以「工拙」論詩：

> 然則詩者，豈復有工拙哉？亦視其志之所向者高下如何耳！是以
> 古之君子，德足以求其志，必出於高明純一之地，其於詩固不學而能

之。至於格律之精粗，用韻，屬對，比事，遣辭之善否……近世作者乃始留情於此。故詩有工拙之論，而葩藻之詞勝，言志之功隱矣。（《答楊宋卿》）

　　顯然，朱熹心目中「《詩》三百」是範本，遠古的文化人（君子）不學格律、比事之類技巧，德足、志高便自然而能之。雖然朱熹知道「《詩》三百」中的作品原是詩、樂一體的，但他認為，「志者詩之本，而樂者其末也，末雖亡不害本之存」（《答陳體仁》）。其實據此並不能否定藝術形式的地位，古樂固然失傳，《詩》仍可吟詠；詩、樂分離本屬藝術發展的必然，近體詩講究格律正好繼承了古代的傳統，不過有所創新罷了。「葩藻之詞」與「言志之功」並非勢不兩立。

　　需要說明的是，無論是主體性獨尊，思想觀念直露，還是重內容而輕形式，都只是特定歷史時期「言志」說可能出現的偏離，並非它的天然缺陷。「言志」說延續到清代，人們的把握越來越通脫。請看王夫之對「言志」的闡述：

　　以詩言志而志不滯，以歌永言而言不郁，以聲依永而永不蕩，以律和聲而聲不诐。君子之貴於樂者，貴以此也。且夫人之有志，志之有言，盡天下之貞淫而皆有之。聖人從內而治之，則詳於辨志；從外而治之，則審於授律。內治者，慎獨之事，禮之則也。外治者，樂發之事，樂之用也。故以律節聲，以聲葉永，以永暢言，以言宣志。……志有範圍，待律以正；律有變通，符志無垠。外合於律，內順於志，樂之用大矣。（《尚書引義》卷一）

　　這裡所謂「盡天下之貞淫而皆有之」，實近於「意」，兼指情性，

它與外在的聲律相輔相成，詩、樂作品於是出。

　　「言志」說的頑強生命力表明，中國美學同樣存在「志」範疇。不過，作為中國傳統美學體系中的「志」範疇，遠非「言志」說所能規範，它普適於所有的藝術領域。

第三章

「志」範疇的現代闡釋

第一節　「志」的涵義

　　在我國古代的藝術批評中，「言志」這一詞組被極普遍地使用，「志」的涵義因而不可避免地泛化，它既指創作者的思想、感情，又指創作者的理想、意志。今天我們將它作為一個美學基本概念來把握，當從整個審美文化領域著眼，兼顧人生的精神追求與一般藝術活動，其外延自然要比僅適用於表現型藝術的「言志」說要寬；相應地，由於超越了個別作品和具體活動的批評，其內涵就相應減少而顯得較為純粹，這樣便有利於將它同「情」「意」等相關範疇區分開來。

一、「志」植根於心靈第三層面

　　前人釋「志」為「心之所之」，乍看甚是簡潔明了；但情之動、意之向等也可稱之為「心之所之」，無怪乎朱熹曾試圖區分三者，但終於

未能如願（已見前述）。

在藝術活動中，人們所言之志也是各色各樣的，有待分辨。清代袁枚曾指出過這一點，他說：

> 來札所講「詩言志」三字，歷舉李、杜、放翁之志，是矣。然亦不可太拘。詩人有終身之志，有一日之志，有詩外之志，有事外之志，有偶然興到、流連光景、即事成詩之志。志字不可看殺也。謝傅之遊山，韓熙載之縱伎，此豈其本志哉？多識於鳥獸草木之名，亦夫子餘語及之，而夫子之志豈在是哉？（《再答李少鶴書》）

謝傅遊山，韓熙載縱伎被看作是掩人耳目，本志未露；孔子講到《詩》的認識功用也只有附帶意義。看來，理解一個人的「終身之志」「本志」是最重要的，這就涉及到「志」有層級之分。

歷史上有的思想家強調「志」無大小，如二程子，那是由於他們只以凡事爭做第一等為志，否則都在排除之列，這在理論上是有意義的，但不符合現實的複雜情況。因此，王夫之、葉燮等同樣極為重視人之志，卻仍承認「志」有高卑、遠近、大小之別，只是特別強調要志高、志遠、志正、志潔。高遠且貞潔之志的形成固然有待於思想修養，但它必須具備心靈的根基，更應該看作是「天爵」。由於它超越感性、知性且對人的感性、知性心理能力發揮統帥作用，所以只能來自心靈第三層面。

長期以來，人們受近代科學精神的影響，對心靈的第三層面視而不見，導致人文精神的失落。其實，無論是我國還是西方，古代哲人大都自覺地從心靈第三層面的敞亮中獲得精神家園。按照黑格爾的觀點，表現人類精神最高旨趣的有三種文化形式，即藝術、宗教和哲

學。中國哲學基本屬人類學哲學，先哲們通過發明本心而找到人生寄託，如孟子強調「反身而誠」，莊子強調「心齋」「坐忘」，都包含有對感性和知性兩重超越。當心靈第三層面敞亮，人便感到與宇宙大化融為一體，先哲所謂的「道不遠人」當是此之謂。[1]西方哲人注重通過邏輯語言建構宇宙學哲學，其實也正如威廉・詹姆士所指出的：「我們用言語說出的哲學，只是將它翻成炫耀的公式罷了。」[2]宗教活動必須特別求助於靈感（頓悟）思維。《壇經》〈行由品〉記述慧能啟發惠明領悟的方法是：「可屏息諸緣。勿生一念。……不思善，不思惡，正與麼時，那個是明上座本來面目。」屏息諸緣是超越感性，不思善惡是超越知性，然後才可能獲得自性的領悟。按照現代宗教學的奠基人麥克斯・繆勒的解釋，宗教文化直接源於人類心靈中不同於感性、知性的第三種能力，即「信仰的天賦」。[3]審美和藝術活動常常也會遇到言語道斷、思維路絕的情況，陶淵明曾吟詠道：「此中有真意，欲辯已忘言」（《飲酒》之五）；席勒也曾感嘆：「一旦靈魂開口說話，唉喲，靈魂自己就不再言說了！」[4]

　　「志」是人類心靈深層潛藏的「真我」。「我」其實也有三個層次。參照弗洛伊德的名詞，第一層是肉體的，一味要求生理慾望的滿足，即所謂「本我」；第二層是經過文化薰陶，接受社會規約的所謂「自

1　如《莊子》〈大宗師〉中假托顏回與孔子討論「坐忘」的一段話的理路可以直觀表示為：

忘禮樂	墮肢體	離形（超越感性）	無好	理想人格
忘仁義	黜聰明	去知（超越知性）	無常	（大宗師）
		同於大通（大道、大化）		

2　威廉・詹姆士《宗教經驗之種種》上冊，第76頁，商務印書館1947年版。

3　麥克斯・繆勒《宗教學導論》第11-12頁，上海人民出版社1989年版。

4　轉引自卡西爾《語言與神話》第35頁，三聯書店1988年版。

我」；第三層是超越特定群體性規範、聯結個體與其族類（古人稱為「通天下之志」），追求本真生存的「真我」。[5]其實後者才是人文文化（包括藝術、道德、宗教等）得以創建的基礎。但由於它植根於人類的集體無意識，因此往往被持經驗主義立場的人們忽略了。「真我」又可稱為「自」，在王夫之看來，心靈深層的「自」其實就是「志」，他解釋說：

> 意無恆體。無恆體者，不可執之為自，不受欺，而亦無可謙也。乃既破自非意，則必有所謂自者。……則愚請破從來之所未破，而直就經以釋之曰：所謂自者，心也，欲修其身者所正之心也。蓋心之正者，志之持也。（《讀四書大全說》卷一）

這一解釋確實具有理論創新的膽識。依據它解釋人生對自由的普遍追求就變得較為容易：所謂自由，最簡括的闡釋莫過於「由自」，而「由自」其實也就是「任志」。莊子以自由為人生的最高追求，《莊子》一書，不全是在講任志而「游」的故事麼？

王夫之的觀點帶有一貫性，他還將「志」認作是佛家所謂的「第七識」。而其後葉燮更將「志」看作是釋氏所謂的「種子」，即「第八識」。佛家所說的前五識屬感性層，第六識（意識）屬知性層，顯而易見，按王夫之、葉燮的理解，「志」蘊藏在意識閾下的心靈第三層面中。雖然它會體現於外在的層面，但植根於第三層面是當認定的。這樣，孔子所指出的「三軍可奪帥也，匹夫不可奪志也」的現象描述便

5　弗洛伊德所說的「超我」本是一種很好的稱謂，但是他的相關解釋難以讓人接受，故不便借用。馬斯洛的人本主義心理學稱此「真我」敞亮與踐行者為自我實現的人。

獲得學理的依據。

　　處於心靈第三層面的「志」本身是自由的，自律的，但是為了同從屬於某種外在目的的他律的意志區分開來，我們仍沿用學界的「自由意志」的稱謂。區分意志的自律與他律不僅是倫理學的必須，同時對美學也有重要意義。叔本華在哲學和美學中都以「意志」為核心範疇，但他只看到意志是盲目的衝動和無休止的欲求，企求通過意志的寂滅來達到擺脫人生的痛苦，進入涅槃境界；殊不知審美境界本身就是自由意志的呈現。與自由意志相關的是理想。康德和黑格爾都將理想與理念連繫起來，認為理念構成了理想的內核。[6]理念屬無限之物，若存在於心靈中必然是第三層面所蘊涵。無論我們對康德或黑格爾的觀點是否信服，人的心靈深層具有追求生命圓滿和生存自由的先天傾向是毋庸置疑的。

　　總之，自由意志與理想對於審美和藝術活動極為重要，這二者正好構成「志」字的主要涵義，也是我們把握「志」範疇的基本點。

二、「志」制導著心靈的雙向運動

　　人類心靈處在雙向運動的張力之中：一方面是向內收斂的認識性活動，另一方面是向外發散的意向性活動。西方自亞里士多德始便將心靈功能劃分為兩大類：認識功能包括感覺、記憶、思維，欲求功能包括情感、慾望、意志等。其後托馬斯・阿奎那、布魯諾、沃爾夫等一直堅持這種二分法。我國魏晉時代的嵇康寫有《明膽論》，認為人稟陰、陽二氣而有「明」（認識）與「膽」（意志）；唐代柳宗元更明確地認識到，人類與生俱來最寶貴的心靈能力為「明」與「志」兩端，前

6　黑格爾釋「理想」為「符合理念本質而現為具體型象的現實。」（《美學》第一卷，第92頁，商務印書館1979年版。

者使人「爽達而先覺，鑑照而無隱」，後者則使人「運行而可大，悠久而不息」（《天爵論》）。當代心理學家潘菽力主此議，他説：

人們的心理活動（或簡稱心理）顯然具有兩方面或者説由兩大部分構成。一部分是意向活動（可簡稱意向），另一部分是認識活動（可簡稱認識）。[7]

這兩種活動遵循恰好相反的心路歷程。人的心靈在感性層面上接受無限多樣的信息，在知性層面進行集約化處理，起制導作用的是心靈第三層面，它也許存在榮格所謂的自性原型，總是要求各種心理內容達到和諧整一，由此可見，認識性活動是向內收斂的，從多趨向於一。相反，意向性活動是由一趨向於多，向外發散，主體秉持一根本性的尺度評價各種事物，力圖實現「真我」於複雜多樣的現實環境之中。

從根源意義上講，志是一，至誠一心才是志。王夫之指出：

蓋志一而已，意則無定而不可紀。（《張子正蒙注》〈有德〉）

蓋志，初終一揆者也，處乎靜以待物。（《讀四書大全説》卷八）

此前二程也曾指出過這一點，陳淳在《北溪字義》中給「志」下定義時也表達了相似的思想。由於最高層級的「志」是「一」，它便制導著心靈的雙向運動。

7　潘菽《心理學簡札》上冊，第5頁，人民教育出版社1984年版。

　　首先，「志」突出地體現於意向性活動之中。所謂「志者，心之所之」，主要指意向性活動。前人大多就這一方面立論。孔子非常關注學生的理想、抱負，多次要求他們「各言爾志」，自己也參與表態。孟子提出「夫志，氣之帥」「得志，與民由之；不得志，獨行其道」，堅持志要向外發散，孜孜以期在社會生活中實現自我。儒家學派及受儒家熏染的藝術家，一般都有此取向。正是在意向性活動中，「志」體現出乾健精神和陽剛之美。不過，這裡必須區分開自律的意志與他律的意志。前人要求志高、志遠、志正、志潔，便是要求意志自律，從人的類特性出發，志於道，據於德，依於仁，游於藝，富貴不能淫，貧賤不能移，威武不能屈，作為大丈夫立世。若持此志，在道德活動中就會擇善而固執之，在審美和藝術活動中就會表現出高潔的旨趣。然而，深層之志在向外發散過程中很可能被強烈的一己之功利慾念所扭曲，甚至成為私利、私慾的附庸，於是成為他律的意志，它在社會生活中有很廣泛的體現。對於後者，儒家學派持批評態度；莊子學派更是深惡痛絕，他們甚至連個體在社會生活中正常的自我實現也一起罵倒，斥「貴、富、顯、嚴、名、利」六者為「勃志」，大聲呼籲：「徹志之勃，解心之謬，去德之累，達道之塞。」（《莊子》〈徐無鬼〉）

　　其次，「志」也潛在地作用於認識性活動─就審美領域來說是凝神觀照。在這種意義上似可以說，志為心之所凝。莊子學派一方面貶抑具有乾健性質的向外發散之志，另一方面推崇讓人的精神獲得自由的向內收斂之志。在他們看來，要認識宇宙的本根，靠「知」是不行的，必須「其心志，其容寂」（《莊子》〈大宗師〉），此時「心不可得而窺測，惟有一志」（王夫之語）。《莊子》〈人間世〉所描述的「心齋」就直接以「一志」為悟道的門徑。在這裡，「志」成為至一合天的心靈能力或心理狀態，主體因之可以游心於道，「游心於物之初」。且「志」與

「神」相依，「用志不分，乃凝於神」（《莊子》〈達生〉）。順此理路，一旦主體進入悅神悅志境層便會產生天人合一的心理體驗，所以它對華夏審美文化的影響極為深刻持久。中唐以後的藝術家們較為普遍地追求清、虛、淡、遠的超然世外之趣，很大程度上是由於接受了莊學之旨。當然，注意到「志」的內指性的不只是莊子及其學派，孟子在他的著作中也講過「專心致志」（《孟子》〈告子上〉）；袁宏道就文藝活動而言，要求「凝神而斂志」（《白蘇齋類集》卷八）；王夫之認為「志」相當於佛家所謂的「末那識」，揭示更為明確。

就普通的認知活動來說，「志」主要表現為信念，導引著人們的認識。如愛因斯坦所自述的，他所從事的各種研究都是基於宇宙有一個和諧結構的信念。由於這屬於認識論的內容，與審美活動關聯不大，我們在此無須詳加辨析。

三、「志」蘊涵人生的肯定價值

按照我國先哲的理解，「天行健，君子以自強不息」（《周易》）。人所以能自強不息，是因為有志，它「運行而可大，悠久而不息」（柳宗元語），是創造性的和開放性的，無論是個體或群體的發展進步，都離不開它的潛在制導。道德與審美是人類的發展需要，「志」的基礎地位顯而易見。

先秦時代，墨子及其學派借「天志」為人世立法，要求人們「交相利」「無相賊」，實際上是人自身自由意志（族類意志）的體現。張載稱「志公而意私」，表明已意識到「志」一般是廓然大公的心理意向。王守仁主張道德活動知行合一，不可拆分，「志」甚至可以看作知行合一的樞紐，「善念發而知之，而充之；惡念發而知之，而遏之。知與充與遏者，志也，天聰明也。」（《傳習錄》上）人的自由意志天然而有，非由外鑠；知善知惡，充善遏惡，都見出自由意志的潛在作

用。王夫之提出「志」為「性所自含」，「以道做骨子」，更明確地肯定了「志」的價值屬性。

在西方，康德認為自由意志是道德立法的根基，它具有全人類性，所謂「實踐理性」是可以與之互換的範疇，甚至人類心目中的上帝觀念也來自自由意志。現代人本主義心理學的理論也與我國古代先哲的觀點有不謀而合之處，馬斯洛認為，整個人類存在著某些共同的價值觀和道德準則，追求某種整個族類相通的內在目的性（我國先人稱之為「通天下之志」）：

從人的天性中可以看出，人類總是不斷地尋求一個更加充實的自我，追求更加完善的自我實現。從自然科學意義上說，這與一粒橡樹種子迫切地希望長成橡樹是相同的。[8]

他發現，人除了基本需要之外，更有認識、審美、自我實現等多層次的高級需要，基於高級需要的追求具有有益於公眾和社會的效果。因此他建議人們更多注意自己心靈中存在的「上帝般」美好的東西。

筆者管見，所謂自我實現的人就是全面占有人的類本質者，更具體一些說，即專心一意，至誠一心地尋真（滿足認知需要）、持善（滿足道德需要）、求美（滿足審美需要）的人，簡言之，即志大志遠者。這種人的奮鬥目標與人類發展的總趨勢是同向的，因此其行為符合公眾利益。在審美和藝術活動中自我實現，較之其他領域帶有領先和補償的性質。之所以領先，是因為理想往往最先體現於審美王國，它引

8　轉引自戈布爾《第三思潮：馬斯洛心理學》第64頁，上海譯文出版社1987年版。

導著人們改造現實的實踐活動；而所謂補償，是因為立志容易遂志難，古往今來，人們在現實生活中難以實現自己的抱負，往往借藝術來補償，通過塑造「第二自然」來達到自己良好願望的滿足。

一個人追求在現實生活中實現自己的抱負，其志是向外發散的，且具有陽剛的特點，無論在何時何地他都力圖利用或創造條件使之得以實現，其中包括與現實環境的抗爭。在審美活動中，人們或仰慕崇高的榜樣，或批判卑劣的事物，或美或刺裡表現出鮮明的愛憎，其價值取向顯而易見。

然而現實的壓抑力量有時比個體的奮鬥力量遠為強大，主體深感無力回天，失望之餘便會產生出世之思，即使像孔子那樣的積極入世者，也有「道不行，乘桴浮於海」（《論語》〈公冶長〉）的閃念。審美和藝術活動又是方便於人們表達出世之思的園地，主體精神上遺世而獨立，彷彿羽化而登仙。當此之時，其志是向內收斂的，一般不再具有陽剛的特點。這種情形雖然未必直接有益於推動社會的發展，但是對於個體生存仍有不容忽視的積極意義。

我國歷史上許多藝術家一生中同時兼有積極入世和超然出世兩種傾向，其中以陶淵明、李白、蘇軾等最為典型。就是現實主義傾向占主導地位的白居易也不例外，他曾自述道：

古人云：「窮則獨善其身，達則兼濟天下。」僕雖不肖，常師此語。大丈夫所守者道，所待者時。時之來也，為雲龍，為風鵬，勃然突然，陳力以出；時之不來也，為霧豹，為冥鴻，寂兮寥兮，奉身而退。進退出處，何往而不自得哉？故僕志在兼濟，行在獨善，奉而始終之則為道，言而發明之則為詩。謂之諷喻詩，兼濟之志也；謂之閒適詩，獨善之義也。故覽僕詩，知僕之道焉。（《與元九書》）

這段話中「所守者道」其實可用「所持者志」替換（而「覽詩」「知道」更以「覽詩知志」為宜），因為在廣義上，不僅兼濟天下是志，「獨善其身」也是志。二者對於個體人生來說，都具有肯定價值。當代學界多有褒獎白氏諷喻詩、貶抑其閒適詩的傾向，應該說是某種偏見所致。中國古代知識分子大多遵循孔子之教，「用之則行，舍之則藏」（《論語》〈述而〉），因此白居易所表述的人生觀與審美觀帶有普遍意義。「獨善」雖然並不等於出世，但二者近在咫尺。

綜上所述，有理由認為，中國傳統美學的「志」範疇的永久生命力在於，它確切指稱了人類的自由意志與理想，而自由意志與理想正是審美與藝術活動中的指路星。「志」植根於心靈第三層面，是一天人的樞紐，既體現於心靈向外發散的意向活動，又體現於心靈向內收斂的觀照活動；「志」在這兩種情形中均攜載著正面價值，是對人的類本質的肯定，使個體生存趨向於高遠的目標和詩意的棲居。

需要說明的是，如果沒有其他豐富心理因素的參與、充實，「志」就只能是無兵之帥。在藝術活動中，「志」體現於知性層面便滋生對外在事物的價值評價，構成作品隱含的思想觀點；「志」體現於感性層面與情融合，或波瀾起伏，或涓涓潛流，構成作品藝術魅力的主要來源。感性層面與知性層面的內容有機結合而形成「意」，所以直接、具體地表現於藝術文本中的是創作者之「意」。

第二節　藝術是「宣志」的園地

藝術是審美的王國。按照黑格爾的觀點，這是人類創造的一方表達理想的園地，在他的巨著《美學》中，「理想」與「美」「藝術美」都是可以互換的名詞。我國源遠流長的「言志」說，肯定抒情類藝術

旨在傳達人們的襟抱，其中的核心內容也是理想。王勃認為，文學事業之所以不朽，在於人們通過它表達「大者遠者」（《平台秘略論》〈藝文〉）；王夫之則將「言志」解釋為「以言宣志」（《尚書引義》卷一），所謂「宣」，兼有表達、呈現之意。

一、人類生存需要審美烏托邦

俗諺說：「哀莫大於心死，愁莫大於無志。」前一句話先秦時代即已存在[9]，後一句話是後世的補充。兩句話看似互文，實際上包含因果關係，「無志」可以看作是「心死」的基本原因。志是心靈的動力泉源，它統率其他心性因素指向超越現實的人生目標，使人的精神扶搖直上，生氣勃勃。王陽明曾談到，「與其為數頃無源之塘水，不若為數尺有源之井水，生意不窮。」（《傳習錄》上）

從一定意義上說，嵇康認為「無志非人」的觀點是正確的。王夫之也認為，「志」是人類唯一有別於動物界的先天能力。的確，人之所以不同於動物，特別在於人有抱負、有理想。法國作家雨果寫道：

人有了物質才能生存；人有了理想才談得上生活。你要瞭解生存與生活的不同嗎？動物生存，而人則生活。[10]

正因為人類有理想，有追求，所以能生命不止，奮鬥不息，在物質文化和精神文化的創造過程中實現人生的意義和價值。蔡元培先生指出：

9　見於《莊子》〈田子方〉。

10　《雨果論文學》第169頁，上海譯文出版社1980年版。

　　理想者，人之希望，雖在其意識中，而未能實現之於實在，且恆
與實在者相反，及此理想之實現，而他理想又從而據之，故人之境遇
日進步，而理想亦隨而亦進。……惟理想與實在不同，而又為吾人必
欲實現之境，故吾人有生生不息之象。使人而無理想乎，夙興夜寐，
出作入息，如機械然，有何生趣？[11]

　　放眼歷史，我們深切感受到人類前進步履的艱難沉重；俯瞰現
實，我們不應掩飾人類生存狀態的百孔千瘡。人類所以能不屈不撓，
持續進取，就在於心靈中蘊藏著志，蘊藏著理想，蘊藏著對明天、對
未來的美好希望。古希臘人其實已經意識到這一點，他們創作的神話
說，普羅米修斯為人間盜來天火而受到嚴厲的處罰，並且牽連到兄弟
厄庇墨透斯。宙斯贈給後者一個匣子，還授意赫淮斯托斯用泥和水捏
成了酷似女神的潘多拉嫁給他。潘多拉不聽丈夫的叮囑，出於好奇打
開了匣子，一切禍害、災難和疫病一哄而出，散布人世間；當她慌忙
關起匣子時，裡面尚存的只有一樣東西，即「希望」了。似乎可以說，
正是「希望」給予了人類以精神支柱，鼓舞著人類同禍害、災難和疫
病等相抗爭。

　　相對於生活現實而言，理想、希望是人類心靈中必不可少的審美
烏托邦。西方馬克思主義者布洛赫認為，作為整體的生命，充滿了烏
托邦的設想，充滿了折射理想的美景。它看似虛幻的，卻有著刻骨銘
心的真實，「因為人們是以整個生命為底蘊加以建造的」[12]。應該承認，
審美烏托邦的具體形態因人而異，但是個體性中蘊涵全人類性，它展

11　蔡元培《理想論》第227頁，上海人民出版社1987年版。

12　布洛赫《烏托邦的意義》，載於《現代美學新維度》第202頁，北京大學出版社1990年
　　版。

現出優越於現實的美好前景，指引著人們的實踐征程。西方學者提出的觀點不無道理：世界地圖如果少了塊烏托邦國度，就不值一瞥。

就個體而言，如果沒有審美烏托邦的指引，便只能是沒有奮鬥目標的庸碌之徒，只能是環境的奴隸而不能成為環境的主人。這樣的人不僅沒有現實生活的自由，甚至連精神上的自由也沒有。無怪乎古往今來的大教育家，都非常重視理想教育。孔子經常與學生一道述志，鼓勵學生將心目中的理想毫不忌諱地講出來。有一次，子路、曾皙（點）、冉有、公西華侍坐，唯獨曾點表述的理想與其他三人志在建功立業有所不同，他嚮往的是暮春三月，「冠者五六人，童子六七人，浴乎沂，風乎舞雩，詠而歸」的生活，不想夫子喟然嘆曰：「吾與點也。」（《論語》〈先進〉）這展現了孔子人格中也許更為本質的一面：追求生命的圓滿，嚮往生存的自由。較之於奔波四方呼籲「克己復禮」的形象，這一人格面含有更普遍的意義。

二、藝術將理想提前帶進「現實」

在人類創造的諸種文化形式中，以藝術最為方便、最為適宜將理想提前帶進「現實」。科學致力於認識自然，從而改造自然以滿足人類日益增長的生活需要，這遠非一日之功；道德致力於創造人際關係的和諧，純化社會風氣，在強大的歷史必然性面前往往顯得貧弱乏力，只能發揮調節作用；宗教致力於引領人們的靈魂進入理想的境界，但它一般要求人們遺棄現實。唯有藝術，致力於創造「第二自然」，以具體可感的形象將理想提前帶進了「現實」。唐末詩僧虛中寫道：

夫詩道幽遠，理入玄微。凡俗罔知，以為淺近。善詩之人，心含造化，言含萬象，且天地日月，草木煙雲，皆隨我用，合我晦明。（《流類手鑑》）

　　正因為如此，西方人常將藝術家比作「小小造物主」（海涅語）。英國詩人楊格說，藝術家手中的筆，「就像阿米達（Armida）的魔杖一樣，能從不毛之地中喚出鮮花盛開的春天」[13]

　　我國古代藝術家直接在藝術作品中表達理想的也代有其人。《詩經》中的〈碩鼠〉就表達了對「樂土」的嚮往。陶淵明不願為五斗米折腰，退歸田園，忘懷得失，「常著文章自娛，頗示己志。」（《五柳先生傳》）他不僅描寫「暖暖遠人村，依依墟裡煙。狗吠深巷中，雞鳴桑樹巔」的鄉居之趣，而且還塑造了一方世外桃源，在那裡，「不知有漢，無論魏晉」「屋舍儼然，有良田美池桑竹之屬」「黃髮垂髫，並怡然自樂」。唐代尤以王維四十歲以後的詩、畫作品為最佳，這些作品有興而無怨，恬靜而自適，展現出令人心馳神往的人生境界。宋元以後的山水畫，遠宗莊子，近師王維的審美情趣，大多描繪逍遙世外而自得其樂的別一洞天。

　　藝術表達理想更普遍的情形是間接的。藝術家在作品中可以怒，可以怨，在怨悱忿懟的背後仍表現出對理想的執著追求。屈原本是「膺忠貞之質，體清潔之性」的志士，志潔而行廉；由於他太執著，恥於苟安，所以遭讒被逐，一腔怨憤沐浴理想之光而化為巨製《離騷》。徐渭才華橫溢，不為世用，以淋漓酣暢之筆畫成《墨葡萄》，並且在其中題詩說：「半生落魄已成翁，獨立書齋嘯晚風。筆底明珠無處賣，閒拋閒擲野藤中！」顯見是述志之作。

　　上述兩種情形都屬於表達理想、宣導心志的範圍，前者內斂（呈現心靈境界），後者外傾（抨擊社會現實），各領千秋。因此我們贊成陸游的看法：

13　轉引自卡西爾《人論》第194頁，上海譯文出版社1985年版。

古之說詩曰「言志」。夫得志而形於言，如皋陶、周公、召公、吉甫，固所謂志也。若遭變遇讒，流離困悴，自道其不得志，是亦志也。然感激悲傷，憂時憫己，托情寓物，使人讀之至於嘆息流涕，固難矣。至於安時處順，超然事外，不矜不挫，不諛不懟，發為文辭，沖澹簡遠，讀之者遺聲利、冥得喪，如見東郭順子，悠然意消，豈不又難哉！（《曾裘父詩集序》）

無怪乎弗洛伊德將作家稱作是「白日夢者」，得到許多藝術家或藝術研究者的贊同。人們在夢的狀態中，理想彷彿成為現實。據此我們可以說，理想是藝術的魂靈，沒有不表現理想的藝術。

藝術家創造「第二自然」表達心中的嚮往，欣賞者神遊「第二自然」也獲得心理的滿足。梁啟超總結小說的感人力量有四：一曰熏，二曰浸，三曰刺，四曰提。其中「提」為「最上乘」，「自內而脫之使出」，實為精神的昇華。他描述道：

夫既化其身以入書中矣，則當其讀此書時，此身已非我有，截然去此界以入於彼界，所謂華嚴樓閣，帝網重重，一毛孔中，萬億蓮花，一彈指頃，百千浩劫，文字移人，至此而極。（《論小說與群治之關係》）

正是由於藝術表達理想，所以才能提升人的精神境界。無論對於社會發展還是對於個體生存，這都是大有裨益的。也許基於這一點，諾貝爾還特設了文學獎，並在《遺囑》中要求此獎只能授予「文學方面曾創作出有理想主義傾向的最佳作品的人」。

三、藝術的超越性源於「志」

其實，任何的藝術品都蘊涵有理想主義傾向，只是存在或隱或顯、或多或少之分罷了。毋庸諱言，從邏輯上看，理想主義的反面是現實主義。近代以來，現實主義流派獲得了崇高的聲譽，這符合文藝發展的歷史必然性，小說體裁的興盛與科學實驗精神的注入等因素，使現實主義在一個較長的歷史時期廣泛獲得人們的青睞。但是當它需要用「無邊的」之類語詞來修飾時，實際上性質發生了變化，因為能包容一切的東西，本身一定什麼東西也不是。沒有理想成分的現實主義只能是自然主義，而自然主義是人們公認的死胡同。其所以如此，在於它使藝術成為科學的附庸，這等於取消了藝術的獨立地位。

藝術是介於科學與宗教之間的一種文化形式。它反映現實，近於科學，不過特別以人們的社會心理為中介；它超越現實，近於宗教，努力展現人類的希冀與期盼。藝術之所以是藝術，就在於它將這矛盾的兩方面有機結合起來，既俯視現實人生的方方面面，又仰望理想天空的絢麗云霓。科學埋頭於此岸的現實，宗教神遊於理想的彼岸，藝術則將理想「現實」化，將彼岸「此岸」化。即使同是以人為對象，科學解剖的是「肉」，宗教揭示的是「靈」，藝術則描繪靈與肉的統一體─活生生的個性。正是基於這深層次的原因，藝術家不能不具備雙重身分。歌德曾指出：

藝術家對於自然有著雙重關係：他既是自然的主宰，又是自然的奴隸。他是自然的奴隸，因為他必須用人世間的材料來進行工作，才能使人理解；同時他又是自然的主宰，因為他使這種人世間的材料服

從他的較高的意旨，並且為較高的意旨服務。[14]

　　由於藝術與宗教都屬人文學科，都極為關注人的精神生活和人生價值，所以藝術採用現實的材料必須服從較高的旨趣，超越現實在性質上比反映現實更重要。

　　藝術的超越性主要表現為三個方面：一是超常性。如湯顯祖的筆下，因愛而死的杜麗娘又因愛復生，越出常理，可是人們寧信其有，不願其無。二是超前性。藝術家或者展示現實存在的事物已經失去存在的理由，或者直接描畫豔陽高照、鮮花盛開的可能有的明天。三是超我性。現實的我常被感性慾念所牽掣，常為知性觀念所束縛，必須超越才有自由。不難見出，三者中超越現實的自我是核心，而超越日常自我的關鍵又在於理想的呈現，在於志高、志遠。

　　宋代包恢堅持《禮記》提出的「志之所至，詩亦至焉」的觀點，認為當時的佳作「非特見其用功之深，亦尤其神情沖淡，趨向幽遠，有青山白雲之志，而欲超然出於塵外者。」（《書撫州呂通判開詩稿略》）他最推崇的詩人是陶潛、李白和杜甫，而這三人的共同特點就是志高、志遠：

　　　陶之沖淡閒雅，自謂羲皇上人，此其志也。「種豆南山」之詩，其用志深矣。「羲皇去我久」一篇，又直嘆孔子之學不傳，而竊有志焉。惟其志如此，故其詩亦如此。……太白常有超世之志，固非世態之所得而籠絡。子美一生窮餓，固不掩於詩，而其志浩然，未始一日少變，故其詩之光焰不可磨滅，不可不考也。（《答曾子華論詩》）

14　《歌德談話錄》第137頁，人民出版社1978年版。

　　藝術的超越性一般地講是指超越現實，確切一些說則是超越平庸，無論是超常、超前，還是超我，其實都聚焦於此。顯而易見，超越平庸的關鍵在於尚志。所以主體志高、志遠是藝術超越性的根源。

四、藝術因宣志而激勵人們改造現實

　　烏托邦的建構本是人類心靈能動性的表現，因此並不限於藝術領域。所有的審美活動都帶有建構烏托邦的性質，道德活動乃至政治活動等也都含有烏托邦的指引。在托馬斯‧莫爾寫作《烏托邦》之前很久，古希臘的大哲人柏拉圖就撰有《理想國》，描繪他所想像的盡善盡美的生存境界。近代以來，人們將「理想國」變為一個雅緻卻帶貶義的慣用語詞，將它看作是無聊思想家頭腦中空想的產物而加以譏誚。康德堅決為柏拉圖的「理想國」辯護，認為藉口說它不可實現而棄之不顧，實在是極為卑下而有害的。因為假如各種制度已根據人心中的理念來設立，而不是根據與理想相反的經驗所形成的粗糙「與理想相反之經驗絕不存在」。[15]康德這一看法不無片面性，但是我們應該承認其主要方面是正確的，因為如果只是認為「凡是現實的都是合理的」，人類就不可能走出動物界；只有更加強調「凡是合理的都將是現實的」，人類社會才能不斷進步。「理想國」是人類心靈深層之志的產物，為所有身心健全、神志正常的人們所必具。在文化世界中，藝術的特殊性在於不僅表達理想，而且激發真情，以動人心魄的真摯情感與五光十色的自然景象相融合，構織成具體、鮮明、生動又千姿百態的意象世界，這就是審美烏托邦。它以真情的感染為前景，以理想的召喚為後續，因此較為方便地激勵人們改造粗糙的現實，改變人所不應該有的樣子。王陽明曾談到：

15　康德《純粹理性批判》第254-255頁，商務印書館1960年版。

故凡誘之歌詩者，非但發其志意而已，亦以洩其跳號呼嘯於詠歌，宣其幽抑結滯於音節也……凡此皆所以順導其志意，調理其性情，潛消其鄙吝，默化其粗頑，日使之漸於禮義而不苦其難，入於中和而不知其故。（《傳習錄》中）

藝術作用於人，「潤物細無聲」，情志兼化而不露痕跡。

人也是現實的一部分，藝術使個體調性情、消鄙吝、化粗頑就是改造人自身，使現實的「我」向理想的「我」提升。陶淵明志潔而心遠，其作品具有強大的移人性情的作用。蕭統寫道：

余愛嗜其文，不能釋手；尚想其德，恨不同時。……嘗謂有能觀淵明之文者，馳競之情遣，鄙吝之意祛，貪夫可以廉，懦夫可以立，豈止仁義可蹈，抑乃爵祿可辭，不必傍游泰華，遠求柱史。（《陶淵明集序》）

其實，人們常說的有益於風教也就是有利於社會的改造，所以藝術甚至被看作「矯天下之具」。楊萬里說：

《詩》也者，矯天下之具也。而或者曰：聖人之道，《禮》嚴而《詩》寬。嗟乎！孰知《禮》之嚴為嚴之寬，《詩》之寬為寬之嚴也歟？蓋聖人將有以矯天下，必先有以鉤天下之至情，得其至情而隨以矯，夫安得不從？（《誠齋集》〈詩論〉）

《詩》固然並不是以「矯天下之具」而獲得存在的理由，不過它在這方面的功用卻是不可忽視的。

　　藝術由於指向理想，因而對現實持批判態度更符合它的本質。雖然批判的武器不能代替武器的批判，但是它可以激勵人們拿起武器進行批判。我們知道，哈里耶特‧比徹‧斯托夫人的《湯姆叔叔的小屋》由於暴露南方蓄奴制的黑暗而釀成美國南北戰爭，最終導致黑奴的解放；岳飛一首《滿江紅》由於不甘山河破碎而壯懷激烈，曾成為「五四」運動的戰鬥號角。尤其在歷史的緊要關頭，藝術常常起到振聾發聵的感召作用，過去是如此，現在是如此，未來還將是如此。

第三節　「志」在藝術創造中的制導作用

　　上一節我們主要從藝術的性質和功用方面考察「志」或理想的重要地位，本節我們將視點移入藝術創造活動。視域相對縮小，考察對象便愈加明晰。事實上，在中國古代美學的潛在體系中，「志」範疇主要處在藝術創作論（包括藝術家論）部分。藝術是一個大系統，藝術家及其創作活動是其中的一個子系統，「志」直接在這個子系統中發揮制導作用，這表現在以下幾個方面。

一、人格修養的基礎地位

　　在現代心理學中，人格又稱個性，指一個人在其生理基礎上受到家庭、學校教育和社會環境等因素的影響而逐步形成的氣質、能力、興趣和性格等心理特徵的總和。我們這裡所謂的「人格」，主要指一個人的思想品格，人們通常所講的「人格的力量」「人品的高下」等就是此之謂。

　　中國古代美學家經常將審美與藝術創造同個體人格連繫起來。揚雄在《法言》〈問神〉中寫道：

故言，心聲也；書，心畫也；聲畫形，君子小人見矣。

這段話本來講得太絕對，很容易被證偽；不過仍有不少人表示贊同，於是有「文如其人」「書如其人」之說。我們並不完全同意這一觀點，因為創作中的藝術家並不等同於現實生活中的藝術家本人，前者往往經歷著靈魂提升的過程。然而，藝術家某些特定人格面在藝術活動中得以鮮明呈現則又是一個不爭的事實。清代納蘭性德指出：「人必有好奇繾險，伐山通道之事，而後有謝詩；人必有北窗高臥，不肯折腰鄉里小兒之意，而後有陶詩；人必有流離道路，每飯不忘君之心，而後有杜詩；人必有放浪江湖，騎鯨捉月之氣，而後有李詩。」（《原詩》）藝術家的個性不能不體現於其作品中。

一般來說，藝術家的人品高潔，旨趣就會高遠；胸襟寬闊，境界自然宏大；功底厚實，揮筆就能不浮。在這種意義上，我們贊同歌德的看法：「在藝術和詩裡，人格確實就是一切。」[16]「志」是人格中穩定且最具活力的因素，如葉適所說：「志者，人之主也，如射之的也。」（《習學記言序目》）人的胸襟、旨趣等其實都取決於志之高低、遠近。

從人的族類來看，其中的任何一員都必有志，並且它總是指向生命的圓滿與生存的自由。然而這種先天的心靈能力必須獲得後天的合理滋養才可能生氣勃勃，扶搖直上，發揮對表層各種心性因素的統帥作用；若缺少這樣的滋養，它也可能是脆弱的，處於被壓抑狀態，因為個體一般是在社會環境中生活，諸多現實因素阻礙著個體的自我實現。所以，就本性講，人人希望上騰九天攬月，下潛五洋捉鱉；但是切就實際情況而言，很多人經歷了生活的重重波折之後不敢「奢望」

---

16 《歌德談話錄》第229頁，人民文學出版社1978年版。

過高，逐漸安於現狀。這便出現志的高、卑或遠、近之分，可以說，凡是立志高遠者都是與環境抗衡過程中的堅韌不拔者。環境挫志的更嚴重情形是意志他律。一方面，由於人的基本需要得不到滿足或由於個體的感性慾望高度膨脹，結果他的一切思想和行為被物慾所驅使；另一方面，社會的文化觀念在某種意義上佈下了一張張潛在的網，如果被它們所束縛，個體同樣喪失了自己，甚至可能成為惡魔（如法西斯）的幫兇。為克服意志的他律，古人提出了「志於道」「正其志」等命題。

對於藝術家的人格來說，首先需要志正、志潔，否則藝術可能被用來渲染低級下流的東西，甚或為禍國殃民的獨夫民賊歌功頌德，歷史上這樣的事例並不鮮見。清人王壽昌談到：

在心為志，發言為詩，志淫好辟，古有明徵矣。且如魏武志在篡漢，故多雄傑之辭；陳思志在功名，故多激烈之作；步兵志在慮患，每有憂生之嘆；伯倫志在沉飲，特著《酒德》之篇；劉太尉琨志在勤王，常吐傷亂之言；陶彭澤志在歸來，實多田園之興；謝康樂志在山水，率多遊覽之吟。他如顏延年志在忿激，則詠《五君》；張子和志在煙波，則歌《漁父》……《曲禮》曰：「志之所至，詩亦至焉。」不信然乎！故學者欲詩體之正，必自正其志向始。（《小清華園詩談》）

我們並不讚同以封建時代的忠教節義為志正的標準，志正與否當以有利或有害個體生存的自由、群體關係的和諧、人類歷史的發展為衡。

在志正基礎上，還要求志高、志大、志遠，唯此藝術家才能創作出具有重大社會價值的作品，否則就可能停留於宣洩一己之哀樂的圈

子裡，作品很難有深廣的歷史內涵和普遍的藝術感染力。葉燮一方面認識到，「人各有志，則各自為言。故達者有達者之志，窮者有窮者之志。所處異則志不能不異，誌異則言不能不異。」（《己畦文集》卷九）同時他又強調藝術家當志存高遠：

> 志高則其言潔，志大則其辭弘，志遠則其旨永。如是者其詩必傳，正不必斤斤爭工拙於一字一句之間。（《原詩》外篇）

一個人志存高遠離不開後天生活實踐中經常的培育與呵護，這是人格修養的重要內容。紀昀認為，志是「人品學問之所見」，而藝術品總是以「人品心術為根柢」（《紀文達公文集》九）。

藝術是宣志的園地，由於它呼喚藝術家須志正、志潔、志高、志遠，所以才是審美的烏托邦。如果說志正、志潔決定藝術品具有正價值，那麼志高、志遠則可以使藝術品具有大價值。歷史上像屈原那樣的藝術家，胸懷高潔之志，其人格光照千秋，其作品也流芳萬代。

二、現實的匱乏與藝術表現的需要

藝術家存志越高遠，與社會現實的反差就越大，現實的相對匱乏的一面更為凸現出來。這樣，如果藝術家著眼於理想一端，他就會仰天長嘯，描繪所憧憬的生活，讓自己，也讓他人心馳神往；而大多數情況下藝術家不能忘懷於現實，於是他或者低吟淺唱，痛惜現實的種種缺陷，或者慷慨陳辭，鞭撻種種異化現象。所以無論著眼於哪一端，都有藝術表現的需要。

懷抱著高遠的理想，崇尚本真生存而又鄙視權變機巧的藝術家，大多難以見容於當世，在實際事務中往往到處碰壁，他們不得不退回精神領域尋找寄託。藝術是一方自由的領地，每一個有相關能力的人

都可以來此開墾，所以歷史上很多有才華卻不得志的人「移居」此地宣洩內心鬱結，尋求自我實現。屈原之所以寫出《離騷》，正在於他當時「屈心而抑志兮，忍尤而攘詬」（《離騷》）。司馬遷追溯歷史綜述道：

夫《詩》《書》隱約者，欲遂其志之思也。昔西伯拘羑裡，演《周易》；孔子厄陳、蔡，作《春秋》；屈原放逐，著《離騷》；左丘失明，厥有《國語》；孫子臏腳，而論兵法；不韋遷蜀，世傳《呂覽》；韓非囚秦，《說難》《孤憤》；《詩》三百篇，大抵聖賢發憤之所為作也。此人皆意有所鬱結，不得通其道也，故述往事，思來者。（《史記》〈太史公自序〉）

我國古代志士仁人最為崇尚的是「立德」「立功」，二者不得實現，則「立言」也為「不朽」之盛事。雖然「立言」不限於藝術，畢竟藝術是其中表達「欲遂其志之思」的最突出者。

司馬遷的「發憤著書」說得到後世的廣泛認同。唐代韓愈提出「不平則鳴」說與之呼應。明人王慎中參照二者寫道：

不得志於時，而寄於詩，以宣其怨忿而道其不平之思，蓋多有其人矣。所謂不得志者，豈以貧賤之故也？材不足以用於世，而沮於貧賤，宜也，又何怨焉？材足以用於世，賤且貧焉，其怨也，宜也。言之所寄，必出於不平。（《碧梧軒詩集序》）

就創作者個體而言，藝術活動大多源自心靈意欲彌補現實生活的缺失。西方人也一直存在類似的觀點，瓦格納甚至說：「生活能如意時，藝術可以不要，藝術是到生路將窮處出來的。到了無論如何都不

能生活的時候，人才借藝術以鳴，以鳴其所欲。」[17]弗洛伊德提出「替代性滿足」說闡釋這種現象。他認為，人人都有幻想，但處境不同，幻想的動力強度因之而不同，幻想的動力是未被滿足的願望，幸福美滿的人用不著幻想，願望得不到滿足的人由於不甘現狀而崇尚幻想，文藝創作猶如白日夢，藝術家在這夢境中獲得替代性的滿足，藝術品就是這種白日夢式的幻想的物化形式。

的確，理想與現實的落差越大，人的幻想就越強烈；內心的鬱結越累積，表達的願望就越真誠。這些都為藝術創作準備了條件，所以我國歷史上又有「窮而後工」說。歐陽修在《梅聖俞詩集序》中指出：

蓋世所傳詩者，多出於古窮人之辭也。凡士之蘊其所有，而不得施於世者，多喜自放於山巔水涯，外見蟲魚草木風雲鳥獸之狀類，往往探其奇怪；內有憂思感憤之鬱積，其興於怨刺，以道羈臣寡婦之所嘆，而窮人情之難言；蓋愈窮則愈工。然則非詩之能窮人，殆窮者而後工也。

所謂「窮」，相對於「達」而言。人之窮達，並不是指貴賤貧富，而「在心志之屈伸」（方孝孺《書夷山稿序後》）。志屈則蓄憤，因而獲得深切的生命體驗，非達者所能及；同時窮者由於在現實生活中無以遂志，只好借藝術表達，因此傾全力務求精工，這又為達者所難及。宋濂在評論楊維楨時寫道：「使君志遂情安，稍起就勳績，未必專攻於文；縱攻矣，未必磨礪之能精；藉曰既精矣，亦未必歲積月累發越如斯之夥也。」（《元楊廉夫墓誌銘》）這一串退步假設都是合乎情理的。

17　轉引自郭沫若《文藝論集》第194-195頁。人民文學出版社1979年版。

我們知道，南北朝時代江淹的傳世之作都是在他經歷坎坷、頑強奮鬥的前期寫成的，當他志得意滿時，便留下了「江郎才盡」的話柄。其本質原因在於喪失了想像的動力和殫思竭慮的韌勁，夢中被人索走五色筆不過是偶然巧合的一件事罷了。[18]

三、藝術想像的潛在指向

生活中不得志形成藝術想像的動力，精神上持志則構成藝術想像的潛在指向。

藝術品是想像力的產物，藝術構思本質上是一種想像活動。陸機描述道：

> 其始也，皆收視反聽，耽思傍訊，精騖八極，心游萬仞。其致也，情曈曨而彌鮮，物昭晰而互進，傾群言之瀝液，漱六藝之芳潤。浮天淵以安流，濯下泉而潛浸。於是沉辭怫悅，若游魚銜鉤，而出重淵之深；浮藻聯翩，若翰鳥纓繳，而墜曾雲之峻。收百世之闕文，采千載之遺韻。謝朝華之已披，啟夕秀於未振。觀古今於須臾，撫四海於一瞬。（《文賦》）

顯而易見，藝術想像融合了內在的心理因素與外來的各種信息，情感、物像、符號等在這種動態的自由的精神活動中相互聯結起來並實現一體化，藝術的形象世界由是而造就。英國詩人和詩論家柯勒律治也曾指出：「詩人（用理想的完美來描寫時）將人的全部靈魂帶動起來。……他散發一種一致的情調與精神，藉賴那種善於綜合的神奇的

18　許多史實表明，理想與現實保持較大落差有利於藝術家的造就，所以前人有「文章憎命達」（杜甫）之說。陸游悲愴地笑言：「天恐文人未盡才，常教零落在蒿萊。不為千載《離騷》計，屈子何由澤畔來？」（《讀唐人愁詩戲作》）

力量，使它們彼此混合或（彷彿是）溶化為一體，這種力量我專門用了『想像』這個名稱。」[19]

劉勰在《文心雕龍》中將「思接千載」「視通萬里」的想像活動稱作「神思」，認為主體的「志」與「氣」在其中發揮關鍵作用：

> 故思理為妙，神與物游。神居胸臆，而志氣統其關鍵；物沿耳目，而辭令管其樞機。樞機方通，則物無隱貌；關鍵將塞，則神有遁心。（〈神思〉）

這裡所說的「神」即人的精神，「物」為主體感知獲得的物像，「神與物游」即是藝術想像。不過神與物不單涉及主、客體之別，而且有層次之分。物像訴諸耳目，由言辭使之確定化；精神居於胸臆，有賴志氣使之凝聚和激活。雖然劉勰所講的「志」與「氣」一般來說不同於孟子之所謂，但這段話中以「志」「氣」為關鍵無疑受到孟子「志者氣之帥」「氣者體之充」觀點的影響。比較而言，清人錢謙益的一段序言對「志」在藝術想像中的制導作用揭示得更為明確。他寫道：

> 夫詩者，言其志之所之也。志之所之，盈於情，奮於氣，而擊發於境，風識浪奔昏交湊之時世。於是乎朝廟亦詩，房中亦詩；吉人亦詩，棘人亦詩；燕好亦詩，窮苦亦詩⋯⋯（《愛琴館評選詩慰序》）

我們知道，葉燮將「志」理解為「釋氏之所謂種子」；看來此前錢謙益也已意識到，只是沒有明確道出罷了。在他看來，蘊藏於心靈的

「志」通過藝術表達、顯現時同樣在想像活動中發揮統率、制導作用，充盈起情，鼓動起氣，擊發於境，與外在現實相交接而形成各色各類的藝術品。

　　以今天的觀點看，「志」的統率就是自由意志的統率，「志」的制導就是理想的制導。想像是自由的，但又是有方向性的。人按其天性，總是追求生命的圓滿和生存的自由，這是人的族類發展的內在目的性之所在，也就是通天下之志。俗諺說：「做夢娶媳婦——盡往好處想」，樸素地揭示了想像的方向性特點。由於志蘊涵於想像活動之中，是內在的制導而非外在的制約，屬於「自己決定自己」，因而想像同時也是自由的。藝術想像的這種看似矛盾的特性既為研究者所驚異，也為他們所認同。薩特在對想像的專題研究中指出：「想像的活動是一種變幻莫測的活動。它是一種注定要造就出人的思想對象的妖術」，「造就出人所渴求的東西。」[20]

　　由於有志的潛在統率和制導，藝術家的想像力如同一隻心靈的航船，它往返於塵世與天國之間，運載著現實的材料去構築理想的家園，藝術品因而成為審美烏托邦。席勒寫道，藝術家「按照他的尊嚴和法則向上看，而不是按照運氣和日常需求向下看。……他把現實的領域留給在這裡本地成長的知性，而他致力於由可能性與必然性的結合中產生出理想。他把理想銘刻在虛構與真實中，銘刻到他的想像力的遊戲裡以及他的行動的真情實意中，銘刻在一切感性和精神的形式裡並默默地把理想投入無限的時代中。」[21]

20　薩特《想像心理學》第192頁，光明日報出版社1988年版。

21　席勒《美育書簡》第63頁，中國文聯出版公司1984年版。

四、制約「氣」「骨」「意境」的形成

心靈深層之志包蘊在藝術想像中，與特定的現實情景相融合而形成豐富多彩的意象世界，並外化為藝術作品。我國古人認為，藝術品猶如創作它的人，有氣有骨；而對於自我表現型藝術來說，最高或最根本的追求是要有意境。「志」對於「氣」「骨」乃至「意境」的形成都發揮著制約作用。

1.「志」與「氣」

「志」與「氣」是密切關聯的一對範疇，在道德哲學中是如此，在藝術哲學中也是如此。不過在後一領域情形要複雜一些，因為它還要充分考慮人的個性特點。

孟子是最先將「志」與「氣」並舉以闡釋二者關係的人，他指出：「夫志，氣之帥也；氣，體之充也。夫志，至焉；氣，次焉。」（《孟子》〈公孫丑上〉）這一觀點一直為後世所認同。他提出的「養氣」說，潛在地與「志」密切相關，所謂「配義與道」，同強調「志」的基礎地位是一致的；也就是說，只有充分發揮「志」的統帥作用，才會有至大至剛的「浩然之氣」（《孟子》〈公孫丑上〉）。

韓愈將孟子的「養氣」說運用於美學領域，認為「氣盛則言之短長與聲之高下者皆宜」，正像「水大而物之浮者大小畢浮」（《答李翊書》）一樣。自此以後，「養氣」便被藝術家們看作是修養的關鍵環節之一，例如陸游就斷言：「誰能養氣塞天地，吐出自足成虹霓。」（《次韻和楊伯子主簿見贈》）氣盛、氣大對於藝術創作是如此重要，那麼其更深層的依據是什麼呢？回答應該是「志」。韓愈行文確實氣盛，這根源於他「志於古道」，以光復道統自任，「非聖人之志不敢存」。後來蘇

轍以周遊四海與結交豪傑為養氣之途，實際上也是因為這二者能同時「激發起志氣」(《上樞密韓太尉書》)。

對於藝術活動中「志」與「氣」的關係，前人也有明確的論述。魏了翁寫道：

蓋辭根於氣，氣命於志，志立於學。……積中而形外，斷斷乎不可掩也。(《攻媿樓宣獻公文集序》)

錢謙益則直接從創作過程出發描述道：

詩言志，志足而情生焉，情萌而氣動焉。如土膏之發，如候蟲之鳴，歡欣噍殺舒緩促數，窮於時，迫於境，旁薄曲折而不知其使然者，古今之真詩也。(《題燕市酒人篇》)

可以說，只有具備宏大的抱負才會有開闊的胸襟和恢宏的氣魄，志大、志堅則氣大、氣盛。而氣大、氣盛則形成作品的壯美風貌。

不過，上述均指心理之氣，約略相當於人的胸襟狀態（大）和意志力量（盛）。對於自然之氣（如白居易講天地間粹靈氣「凝為性，發為志，散為文」）和個體與生俱來的氣質（如曹丕講「文以氣為主」）則另當別論，二者或為「志」的來由，或內在地滲透於「志」。限於篇幅，此處不贅。

2.「志」與「骨」

劉勰在《文心雕龍》中專列〈風骨〉篇，將「風」與「骨」作為一對範疇討論。他說：

《詩》總六義，風冠其首，斯乃化感之本源，志氣之符契也。是以怊悵述情，必始乎風；沉吟鋪辭，莫先於骨。故辭之待骨，如體之樹骸；情之含風，猶形之包氣。結言端直，則文骨成焉；意氣駿爽，則文風清焉。

何謂「風骨」？現代學界意見頗多歧異，有的認為「風」即文意，「骨」即文辭，有的認為是描述「風清骨峻」的壯美風格，等等。也許宗白華先生的直覺體味較為確切，他認為，「骨」關乎思想，「風」關係情感，比作歌唱藝術，咬字是骨，行腔是風。[22]細看劉勰這段文字，第一句話是總領，其中「風」為引入話題，其實兼含「風」與「骨」，二者既是作品感染力的來源，又是創作者「志」與「氣」的體現。後幾句的展開分析我們可圖釋如下：

風→情（含風）——意氣駿爽——情感運行之力→風清 ⎫
骨→辭（待骨）——結言端直——堅持理義之力→骨峻 ⎭ 作品應有體貌

「風」是「氣」（略同於曹丕之所謂）的體現，劉勰已經明確指出；「骨」的心性基礎在哪裡，他則語焉不詳。連繫《文心雕龍》〈體性〉篇「氣以實志，志以定言」的論斷，說作品「結言端直」的決定因素是「志」並不為謬，何況劉勰所謂的「志」一般作「心意」「思想」（與情並舉時）解，理義是其中的基本內容。

除「風骨」外，前人還有「骨力」「骨氣」等稱謂。在文論或畫論中，「骨」指稱一種剛毅、堅貞的力量或品質幾乎是人們一致的用法。在藝術家運用媒介創作作品時，「志」由於含理而強其骨，外傾之志因

22　宗白華《藝境》第233頁，北京大學出版社1987年版。

為一般具有剛健特性而強其骨。王夫之在《詩廣傳》中寫道：

> 不裕於理，未有能通天下之志者也。（卷二）

> 故君子者，知剛而已矣，不知柔也；知方而已矣，不知圓也；時在柔而柔以為剛，時在圓而圓以為方，志定久矣。志定則貞勝，貞勝則貞觀，貞觀則大，大則久……（卷一）

在他看來，志大而虛含眾理，恆存恆持，隱然立不可犯之壁壘，帥氣而待物、迎物，如此則何患無骨？

尚須提及的是，《老子》中提出過「弱其志，強其骨」的要求，但它所謂的「骨」是指體魄方面，並非精神品質，與我們所討論的不是同一概念。

3.「志」與「意境」

「意境」是中國古典美學的核心範疇。雖然這一範疇出現較晚，但是由於它標示出表現型藝術的最高尺度，標示出藝術與人生的最高統一點，所以可以連結和統領諸多美學基本概念。

何謂「意境」？歷來理解不一。大致說來，唐宋人從直覺體悟出發強調「境生象外」，即一種虛幻空靈又趨於超驗實體（「真」）的藝術天地；明清人則力圖著實一些，強調情景交融，即以「意境」為藝術家的思想情趣與外部世界的客觀景物交接融會的產物。兩種觀點本可統一，遺憾的是甚少有人從事這樣的綜合，大約是近代科學精神的弘揚使現代論者大多繼續沿著明清兩代的路徑前行。筆者贊同王夫之的觀點：

以追光躡影之筆，寫通天盡人之懷，是詩家正法眼藏。（《古詩評選》卷四）

深諳中國藝術精神的宗白華先生認為，這幾句話「表出中國藝術的最後的理想和最高的成就」，確實不為過譽。[23]它實際上兼顧了情與景，有限與無限，是對意境的精當把握。今天，我們沒有理由在先哲業已達到的思想高度上後退。

「意境」之所以不同於一般意象，特別在於以下特點：一是整體性。八大山人在紙上僅畫一條魚，此外別無他物，所以使人感到有意境，是由於看上去滿幅是水。「意境」應該理解為一種意象世界。二是空靈性。李商隱的《夜雨寄北》一詩僅二十八個字，卻可以激發讀者無限的想像。優秀的詩畫作品，實境為一，虛境無窮。三是理想性。清代布顏圖在《畫學心法問答》中以很多篇幅討論「境界」，從他列舉的一些基本情形裡，可以清楚見出都有對自由、完滿、和諧生存的指向。例如即使畫村野貧家，「必須徑繞黃桑，門臨碧水。夫耩妻饁，定是冀缺之家；女笑童歡，必非冤農之戶。村姑荊釵綰髮，臨破窗嘻嘻以繅紡；老翁短袂披肩，坐土牆而欣欣以向日。……繪之者須取羲皇之意，太古之情，令觀者倏然有課農樂野之思。」

考慮到「意境」的上述特點，我們似可以說，從本質上看，「意境」就是「志境」，即心之所期之境。這也許被看作是一種過於大膽的推論，不過它至少得到以下理由的支持。

首先，「意境」實為「心境」。方回曾以陶淵明的詩作為例論證道：

23　宗白華《藝境》第162頁，北京大學出版社1987年版。宗先生對於「意境」的定義可以看作是王夫之這一觀點的具體化。宋以後常有將意境「降格」的情形，如《文苑詩格》將古詩「家貧愁到時」分析為「家貧」是境，「愁到」是意。本書不採此議。

顧我之境與人同，而我之所以為境，則存乎方寸之間，與人有不同焉者耳。……心即境也。治其境而不於其心，則跡與人境遠，而心未嘗不近；治其心而不於其境，則跡與人境近，而心未嘗不遠。（《心境記》）

現實生活的物境是許多人相共的，要造出意境必須「心遠」，也就是與現實生活保持心理距離，才能對物境作審美把握，使之心靈化。今天我們還可以從另一維度補充，「意境」的最終形成需要創造者與欣賞者共同參與，必須通過想像才能建構。

其次，「意境」呈現理想。當主體的想像力自由馳騁時，它自發地指向理想，所以「意境」的基本特點之一是理想性。雖然人們也採用現實的材料，但建構的是詩意棲居之所，那是令人心馳神往、流連忘返的別一洞天。事實上，方回在討論「心境」時就已指出，陶詩中的境界實即「曾點之志」。

其三，創造「意境」特別有待於心靈第三層面的敞亮。有時主體「用志不分，乃凝於神」，豁然呈現境界。況周頤描述其「詞境」的形成過程道：

人靜垂簾，燈昏香直。窗外芙蓉殘葉颯颯作秋聲，與砌蟲相和答。據梧冥坐，湛懷息機。每一念起，輒設理想排遣之，乃至萬緣俱寂。吾心忽瑩然開朗如滿月，肌骨清涼，不知斯世何世也。（《蕙風詞話》卷一）

王昌齡認為意境「得其真」，劉禹錫稱「象外無無跡，寰中影有遷」，以及司空圖講「超以象外，得其環中」等，都與這種「高峰體驗」

（馬斯洛語）相關。以這種心靈體驗為基礎，「志」向外發散鼓蕩起氣，充盈起情，對象化於生活現實，或美或刺，同樣可以創造出意境來。盛唐時代的詩作，應該說大多屬於後者。無論是內傾還是外傾，是超然出世還是積極入世，「意境」都直接或間接地展現出「心之所期」，是理想對現實的提升。

當然，「志」若不與特定的「情」與「景」相結合，就只是一種潛在的本能趨向；而一旦融入特定的思想感情之中，稱之為「意」則更能見出具體性和豐富性的特點，因此「意境」仍是一種較好的稱謂。

由主體心靈深層之志與各種主客觀因素相融合而外化為藝術的意境，實際上包含了從人生到藝術，又從藝術到人生的迴環。「志」既是人生哲學的重要範疇，也是藝術哲學的重要範疇，並且它在這兩個領域同時兼有基礎性質和主導性質。

中編

情

第一章

「情」範疇的歷史展開

第一節　「情」的字義轉化

漢語的「情」字，主要有兩個義項，一為感情，一為情況。《說文解字》將它看作是形聲字，「從心，青聲」，因此釋為「人之陰氣有欲者」，與指稱「人之陽氣性善者」的「性」相對。這種界定糅合了孟子和荀子的有關觀點，反映了漢代人的一般性理解（特別參照了董仲舒的相關論述）；然而，由於它未能將「情況」的涵義考慮進去，其定義是不全面的，且不適合先秦時代人們的普遍用法。

一、「情」的初義是指真情實況

檢索先秦典籍，我們有理由認為，「情」最先是指事物的真情實況，它並不限於描述人，更不必說特指某一心性因素。

今天發見「情」字的最早文獻當推《尚書》〈康誥〉。相傳它是史

官記錄周公告誡幼弟怎樣治理殷民的一次講話，其中談到：「天畏棐忱，民情大可見，小人難保。」這裡的「民情」雖然涉及民心向背，但作為民眾的整體情況（包括意願）理解也許更為切當。況且，由於《尚書》流傳後世的過程異常複雜，我們很難確斷這段話是出自西元前一〇〇〇年左右，不能排除後人修飾、綴補的可能性。事實上，在孔子之前或孔子在世的年代，「情」字的運用頻率是非常低的，《易經》《春秋》和《老子》諸籍均無此字，《詩經》僅一見，《論語》也不過出現兩次。

《論語》中記述孔子言及「情」只一處。當時有位叫樊遲的學生對種植五穀蔬菜很感興趣，孔子認為他務小不務大，於是對其他學生講了一番道理：「上好禮，則民莫敢不敬；上好義，則民莫敢不服；上好信，則民莫敢不用情。夫如是，則四方之民襁負其子而至矣，焉用稼？」（〈子路〉）我們這裡無意於評論孔子的思想正確與否，僅就語義而言，孔子是在描述「上」與「民」（治人者與治於人者）的呼應關係，「敬」與「禮」相通毋庸置疑，「情」與「信」相合才順理成章。朱熹的闡釋是中肯的：「禮、義、信，大人之事也。……情，誠實也。敬、服、用情，蓋各以其類而應也。」（《論語集注》〈子路〉）《論語》的另一處為曾子的言論，見於〈子張〉篇，談的是得民之「情」，也就是瞭解民眾的實際情況。

《春秋》無「情」字，但是以之為綱要、力圖更具體地記述歷史事實的《左傳》和《公羊傳》則有十六處言及「情」。由於歷史學家一般說來是以當代的通用話語記述史實，這直接反映出兩《傳》作者所處的時代，「情」正逐漸成為人們較為普遍運用的語彙。即使如此，它仍沒有明確指稱情感的含義。試看《左傳》中的幾則語例：

　　①大小之獄，雖不能察，必以情。（〈莊公十年〉）

　　②吾知子，敢匿情乎？（〈襄公十八年〉）

　　③魯國有名而無情。（〈哀公八年〉）

　　例①出現的語境是承接前文的「必以信」，「情」同「信」照應，並含有超越「小信」之意。例②是范宣子告訴齊國大夫析文子一個非常緊急的情報之前的表白，係指不敢隱瞞真情實況。例③的「有名而無情」相當於現代所謂的「有名而無實」，是吳臣子張以為魯國未與它國結盟而不堪一擊。

　　由於早期人們講「情」一般含有「真」「實」或「誠」「信」的涵義，與「假」「偽」等是相對的，所以「情」「偽」成為經常出現的反義詞。《左傳》〈僖公二十八年〉描寫晉公子重耳經歷多年流亡生活以後，「險阻艱難，備嘗之矣；民之情偽，盡知之矣」。「情偽」即現代所說的「真偽」。《易傳》〈繫辭上〉也出現類似用法：「聖人立象以盡意，設卦以盡情偽。」孔穎達的《周易正義》解釋說：「情謂情實，偽謂虛偽。」當是中的之論。

　　基於上述事實，完全可以說，漢語的「情」字最先是（至少主要是）指稱事物存在的實際情況。如果是指物，它包含有「真」「實」之義；如果是指人，則包含有「誠」「信」之義。至於它為何從「心」，或許是周代先民尚有「萬物有靈」的原始觀念存留（人類早期普遍存在「物活論」觀念），所以「情」「性」一類詞彙一開始便普適於萬事萬物和人自身。甚至在今天，人們還保留了「國情」「物性」之類用法。

二、較長的述情而不言「情」階段

從發生學角度看，語言發展的一般規律是由具體到抽象。現代人類學發現，在比較原始的部落裡，人們給周圍的每一棵樹冠以相互不同的名稱，幾乎還沒有「樹」這樣的抽象概念。

漢民族早期肯定也是如此。例如我們很容易發現，上古典籍較少稱「馬」，而多用「驊」「騮」「騜」等更具體的名稱。由此可以推知，我們的先人一定是先認識到喜、怒、哀、樂等情緒形式，形成一系列較為具體的概念，後來才提升到「情」這一總概念。

歷史事實也確是如此，先秦時代經歷了較長的述情卻不言「情」的階段。

中國文化主要是人學文化，必然會重視情感研究，先秦諸子都涉足這一領域，並且各抒己見，觀點各領千秋。更進一層說，中國古代社會是宗法社會，極為看重倫理，而情感正是維繫倫理的紐帶，所以在諸子之前，人們就經常將人之喜怒哀樂作為處理問題的參照系統，《尚書》和《左傳》等史籍均有大量的記載。最為值得注意的是，早在西元前六世紀，我國就形成了較為科學的「六情」說；可是當時人們並不稱之為「六情」，而是稱作「六志」。《左傳》〈昭公二十五年〉記述子產曾說：

民有好、惡、喜、怒、哀、樂，生於六氣。是故審則宜類，以制六志。哀有哭泣，樂有歌舞，喜有施捨，怒有戰鬥。喜生於好，怒生於惡。是故審行信令，禍福賞罰，以制生死。生，好物也；死，惡物也。好物，樂也；惡物，哀也。哀樂不失，乃能協於天地之性，是以長久。

　　這段話雖然是就禮（社會倫理規範）的意義而發，但卻以對情感的精當論述而永垂青史。它分析了各種情緒的表現形式及其內在連繫，特別是將情緒形式概括為六種，並以好、惡兩端統領，即使從現代情緒心理學的水平上看，也是難能可貴的。儘管如此，我們仍不能不說，當時尚未形成情感之「情」的概念。

　　當然，可以假設這是《左傳》作者不瞭解這種用法；但是問題在於當時不瞭解這種用法的人極為普遍。孔子及其學生多處談到喜、怒、哀、樂等情緒形式，卻未能以「情」一言以蔽之。墨家生活的年代稍晚，雖然他們對情感問題很有研究，並且贊同看來已經普遍流行的「六情」說，可是卻以「六辟」稱謂之（《墨子》〈貴義〉）。直至更晚的孟子，我們在他的著作裡仍然只看到以「情」稱謂事物的實際情況，如《孟子》〈滕文公上〉斷定：「夫物之不齊，物之情也。」就是討論人事，他也取此義，《孟子》〈告子上〉云：「乃若其情，則可以為善矣，乃所謂善也。若夫為不善，非才之罪也。」清人俞正燮對此解釋道：「情，事之實也。《大學》『無情者』，鄭注云『情猶實也』是也。」（《癸巳存稿》）孔子、墨子和孟子生活於不同的時期、不同的邦國，他們都是一代語言大師，又都關注人類情感，卻都只言及較為具體的情緒形式，據此我們有理由推斷：作為喜、怒、哀、樂等總括性概念的「情」還沒有形成。

　　極個別的語例似乎提供了相反的證明，這就是《詩經》中那唯一的「情」字。《詩經》〈陳風〉〈宛丘〉寫道：

　　子之湯（蕩）兮，宛丘之上兮。洵有情兮，而無望兮。

　　人們對此詩的主旨存在不同的解釋。余冠英先生認為，「是情詩。

男子詞。」並將「洵有情兮，而無望兮」譯為：「我的情意啊深長，卻把希望啊埋葬。」[1]高亨先生則認為，這是「一篇諷刺女巫的詩」，「無望」的「望」是「德望、威望、名望（原文此處有頓號，疑衍——引者注）之望。為人們所敬仰，叫做望。」[2]這兩種解釋都可以從朱熹的《詩集傳》中找到某些依據，但又都有不同。朱熹沒有明確肯定此詩的描寫對像是女巫，他解釋說：「子，指遊蕩之人也。……洵，信也。望，人所瞻望也。國人見此人常遊蕩於宛丘之上，故敘其事以刺之。言雖信有情思而可樂矣，然無威儀可瞻望也。」（《詩集傳》〈詩卷第七〉）按朱熹的集傳，此詩當為諷刺詩，雖然其中包含有情愛的成分；而主人公更像是一個男人。由於陳國的風俗是「婦人尊貴」，又「好樂巫覡（男巫）歌舞之事」，所以這位遊蕩的男人便一年四季到宛丘上歌舞，以期博得女性的垂青。他那可憐巴巴的樣子雖然表明自己確有誠意，卻又被人看不起。——對「洵有情兮，而無望兮」作如此解釋，也許更為順理成章。從語句的結構關係看，「蕩」與「無望」正相照應，而「有情」與「無望」形成鮮明對比。既是這樣，「情」不解為「情思」而解作「誠心」或「實心實意」較為切當。是此我們可以說，主導傾向為抒情的「《詩》三百」，其中唯一的一個「情」字也未必是特指人的情感。

三、情感之「情」的出現與定義

本來，「情」既然泛指事物的真情實況，那麼人類與生俱有喜、怒、哀、樂等情緒也便是人之情（真實情況）。可是，後者作為「情」的特指義固定下來，並成為它的基本義，卻經歷了漫長歲月。這一過

1　余冠英《詩經選》第136-137頁，人民文學出版社1979年版。

2　高亨《詩經今譯》第176頁，上海古籍出版社1980年版。

程中，孟子、莊子和荀子等發揮了關鍵的作用。

　　孟子實際上完成了「情」與「志」的分離。當代學界有人認為，孟子的「志氣」觀是「關於情感與意志的學說」，儘管未必公允卻含有一定道理，「氣」與「情」的確是相關的。[3]莊子則完成了「情」與「性」的較明確的分離。莊子及其學派仰慕「人貌而天虛」的至人、神人，要求存「性」葆「真」，並因此而提倡「無情」。這一學派更重要的貢獻是明確提出了情感之「情」。

　　《莊子》一書言及「情」字有五十六次。從語義上看，既有繼承，又有開新。試看以下幾例：

　　①吾聞言於接輿，大而無當，往而不返。吾驚怖其言。猶河漢而無極也，大有逕庭，不近人情焉。（〈逍遙游〉）

　　②故此皆多駢旁枝之道，非天下之至正也。彼正（當為至）正者，不失其性命之情。（〈駢拇〉）

　　③惠子曰：「既謂之人，惡得無情？」莊子曰：「是非吾所謂情也。吾所謂無情者，言人之不以好惡內傷其身，常因自然而不益生也。」（〈德充符〉）

3　參見燕國材《中國心理學史》第129頁，浙江教育出版社1998年版。筆者並不讚同將「氣」歸入「情感」範疇的意見，因為比較而言，氣更當屬於「意志」範疇。事實上，唯有爆發性的情感（如喜、怒）才見出「氣」的作用，恬靜的情感則不然。孟子所言之「氣」一般是指以力量顯現的寬廣、剛毅、澄澈的心胸狀態，與情感不可等同。

　　例①很容易讓人誤認為這裡的「情」是指人的情感，其實不然；「不近人情」是後文交代的「狂而不信」之意。例②的「性命之情」當是指「性命之真」，「性命」與「情」不是種屬關係。例③真切無誤地是指人的情感，「情」是對於「好、惡」（也對應於「是、非」）的概括。由此可見，至莊子，作為情感之「情」的觀念已正式出現。

　　在此基礎上，荀子邁出了較為重要的一步，即明確定義情感之「情」，並使之成為基本義。《荀子》中「情」字出現一百多次，且大多是指人的情感、情慾。例如：

　　好、惡、喜、怒、哀、樂臧焉，夫是之謂天情。（〈天論〉）

　　生之所以然者謂之性。……性之好、惡、喜、怒、哀、樂謂之情。（〈正名〉）

　　性者，天之就也；情者，性之質也；欲者，情之應也。以所欲為可得而求之，情之所必不免也。（〈正名〉）

　　《左傳》提到的「六志」經荀子「正名」而成為後世廣為流傳的「六情」說或「七情」說（《荀子》中亦有七情之分）；「性」「情」「欲」被放在一起，考察了它們的連繫和區別，這些都是對學術史的貢獻，功不可沒。

　　荀子之所以能做出這樣的貢獻，一方面在於他受到名家知識論和墨家邏輯學的影響，注重於事物的辨名析理，對一些通用概念按照種屬關係、對立關係或矛盾關係進行了清理；另一方面還在於他有濃重的經驗主義傾向，幾乎只承認外在的、可以經驗到的東西為真實，忽

視了對心靈深處的叩問。這兩方面相結合，既成就了他的貢獻，又鑄就了他的誤區。就前者而言，由於他認為人的特性就是由很容易經驗到的好、惡、喜、怒、哀、樂等構成的，因而以之為人的實質、真面目；而「情」的傳統用法正是指事物的真情實況，於是所謂人之「情」就可以直接指謂這些情緒形式了。就後者而言，他將「性」與「情」放在同一層次上，甚至認為人性的基本內容只是情慾，這便奠定了所謂「性惡」論的思想基礎。由於思維的表淺化，使他未能繼承（或許不能理解）孟子、莊子在相關領域業已達到的成就，僅從字面上區分了「性」與「情」，而在實質上將二者混淆了，這不能不說是思想史的一次倒退。宋代邵雍指出，荀子所說的「性」其實只是情，確係中的之論。事實上，自唐宋以後，很少有人再認同荀子的「性」「情」之分。

第二節　先秦諸子的情感觀念

由於關注人生問題或政治問題，先秦諸子普遍重視情感的研究，他們無一例外地闡述了對待情感的基本態度和基本看法。基本態度屬於評價方面，基本看法屬於認識方面，我們將二者統稱為「情感觀念」。

一、孔孟：重情求中節

孔子留給後人的突出印象往往是溫、良、恭、儉、讓，這是一種情感達到「中和」時的人格狀態。其實，生活中的孔子更可能表現為一個愛憎分明的人。從道理上看，孔子堅定地貫徹其道義原則，孜孜以期擯惡揚善，因此必然伴隨著情感的好、惡作為其對應表現，所以他曾說：「唯仁人能好人，能惡人。」（《論語》〈里仁〉）就事實而言，他對學生的觀點一般以「然」「否」的形式回答，很少持模棱兩可的態

度，對重大事件或重要人物的評價也總是褒貶鮮明。

孔子重視維護群體性的禮，同時也重視體現個體性的情，因而對於合理的情感表現持肯定態度，並且尚質直而惡虛偽：

人之生也直；罔之生也，幸而免。（《論語》〈雍也〉）

君子義以為質，禮以行之，孫以出之，信以成之。（《論語》〈衛靈公〉）

現實生活是不完滿的，有時甚至是殘酷的，孔子主張正視，而不是逃避。哀情不可免，真哀就讓它自然流露：

子食於有喪者之側，未嘗飽也。子於是日哭，則不歌。（《論語》〈述而〉）

顏淵死，子哭之慟。從者曰：「子慟矣！」曰：「有慟乎？非夫人之為慟，而誰為？」（《論語》〈先進〉）

他認為怨也是應該的，《詩經》中的大量怨詩都歸入「無邪」之列；他甚至不否定怒，而只是主張「不遷怒」，即不將對某物的憤怒遷移到與之無關的其他事物上去。

不過，就主導方面而言，孔子更為取向於肯定性的、平和的情感，即「六情」中的「好」「愛」「樂」。

首先，這建立在樂觀向上的人生觀和光明磊落的人格修養基礎上。他指出：「君子坦蕩蕩，小人常戚戚。」（《論語》〈述而〉）「君子

不憂不懼。……內省不疚，夫何憂何懼？」（《論語》〈顏淵〉）

　　其次，它直接建立在其道德哲學的核心內容上。所謂「仁學」，在一定意義上說就是愛人之學。因此，孔子一貫強調忠恕，強調德化。《論語》〈顏淵〉中記述這樣一件事：季康子問政於孔子，說：「如殺無道，以就有道，何如？」孔子回答說：「子為政，焉用殺？子欲善，而民善矣。君子之德風，小人之德草。」

　　再次，它又特別落實於人生哲學上。如果說，「愛」主要表現在個體與群體的現實關係中，那麼，「樂」則是個體生存本身的潛在要求。孔子自我描述道：「其為人也，發憤忘食，樂以忘憂，不知老之將至云爾。」（《論語》〈述而〉）應該說，這是一幅精妙的自畫像。生活中的孔子潛心追求「樂」的境界，「樂以忘憂」就是他統御情感的藝術。

　　孟子對於情感的態度與孔子相似，認識上則有新的發展。孟子對維護特定群體利益且具有外在性的禮並不突出強調，同時他執著要求尊重個體，認為如果禮與之衝突就當改變。「君君、臣臣」是既定的禮，孟子卻敢於對齊宣王說：「君之視臣如手足，則臣視君如腹心。君之視臣如犬馬，則臣視君如國人。君之視臣如土芥，則臣視君如寇仇。」（《孟子》〈離婁下〉）這並不等於說孟子已走向個人主義；實際上他是要將人的個體性與全人類性融合起來，因此他主要著眼於人類之同：「口之於味也，有同嗜焉；耳之於聲也，有同聽焉；目之於色也，有同美焉。至於心，獨無所同然乎？心之所同然者何也？謂理也，義也。聖人先得我心之所同然耳。」（《孟子》〈告子上〉）

　　基於這種思想傾向，孟子認為人類情性是先天相通相洽的，並且構成與生俱來的善端。他指出：

　　無惻隱之心，非人也；無羞惡之心，非人也；無辭讓之心，非人

也；無是非之心，非人也。惻隱之心，仁之端也：羞惡之心，義之端也；辭讓之心，禮之端也；是非之心，智之端也。（《孟子》〈公孫丑上〉）

「仁、義、禮、智」是四德，即人性的內涵；它們分別表現為「惻隱」「羞惡」「辭讓」「是非」四端，涉及「情」的範圍；「情」與「性」是表裡關係。人格修養的關鍵是在既有的「四端」基礎上「擴而充之」，使之發揚光大，所謂「性善」說正是建立在這種認識基礎上。

在諸情緒形式中，孟子突出了「樂」的地位，將它看作人生乃至社會處於理想狀態中的主導性情緒。從社會或兼濟天下的方面看，他規勸統治者不當「獨樂」，而應該「與民同樂」，因為這樣才是王道的體現（《孟子》〈梁惠王下〉）。從個體或獨善其身的方面看，他認為若能達到「誠」的境界，「上下與天地同流」，則「樂莫大焉」（《孟子》〈盡心上〉）。

其實，按孟子的看法，情感是中性的。如果它吻合內在的「性」，便是善的；如果它伴隨外在的「欲」，則又可能是惡的。

「情」和「欲」應當區分開來，一者指喜怒哀樂，一者指貨利聲色。人們對於「欲」又應當加以分析，純係一己之私為私慾；出自天下之公為公欲，它與「理義」（宋代哲人稱作「天理」）並不衝突。孟子提出「養心莫善於寡慾」（《孟子》〈盡心下〉），系就私慾而言，更不應誤解為「寡情」。

《四書》中的《中庸》基本是思孟學派思想的闡發。其中寫道：「喜怒哀樂之未發，謂之中；發而皆中節，謂之和。」朱熹解釋說：「發皆中節，情之正也，無所乖戾，故謂之和。」（《中庸章句》）這可以看作是孔、孟情感觀念的明確而概括的表達。通俗一點說，就是要求情感

的表現要合理。

二、墨子：尚愛而貴義

　　據錢穆先生的看法，「『墨』字的本義，是一種刺面塗色以為奴隸標幟的刑名。……墨家『墨』字，便是取義於古之墨刑。大抵墨家發動在古代一個工人集團裡，或者墨翟自身便是一個受過墨刑的工人亦未可知。」受過墨刑的奴隸，或者來自罪犯，或者來自俘虜，一般集聚在城市，有的分配到貴族私家，有的訓練成專門的技工。他們的知識程度雖然趕不上儒家，但遠遠超過了普通的民眾；並且形成了這一集體的優勢：富有工業技能和科學知識。[4]這種推測可備一說，且能較好地解釋墨家的特點。

　　對於墨家思想方面的特點，梁啟超曾有較好的論述。他說：「墨子之全體大用，可以兩字包括之，曰愛曰智。〈尚同〉〈兼愛〉等十篇，都是教『愛』之書，是要發揮人類的情感。〈經上下〉〈經說上下〉〈大取〉〈小取〉六篇，都是教『智』之書，這是要發揮人的理性。合起兩方面，終見得一個完全的墨子。」[5]的確，表述墨辨邏輯諸篇，是智慧的果實；《墨子》的其他篇目，圍繞著宣傳「兼愛」而展開。就實質而言，墨家是情感與認識並重的。

　　「情」，屬於心靈的意向性活動，是體驗、評價；「知」，屬於心靈的認識性活動，要求分析、綜合。這二者存在著本質的區別，墨家意識到這一點，《墨子》〈經上〉云：「平，知無慾惡也。」理智活動往往排除情感因素的介入，而情感又可以歸結為「欲」（好）、「惡」兩端，這樣的認識較為全面和深刻。

4　錢穆《中國文化史導論》第76-77頁，商務印書館1994年版。
5　梁啟超《墨子學案》第81-82頁，商務印書館1921年版。

墨子孜孜以求事功，因而特別注意將情感與功利連繫起來。《墨子》〈經上〉斷定：「利，所得而喜也。……害，所得而惡也。」《墨子》〈經說上〉更具體地闡釋：「利，得是而喜，則是利也。其害也，非是也。害，得是而惡，則是害也。其利也，非是也。」明確地認識到情感是一種評價性的活動，並且是人們確定利、害的基本尺度。

墨子最為重視的情感是「愛」，並且是「兼愛」。所謂「兼」，即周遍之意。儒家所說的「愛」是有等差、分親疏的；墨子及其學派則主張「愛」當無所不周，無所不遍。他們認為這是解決天下亂而不治的根本：

　　若使天下兼相愛，愛人若愛其身，猶有不孝者乎？（《墨子》〈兼愛上〉）

　　天下之人皆相愛，強不執弱，眾不劫寡，富不侮貧，貴不傲賤，詐不欺愚。（《墨子》〈兼愛中〉）

　　……文王之兼愛天下之博大也，譬之日月，兼照天下而無有私也。（《墨子》〈兼愛下〉）

從這一點上看，墨家的道德理想主義甚至比儒家更為濃重。博大無私的「兼愛」精神雖然缺少現實化的可能性，但是真切反映了社會下層民眾的強烈籲求。

與「兼愛」說相連繫，墨家要求儘可能拋開一己之情慾，（以「辟」概言之），從而事事講求效用，以便履行仁義，造福天下：

必去六辟。默則思，言則誨，動則事，使三者代御，必為聖人。必去喜，去怒，去樂，去悲，去愛，去惡，而用仁義。手足口鼻耳目，從事於義，必為聖人。（《墨子》〈貴義〉）

由於「兼即仁矣，義矣」（《墨子》〈兼愛下〉），所以「尚愛」（兼愛）與「貴義」（仁義）實際上是一體之兩面。如果說儒家修身是要求做「仁人」，那麼墨家更要求成為務實的「義士」，這種義士無畏地履行，無私地奉獻。墨家因而以摩頂放踵、苦行濟世而聞名於天下。

招致後世頗多非議的「非樂」說由此而易於得到正確的理解。在社會下層普遍衣食不足的時代裡，置禮作樂簡直是一種奢侈，一般是為滿足有閒階級一己之情慾服務，於民眾沒有實際的功用，故墨子基於「萬民之利」而「非」之。應該說，這種觀點是值得同情的。當然，他們忽視了人的精神需求，忽視了藝術活動具有提高人的文化素質和精神境界的作用，讓現實的功利考慮壓倒了一切，就難免陷入「蔽於用而不知文」的誤區。

三、莊子：「無情」見真情

翻閱《莊子》一書，直接呈露給我們的是「無情」說，其中很多篇目明確表示出對於人的情感持否定態度。例如：

悲樂者，德之邪；喜怒者，道之過；好惡者，德之失。故心不憂樂，德之至也。（《莊子》〈刻意〉）

惡、欲、喜、怒、哀、樂六者，累德也。（《莊子》〈庚桑楚〉）

這似乎告訴人們，莊子學派雖然贊同人有「六情」，但卻將六者統

統置於當拋棄之列。然而，實際情況並非如此簡單。

首先，從消極方面看，這一學派所講的「無情」是要求人們不為物累，不為物役：

> 軒冕在身，非性命也，物之儻來，寄者也。寄之，其來不可圉，其去不可止。故不為軒冕肆志，不為窮約趨俗，其樂彼與此同，故不憂而已矣。今寄去則不樂。由是觀之，雖樂，未嘗不荒也。故曰：喪己於物，失性於俗者，謂之倒置之民。（《莊子》〈繕性〉）

物對於人來說是外在的，人應該「物物而不物於物」（《莊子》〈山木〉），即只能讓物為我所用，而不能「喪己於物」。如果人反被物所役，就彷彿將身體置於頭朝地、腳朝天的境地，這就是「倒懸」。要避免這種情況，就應該避免因物的得失而動好惡之情，這就是「無情」，又可以稱之為「懸解」：「且夫得者，時也；失者，順也。安時而處順，哀樂不能人也，此古之所謂縣（懸）解也。而不能自解者，物有結之。」（《莊子》〈大宗師〉）

其次，從積極方面看，所謂「無情」是要求存性葆真。既然前述「喪己於物」的近義語是「失性於俗」，那麼可以說「物物」就是存性。《莊子》〈德充符〉記述了莊子與惠子的一則對話：

> 惠子曰：「人而無情，何以謂之人？」莊子曰：「道與之貌，天與之形，惡得不謂之人？」惠子曰：「既謂之人，惡得無情？」莊子曰：「是非吾所謂無情也。吾所謂無情者，言人之不以好惡內傷其身，常因自然而不益生也。」

　　所謂「不內傷其身」就是不失性命之情，「常因自然而不益生」即是說去人偽而葆天真。在莊子及其學派看來，「道」為天地萬物的本根，人得之則為德，則為性，則為真。「真人」不以人助天，「天德」虛無恬淡，「常性」樸素自然。「無情」既然是「去德之累」，那麼也就是復性之朴，葆性之真。

　　將上述兩個方面結合起來，我們就能把握莊學「無情」說的基本意旨：不為外物所累，杜絕意志的他律，保持生存的本真。

　　莊子學派非常推崇「真」。所謂「真人」是與「至人」「神人」處於同一層次上的理想人格。並且，「真」不限於性真，還包括情真。《漁父》寫道：

　　真者，精誠之至也。不真不誠，不能動人。故強哭者雖悲不哀，強怒者雖嚴不威，強親者雖笑不和。真悲無聲而哀，真怒未發而威，真親未笑而和。真在內者，神動於外，是所以貴真也。

　　由於反對人為物役，所以提倡「無情」；由於堅持內心「真宰」，這裡又呼喚真情；二者看似矛盾，實際上一者針對人的異化狀況而發，一者是在追求生存本真的意義上講，它們有著辯證統一的關係。沒有前者的去蔽，就很難有後者的敞亮。

　　「六情」中，莊子學派也最為推崇樂。不過這種「樂」的情感並非「身安、厚味、美服、好色、音聲」的感官快感，它是一種「與天和」的身心狀態，體現了生存的和諧、圓滿與自由：

　　故知天樂者，無天怨，無人非，無物累，無鬼責。（《莊子》〈天道〉）

此之謂天樂，無言而心悅。（《莊子》〈天運〉）

莊子與惠子游於濠梁之上。莊子曰：「儵魚出遊從容，是魚之樂也。」（《莊子》〈秋水〉）

得至美而游乎至樂，謂之至人。（《莊子》〈田子方〉）

古之得道者，窮亦樂，通亦樂，所樂非窮通也。（《莊子》〈讓王〉）

按莊學的理路，常性不離，既是生存的本真狀態，也是精神的自由境界，因為它同時意味著「放德而行，循道而趨」（《莊子》〈天道〉）。所謂「逍遙游」或「游心於物之初」等等，都是本真和自由的體現，與斤斤計較現實的窮通不可同日而語，其樂安豈可勝計？

莊子學派力圖超越有限而進入無限，把握了這一點，他們對人的情感為何持雙重態度便易於理解了。

四、荀子：尚偽而化情

荀子在情感研究領域做出了重要貢獻，但是他又造成了心理研究的倒退。從學理方面看，這是由於他對人類心靈的把握表淺化，平面化。我們容易看到，他僅僅從語義上區分開「性」「情」「欲」三者，而在具體問題的論述中，常常將它們不只是看作相關的，甚至以為是可互換的範疇。他看不見人類心靈潛藏著聯結個體與其族類的東西，「性惡」論於是產生，並且成為他的全部學說的核心。他寫道：

今人之性，生而有好利焉，順是，故爭奪生而辭讓亡焉；生而有

疾惡焉，順是，故殘賊生而忠信亡焉；生而有耳目之慾，有好聲色焉，順是，故淫亂生而禮義文理亡焉。然則從人之性，順人之情，必出於爭奪，合於犯分亂理而歸於暴。故必將有師法之化，禮義之道，然後出於辭讓，合於文理，而歸於治。用此觀之，然則人之性惡明矣，其善者偽也。（《荀子》〈性惡〉）

　　從這段話可以看出，荀子認為人之性就是人之慾（「生而有」之），體現為人之情（好惡）。既然人天生地只是好利、疾惡、好聲色，那麼爭奪、殘賊及淫亂便是其必然的和唯一可能的生存狀態，除非有某種外力加以改變。在這種意義上，所謂「人性」其實就是獸性。先秦諸子都認識到一己之情慾在社會生活中一般表現為惡，因而要求加以節制甚至拋棄；荀子不同於前輩之處在於，他認定人除此之外沒有其他先天傾向，於是人性惡顯而易見。

　　但是，人類為什麼能結合成社會？是什麼在維繫著這樣的社會？荀子只願意考慮看得見、摸得著的東西：禮義、文理。那麼禮義、文理又是怎樣來的呢？荀子的回答是來自聖人，因為周公、孔子等是有歷史記載的。幸虧沒有人進一步質疑：聖人是不是人？否則，這一簡單問題可以置他於兩難境地：若聖人是人，那麼他也性惡，同樣只想爭奪或淫亂？若聖人不是人，則周公、孔子等就不是聖人，立論的根據便子虛烏有。從深層次看，荀子之學其實是一座沙塔。[6]

　　沙塔沒有堅實根基是一回事，沙塔本身有其富麗之處又是另一回事。荀子孜孜不倦地追求外王之道，一輩子著重在「偽」的方面下功

6　事實上，荀子認為堯、舜與桀、跖的本性完全一樣；只是前二者能造作反於性而悖於情的「禮」「義」，所以成為聖人。這樣看來，所謂道德完全是外在的、反人性的設置。以此為基礎，不可能建立深厚的道德哲學。

夫。與「偽」（人為修飾）相對的「真」（天然真實）是不足取的。性
為人之真，歷來認同；情為人之真，荀子更有獨特見解，他甚至依此
而完成了情感之「情」的明確定義；問題在於，參照外王之道，人之
真其實又是人之私，二者的對立不言而喻。因此他反覆申述和喟嘆：

> 若夫目好色，耳好聲，口好味，心好利，骨體膚理好愉佚，是皆
> 生於人之情性者也；感而自然，不待事而後生之者也。（《荀子》〈性
> 惡〉）

> 人情甚不美，又何問焉？妻子具而孝衰於親，嗜欲得而信衰於
> 友，爵祿盈而忠衰於君。人之情乎！人之情乎！甚不美，又何問焉？
> （《荀子》〈性惡〉）

應該承認，這些看法都有一定道理。遺憾的是他以部分代替整
體，將人類情性一古腦地判定是灰暗的、可怖的，將情性有私擴大為
情性唯私。

這樣一來，荀子面臨著一對尖銳矛盾：人性唯私應當去，但人性
是真不可去。解決問題的辦法只能是「化性起偽」，也就是改造人的情
性以使之服從禮法，服從君主的統治。用荀子自己的話說，即「起禮
義，製法度，以矯飾人之情性而正之，以擾化人之情性而導之」（《荀
子》〈性惡〉）。

如果進行具體分析，又可以看到「化性起偽」主要包括三個方面。
其一，法以用之。既然人之常情是好利疾惡，那麼外加的賞罰就會行
之有效。荀子認識到這一點，不過他的學生韓非表達得最為明確：「凡
治天下，必因人情。人情者，有好惡，故賞罰可用。賞罰可用，則禁

令可立而治道具矣。」（《韓非子》〈八經〉）其二，禮以制之。照荀子的觀點，禮義起源於解決人們任情縱慾的衝突，以禮義制約情性就是「養情」，他說：「孰知夫禮義文理之所以養情也？故人苟生之為見，若者必死；苟利之為見，若者必害；苟怠惰偷懦之為安，若者必危；苟情悅之為樂，若者必滅。故人一之於禮義，則兩得之矣；一之於情性，則兩喪之矣。」（《荀子》〈禮論〉）其三，樂以導之。音樂人人也深，化人也速，既然喜怒哀樂等為人情之所不免，那麼就當以樂導之，「以道制欲」，從而使民眾「和而不流」，「齊而不亂」（《荀子》〈樂論〉）。

　　不難看出，荀子習慣於從君主立場上認識和評價事物。以「性惡」說為基礎，他主張「立君上之勢以臨之，明禮義以化之，起法正以治之，重刑法以禁之，使天下皆出於治，合於善」（《荀子》〈性惡〉）。這就明確告訴人們，他所謂的「善」不是指個人生存的圓滿和自由，而是服從於君主的絕對統治；廣大民眾作為個體是手段，而不是目的。通過一系列的利用、節制及疏導工夫，臣民的情感還在，但發生質的變化，作為獨立個體在精神上已被消滅，成為統治者馴服的工具，天下乃實現大治。在這「理想國」裡，唯有至高無上的君主是自由人，「兼制人，人莫得而制」；他頒佈禮法，「制度以陳，政令以挾；官人失要則死，公侯失禮則幽，四方之國，有侈離之德則必滅」；如此他便能「合天下之所同願兼而有之，皋牢天下而制之若制子孫」，可以最大限度地滿足自己的情慾（《荀子》〈王霸〉）。

　　應該承認，作為政治哲學，荀學有多方面的開拓，在歷史上曾發揮了一定的效用；但是以道德哲學衡量，荀學實在是「頭重腳輕根底淺」，始終缺少深刻的根據。因此，儘管荀子是位大學者，他關於人的心性的看法，特別是對於「情性」的認識與態度，就其主要方面而言

是不足取的。清代戴震批評荀學「無於內而取於外」（《孟子字義疏證》〈性〉），確為中的之論。

有鑒於此，對荀子的情感理論的美學價值實在不宜估計太高。情感既然被當作罪惡之源，被當作洪水猛獸而加以遏制，取消人的自由和個性，哪能談得上真正的審美價值？陳良運先生說得好：「憑它，連『發乎情，止乎禮義』也推導不出來。」[7]

第三節　漢以後情感觀念的發展圓圈

在人類的歷史行程中，一直貫穿著「情」與「理」的矛盾。這是因為，「情」一方面是連繫個體與群體的紐帶，另一方面又總是直接體現個體性的特點；而人類結合為社會固然需要以「情」為基礎，同時又必須依據實際情況確定一些社會成員之間關係的準則，這些準則就是社會生活中的「理」，它對「情」常常進行制約。

中國古代社會是宗法制社會，人們對人際關係的準則尤為重視，將它制度化而稱之為「禮」。教育人服從禮制就叫「禮教」。先秦儒家特重禮，但觀點實有不同。孔子認為「禮」的基礎是仁義[8]；荀子則以為「禮」是聖人出於理智考慮頒佈的，是「反於性而悖於情」（《荀子》〈性惡〉）的。肯定經過秦漢學者修訂過的《禮記》取折衷立場，其〈禮運〉篇一方面說：「故禮義也者，人之大端也……所以達天道、順人情之大竇也」；另一方面又講，「故聖人修義之柄、禮之序，以治人情。故人情者，聖人之田也」。前者強調禮「順人情」，後者強調禮「治人

7　陳良運《中國詩學體系論》第134頁，中國社會科學出版社1998年版。

8　自孟子起，仁義被看作人之性，實際是指人的心靈中固有的理。

情」。

　　「情」與「禮」的矛盾涉及社會與人生。一般來說，「情」體現個體希求，「禮」代表群體規範；「情」帶有較多理想色彩，「禮」具備較多現實品格；「情」驅使個體追求自由，「禮」迫使個體遵從約束。二者構成社會發展的內在張力之一：長期經歷「禮」的束縛後，人們就會普遍渴求「情」的解放；而經過一段時間「情」的氾濫，危及社會秩序，勢必重新確立「禮」的統治……如此往復。從這一角度我們發現，漢以後的古代社會發展呈現了三個歷史圓圈：兩漢—六朝；隋唐—五代；宋—明末。清代至民國也構成一圓圈，由於其間跨入現代，姑且不計。

一、漢魏六朝：從持名教到任風流

　　鑒於秦代短命的嚴酷教訓，漢初朝野崇尚黃老的「無為」思想，新道家應運而生。淮南王劉安組織幕客撰寫《淮南子》，以道為主，兼取各家，表明當時尚未形成思想禁錮。該書表達的情感觀念近於《莊子》，一方面將「情」與「欲」相連繫而加以否定，認為「德之至者」「心不憂樂」（《淮南子》〈原道訓〉）；另一方面又提倡真情，承認「喜怒哀樂，有感而自然者也……情發於中，而聲應於外」（《淮南子》〈齊俗訓〉），於是它取「以內樂外」而舍「以外樂內」（《淮南子》〈原道訓〉）。

　　至漢武帝，力主有為而治。他不僅要鞏固疆域的統一，而且要完成思想的統一，因此董仲舒的「罷黜百家，獨尊儒術」建議得以推行。董仲舒真正在實踐上將儒家學說同外王之道結合起來，並兼獵各家而使之迷信化，儒學於是演變為儒教。儒學重禮，荀子以為禮在於名分，於是此時一些政治和道德規範被立為名分，號為名節，製為功名，以之為教就叫「名教」，簡約一點說就是以正名定分為主旨的封建

禮教，其主要內容是「三綱五常」。「禮」的凸出意味著「情」的抑制。董仲舒兼采孟、荀的相關思想，糅合陰陽之學，對情感問題形成新的認識。特別有兩點為其後漢儒之所本，一是情陰性陽，一是情惡性善；二者合起來使「情」與「性」從性質上得以明確區分，在思想史上具有重要意義。他說：

> 身之有性情也，若天之有陰陽也。言人之質而無其情，猶言天之陽而無其陰也。（《春秋繁露》〈深察名號〉）

> 人之誠有貪有仁。仁貪之氣，兩在於身。身之名取諸天。天兩有陰陽之施，身亦兩有仁貪之性。（《春秋繁露》〈深察名號〉）

後一個「性」字取廣義，其實兼指「情」與「性」；在狹義上，「性」為仁，「情」為貪；因此人性有善端，又有待於教化。

從統治者的立場出發，董仲舒主張以禮義節制人的情慾。在他看來，「人欲之謂情，情非度制不節」；治國的大本之一就是灌輸禮義以節制情慾，即「務明（名）教化民」（《春秋繁露》〈舉賢良對策〉），否則的話，「使人人從（縱）其欲，快其意，以逐無窮，是大亂人倫而靡施財用也。」（《春秋繁露》〈度制〉）

從一定意義上說，是董仲舒奠定了漢代意識形態的基礎。他對「情」「性」的認識和態度也被後繼者奉為圭臬。王充在討論人的本性時將他的觀點作為權威引證：「仲舒覽孫、孟之書，作情、性之說，曰：『天之大經，一陰一陽；人之大經，一情一性。性生於陽，情生於陰。陰氣鄙，陽氣仁。曰性善者，是見其陽也；曰惡者，是見其陰者也。』」（《論衡》〈本性篇〉）王充雖然肯定情慾生於自然，但也主張

「以禮防情」，反對「逾禮犯義」（《論衡》〈答佞〉）。後漢的官修著作《白虎通義》則寫道：「性者，陽之施；情者，陰之化也。人稟陰陽氣而生，故內懷五性六情。」該書更是明確地提出以「三綱六紀」「整齊人道」。

漢末天下大亂，意識形態的大一統局面也隨之分崩離析，道家思想再次抬頭，並與儒學爭途。於是魏晉出現「自然」與「名教」關係問題的爭論，它同「情」與「禮」的關係辨識密切相關。王弼首先提出「名教本於自然」的觀點，帶有儒道兼綜性質。「自然」主要指萬物之道，它應該是「名教」得以建立的基礎；這是「崇本以舉末」思想的必然延伸。不過在他看來，情感也屬於人能應物的自然之性，聖人之所以是聖人，關鍵在於他能「達自然之性，暢萬物之情」（《老子注》二十九章），應物而不累於物。何劭《王弼傳》中記述：

> 何晏以為聖人無喜怒哀樂，其論甚精，鐘會等述之。弼與何晏不同，以為聖人茂於人者，神明也；同於人者，五情也。神明茂，故能體沖和以通無；五情同，故不能無哀樂以應物。然則聖人之情，應物而不累於物者也。今以其無累，便謂不復應物，失之多矣。

王弼所說，實際上綜合了道家的「無情」說與儒家的「中節」說，強調人有情而不當累於情，在當時屬開明的見解。

遠較王弼激進的是稍後的嵇康，他提出要「越名教而任自然」（《釋私論》）。這一命題既包含對名教的否定，又包含對人的感性的張揚，「任自然」兼有心游太玄和放情任誕雙重涵義。他公開痛罵「六經為污穢」「仁義為臭腐」，認為它們反人性：「六經以抑引為主，人性以從欲為歡。抑引則違其願，從欲則得自然。然則自然之得，不由抑引之

六經；全性之本，不須犯情之禮律。故知仁義務於理偽，非養生之要術；廉讓生於爭奪，非自然之所出也。」（《難自然好學論》）出於強烈的憤世嫉俗，嵇康糅合了莊子和荀子的觀點，但是又旨歸於反禮而尚情，與二者均有不同。其看法之偏激與矛盾雖然顯而易見，卻明確顯示一股新的時代思潮的到來。也許有人會說，嵇康所謂「任自然」不具有放情任誕之意；的確，嵇康在不同時境中的表述並不一致。我們不妨撇開他的言論，看看他的幾位摯友的行狀：

阮籍當葬母，蒸一肥㹠，飲酒二斗，然後臨訣，直言：「窮矣！」（《世說新語》〈任誕〉）

劉伶恆縱酒放達，或脫衣裸形在屋中。人見譏之，伶曰：「我以天地為棟宇，屋室為褌衣，諸君何為入我褌中？」（《世說新語》〈任誕〉）

放情任誕與心游太玄看似矛盾，其實都是人追求本真生存的體現。前者是在現實生活中對名教的蔑視，後者是在精神追求上對名教的超越。

隨著時間的推移，人們追求形而上的興趣漸趨淡薄，「任自然」更為向任情縱慾方向發展。晉代有些士族和貴族子弟唯清談放蕩是尚，往往「相與為散髮裸身之飲，對弄婢妾」（《晉書》〈五行志〉）。其時還流行一種觀念，聖人超越情，小人不及情，因此，重情者不愧為豪傑。

在這樣的世風中，人們對情感的認識也有新的拓展。如梁朝賀瑒

提出「情波」說，認為性如水，情似波。[9]這一比方得到宋代思想家的肯定，直至今天仍有學術價值。

二、隋唐五代：從「情」、「志」兼尚到兒女情長

經歷了從持名教到任風流的兩極擺動，「禮」與「情」的天平有可能獲得暫時平衡，史實也確是如此。從隋至盛唐，少見「情」「禮」之爭或「情」「性」之爭，個體與群體、感性與理性沒有顯出明顯的衝突。原因是多方面的。從社會背景看，這一時期重「理」的北方與重「情」的南方實現民族大融合，「燕趙悲歌」與「吳儂軟語」相互唱和；國民走向富強的大趨勢也足以構成向心力而無須過多的禮義約束。從文化背景看，儒學雖有抬頭，而道家亦得尊重，且有禪宗異軍突起；三家中以儒學主要代表社會理性，它既未獲得獨尊地位又未遭到貶抑，這種局面有助於個體與群體的關係平衡。

隋唐之際，思想界鑒於南朝的萎靡羸弱，普遍呼喚恢復剛健精神。在這種氛圍中，孔穎達提出「情、志一也」（《春秋左傳正義》卷五十一）的命題，雖然他以「在己為情，情動為志」未必確切，但是這一命題本身不僅作為新觀念起到號召作用，而且它還可以看作是初唐至盛唐朝野實際崇尚的概括。

到了中唐，儒家思想又有勃興之勢。韓愈的長兄韓會表述了「管情復性」的看法，他說：「蓋情乘性而萬變生，聖人知變之無齊必亂，乃……辨道德仁義禮智信以管其情，以復其性，此文之所由作也。」（〈文衡〉）同時代的柳冕重提「禮」與「情」的關係問題，他一方面承認人必有情，聖人也不例外；另一方面認為仁義之道、骨肉之恩和朋友之義，「此三者發於情而為禮，由於禮而為教。故夫禮者，教人之

9　燕國材《中國心理學史》第342頁，浙江教育出版社1998年版。

情而已。」（《答荊南裴尚書論文書》）韓愈以恢復「道統」自任，自然重視性情研究，他繼承董仲舒的「性三品」說，並認為情系性「接於物而生」，因此也當有三品：「上焉者之於七（指七情——引者）也，動而處其中；中焉者之於七也，有所甚，有所亡，然而求合其中者也；下焉者之於七也，直情而行者也。」（〈原性〉）這就是說，處上品者七情發動總是恰到好處，完全符合社會道德規範；處中品者七情發動時有過有不及，但能追求合乎中道；屬下品者則只能任憑情慾支配了。

在此基礎上，李翱進一步走向極端，提出「滅情復性」說。他著《復性書》三篇，渲染「情」與「性」的對立：

> 人之所以為聖人者，性也；人之所以惑其性者，情也。喜、怒、哀、懼、愛、惡、欲七者，皆情之所為也。情既昏，性斯匿矣。非性之過也，七者循環而交來，故性不能充也。……情不作，性斯充矣。（上）

> 妄情滅息，本性清明，周流六虛，所以謂之能復其性也。（中）

> 情本邪也，妄也，邪妄無因，人不能復。聖人既復其性矣，知情之邪；邪既為明所覺矣，覺則無邪，邪何由生也？（中）

在他看來，人之性得自天，無有不善；但情則有善有不善。情為性之動，二者不可分離。聖人雖有情卻寂然不動，感而遂通，僅僅「安於和樂」，故其情是善的，這種善情又可以說是「未嘗有情」；普通人則常常為情所蔽，不能盡性知天，因此情為邪為妄，只有去其蔽，才能得清明。後者是李翱考察的重點。應該承認，這些看法有其深刻之

處，體現了作者援佛入儒和貫通儒、道的努力；如果說韓愈開啟宋明理學的初源，那麼李翱的「復性」說真正從思維方式上為後人作了切實的鋪墊。只是由於他僅僅重視所謂「明覺」，忽視人類生存的此岸性，結果將理想人格─聖人「佛性」化了。當然，李翱也認同前人的「中節」說，贊成對情「制禮以節之，作樂以和之」（《復性書》中篇）。

從「管情」發展到「滅情」，這股思潮並未持續很久。晚唐至五代，人們的情感觀念正好向另一極端轉化。其時的文人雅士，大多風流成癖，混跡於柳巷青樓，且少見哲人的清高遠幽。晚唐孫棨撰《北里志》，專門記述當時一些士人與長安名妓的交往；韋莊以詩描寫人們縱情享樂的情景：「破產競留天下樂，鑄山爭買洞中華。諸郎宴罷銀燈合，仙子游回璧月斜。」（《咸通》）一時間，專寫男女豔情的詩集爭相面世。韓偓在其《香奩集》的序言中寫道：「初得捧心之態，幸無折齒之慚。柳巷青樓，未嘗糠粃；金閨繡戶，始遇風流。咀五色之靈芝，香生九竅；咽三危之瑞露，春動七情。」雖然處於動亂時代，人們精神上鮮有風雲氣象，但見兒女情長。即使探究道理，也在向「情」的方面傾斜。五代時的官僚、學者徐鉉，一方面將「志」字補入《說文解字》，另一方面毫不含糊地拋棄「詩言志」的傳統觀念，以「言情」取而代之，他說：「人之所以靈者，情也。情之所以通者，言也。其或情之深，思之遠，鬱積乎中，不可以言盡者，則發為詩。詩之貴於時久矣。」（〈蕭庶子詩序〉）《周易》講「通天下之志」，他則談「通天下之情」（〈文獻太子詩集序〉）。

「情」的地位過分突出意味著將出現反向的逆轉。

三、宋元明：從以「理」節「情」到反「禮」尚「情」

宋代是我國學術的輝煌時代，中華文化「向心凝結」（錢穆語）的品格在這一時代表現得最為突出。由於崇文抑武國策的推行，中央集

權的強化和地方活力的挫傷，以及佛學的廣泛傳播等原因，宋人失去漢、唐時代的外向進取精神，更多轉向內在心性的探求。人們研討「誠意、修身」方面的興趣已勝過「治國、平天下」，道德哲學完全壓倒政治哲學，孟子之學完全壓倒荀子之學。相應地，「情」與「禮」的矛盾雖然繼續存在，但是人們的注意力卻更多放在「情」與「理」或「情」與「性」的分辨上。

被奉為道教經典的《關尹子》一書，雖然《漢書》〈藝文志〉有載，但原本已失傳。今本發現於宋代，至少經過宋人的修訂。該書將「情」「心」「性」三者放在一起考察，認為：「情生於心，心生於性。情，波也；心，流也；性，水也。」（〈五鑑篇〉）「性」指心中之德，「心」指意識之動，「情」則屬於意動之征，這一觀點較之六朝賀瑒的看法更進一層；只是因為張載提出「心統性情」説影響很大，使之未能引起人們的充分注意。《關尹子》主張制情、忘情，其理由是：「天下之情，小不制而至於大，大不制而至於不可制。故能制一情者，可以成德；能忘一情者，可以契道。」（〈五鑑篇〉）所謂「制一情」是情感剛開始萌芽就加以制服；所謂「忘一情」則是使情感不可能萌生。這種對待情感的態度非常接近李翱。

宋代理學家們幾乎無一例外地推崇至誠感通的靈感（頓悟）思維，這自然是受到佛學的深刻影響，但他們總是溯源於《孟子》和《易傳》。對於魏晉玄學家曾爭論過的聖人有情與無情問題，程顥立足於孟子所講的「不動心」進行闡釋，他説：

> 人之情各有所蔽，故不能適道，大率患在於自私而用智。自私則不能以有為為應跡，用智則不能以明覺為自然。……無事則定，定則明，明則尚何應物之為累哉？聖人之喜，以物之當喜；聖人之怒，以

物之當怒；是聖人之喜怒，不繫於心而繫於物也。（《答橫渠先生定性書》）

　　聖人有情，所以也應於物；但其情不含私意和機巧，雖接應外物卻不牽動內心，因此又可以說是「情順萬物而無情」。心不動，性得定，於是能明覺萬物之理。這種闡釋是李翱「復性」說的繼續，而在表達上更為準確而流暢。

　　理學家們一般並不遽斷性善情惡。若是從認識、領悟事物的道理著眼，他們對情感多持否定態度，認為它會構成遮蔽；若是從人的現實生存著眼，他們又認為情不可免，因而只強調發當中節。如邵雍一方面講：「任我則情，情則蔽，蔽則昏矣；因物則性，性則神，神則明矣。」另一方面又肯定，因物當喜則喜，當悲則悲：「以物喜物，以物悲物，此發之中節者也。」（〈觀物外篇〉）二者看似矛盾，其實是內在統一的。

　　在前人基礎上，朱熹對情感的研究又有拓展。他堅持張載的「心統性情」說，並以一個比喻概括「心」「性」「情」「欲」四者的關係：「心猶水，性猶水之靜，情則水之流，欲則水之波瀾。」（《朱子語類》卷五）這種看法與《關尹子》相似但又有不同，特別是將「欲」考慮進來，方便於作價值評價。按朱熹的看法，性（天地之性）無有不善；情則可善可惡，得情之正為善，反之為惡；欲若合乎仁義，也屬可取，只是那些不合天理的「人欲」當儘數革去。總之，他的基本態度是：「存心以養性而節其情」（《答徐景光》）並滅人欲。

　　到了王陽明，情感觀念開始顯得更為豁達。王陽明也贊同「滅人欲」，但那主要指人們應當「謙和恭順」，「不要貪圖」（《喻太和楊茂》）。對於情感，他明確提出要順其自然：「七情順其自然之流行，

皆是良知之用，不可分別善惡；但不可有所著。七情有著，俱謂之慾，俱為良知之蔽；然才有著時，良知亦會自覺，覺即蔽去，復其體矣。」（《傳習錄》下）情已不再被看作洪水猛獸，不再要求加以壓抑或節制了。

王陽明的心學本身潛伏有思想解放的因素，它認為學問是天下之公，每個人當自己作判斷，否則，「雖其言之出於孔子，不敢以為是也，而況其未及孔子者乎！」（《傳習錄》中）其後的泰州學派把這種因素大大張揚開來，並且拋棄傳統的內聖之學，直接為個體現實的感性慾求高唱讚歌。李贄認為，人心必有私，無私則無心；好貨，好色，都是自然之理。何心隱將對味、色、聲及安逸的追求都看作性，以為性便是欲。這樣一來，理與禮不僅不能主宰情與欲，而且只能附麗於後者。李贄說：「蓋聲色之來，發於情性，由乎自然，是可以牽合矯強而致乎？故自然發於情性，則自然止於禮義，非情性之外復加禮義可止也。」（《讀律膚說》）

這是一股新的時代潮流，其勢不可阻擋。在文藝界，徐渭首先為情張目，他說：「人生墮地，便為情使。聚沙作戲，拈葉止啼，情防而已。」（〈選古今南北劇序〉）其後公安派袁氏三兄弟對此無不認同。湯顯祖甚至提出：「情有者，理必無；理有者，情必無。」（《寄達觀》）馮夢龍則認為整個歷史都可看作是情史，「六經皆以情教」：「《易》尊夫婦，《詩》首〈關雎〉，《書》序嬪虞之文，《禮》謹聘奔之別，《春秋》於姬姜之際詳然言之，豈非以情始於男女？」（《情史敘》）。文藝是社會心理和風俗的直接反映，該時代的生活現實正是在情慾的支配之下。據記述，當時「人情以放蕩為快，世風以侈靡相高，雖逾制犯禁，不知忌也。」（張瀚：《松窗夢語》卷七）

四、清：「情」「理」兼尚與「情」「禮」兼容

　　清代也是一個學術繁榮時代，但在宇宙與人生的哲理探究上已失去宋人的蓬勃氣象。但清初一些學者除外，他們往往同時具備思想家的氣質，王夫之便是其中的突出代表。

　　王夫之論「情」「性」，有分有合，思理較為清晰，把握較為公允。僅在《讀四書大全說》中，就有多處精彩的論述。首先，「情」與「性」之分同人心與道心之分相通。他明確指出：「性，道心也；情，人心也。惻隱、羞惡、辭讓、是非，道心也；喜、怒、哀、樂，人心也。」（卷八）其次，「情」與「性」雖然從邏輯上有層次之分，但在事實上是「相通相成」的，二者你中有我，我中有你，不可分割：「惟性生情，情以顯性，故人心原以資道心之用。道心之中有人心，非人心之中有道心也。則喜、怒、哀、樂固人心，而其未發者，則雖有四情之根，而實為道心也。」（卷二）其三，「情」與「性」的關係，在一定意義上說又是「情」與「理」的關係，因為「性」就是心靈中「理」之所在，舉例來說，「夫愛，情也；愛之理，乃性也。」（卷十）既然「性」屬道心，道心含天理，那麼「性」與「理」的相通便很容易理解。其四，關於「禮」與「欲」「天理」與「人欲」的關係，王夫之的觀點既不同於朱熹，又不同於董仲舒，較之後二者要通達得多。他認為，「仁本陰而變陽，義本陽而合陰」，「陽合於陰而有仁禮，則禮雖為純陽而寓於陰。是禮雖純為天理之節文，而必寓於人欲以見……故終不離人而別有天，終不離欲而別有理也。」（卷八）「禮」的基礎是人心之天理，但是必須體現於現實的貨、色慾求之中；離開了人的現實感性存在，則所謂「天理」只能是一種虛無，類同於佛家的觀念。不難看出，明代思想解放的某些成果在這裡得到繼承，卻沒有流於膚淺、滑入極端；它發揚了優良傳統，又具有近代性質。

　　此外，王夫之對「性」「情」「欲」的關係也有較精當的看法，他寫道：「藏者必性生，而情乃生欲，故情上受性，下授欲。」（《詩廣傳》〈邶風〉）這是明確的層次之分，認定「情」處於中介地位，值得後學重視。考察歷代思想家的觀點，他們中之所以有很多人認為情惡，其實主要是指私慾；確定「情」處中介地位，其中「性」性質也就清楚了。

　　清中葉，著名學者戴震雜糅孟子與荀子的相關看法，對性理與情慾的關係表述了新見，也有一定的代表性。他認為，人生而有欲、情、知三者，其中欲和知是基礎，有欲「而因有愛畏」，有知「而因有好惡」（《孟子字義疏證》）。身有欲，心有知，感而接於物而有情，這是他的基本見解。據此他誤解了宋儒所講的「人欲」，將它等同於人的所有慾望；並且否認「人欲」對認識有蔽，而認為「私生於欲之失，蔽生於知之失」（《孟子字義疏證》），正好顛倒了因果關係。不過，他也崇尚「天理」，只是他所謂的天理就是情慾中節：「天理者，節其欲而不窮人欲也」，「無過情無不及情之謂理」。（《孟子字義疏證》）就本來的意義講，「天理」當是指人心與生俱有之理，戴氏之所謂則是後天「審察」的結果，是「知」的產物。儘管這些觀點多有邏輯上的缺陷，但是從情慾中求理，強調理在情中，仍突出體現了近代視界。他指出：「理也者，情之不爽失也，未有情不得而理得者也。」（《孟子字義疏證》）一個理陛觀念很強的學者講出這樣的話，只有到明、清時代才有可能。

　　與戴震同時的紀昀及稍晚的章學誠等，都是清代學界具有代表性的人物，他們在「情」與「理」或「情」與「禮」的關係上觀點都較為持平。

　　然而，歷史發展至清代，觀點持平同樣失之保守。這是因為，維

繫著封建人倫關係的理與禮均已僵化乃至腐朽，逐漸失去存在的理由。一個新的情感觀念再解放的時代正在到來。

　　從以上簡略的巡禮中我們可以清楚看出，「情」與「禮」（理）確實是一對基本矛盾，它在一定程度上制約著社會的發展變化；歷史告訴我們，人的情感是不能禁錮、也禁錮不了的，但是情慾氾濫也不是好兆頭，往往是一個時代接近衰亡的征侯，任何一個社會都需要保持二者的張力；由於我國古代社會偏於理性，所以隨著時間的流逝，人們的情感觀念總體上呈現出開放的發展態勢。

第二章

「緣情」說述評

第一節　水到渠成——「緣情」說的提出

先秦時代經歷了較長的述情不言「情」階段，人們甚至將「六情」稱之為「六志」，因此，其時的「詩言志」觀念中本來就有抒情的涵義，只是未突出顯露而已。隨著情感之「情」概念的出現，情愫濃郁的南方文化在民族大融合中地位的上升，以及最為純粹地出自抒發情感需要的音樂藝術的相關理論向詩學的滲透，「詩言志」觀念逐漸引入「發乎情」作為補充。到了陸機所處的魏晉時代，「緣情」說不能不應運而生。表面上看，它似乎只是由一個才華橫溢的詩賦家偶然提出，實質上，這更應該看作歷史必然性所致。

一、抒情寫志是我國既有的詩學傳統

古代的華夏民族是生產人文文化的沃土。貧瘠的黃土地，傳統的

宗法制等條件構成個體生存的壓抑，現實生活的自由空間極小，故而人們普遍內傾。性格內傾有利於人文文化的繁榮：借用弗洛伊德的術語，基於「快樂原則」，人們渴求借文藝活動宣洩內心鬱結；基於「現實原則」，人們又忙於建立繁密的倫理規範。二者正好形成了情與禮的矛盾：從維護社會秩序方面看，必須提防情的反叛；從企求個體生存自由方面看，又必須衝破禮的壓抑。禮的壓抑強化了性格的內傾，性格的內傾又加劇了情感的奔突；情感在現實生活中得不到外化，於是借文學藝術而表現。這是我國古代音樂和抒情詩繁榮的基本原因，也可能是漢民族沒有真正意義的史詩的重要原因之一。

　　一部《詩經》，絕大部分是抒情之作。其時詩、樂、舞尚保留有渾然未分的痕跡，如《墨子》中所說：「誦《詩》三百，弦《詩》三百，歌《詩》三百，舞《詩》三百」（《公孟》）。這時候的詩歌，完全應當歸入表現型藝術的大部類。人們在生活中若遇到挫折，心有鬱結，便往往借詩歌而鳴，如《詩經》〈魏風〉〈園有桃〉明確寫道：「心之憂矣，我歌且謠。」一個是外在的現實世界，一個是內在的心靈世界，我們的先人注重於表達後者而不是描摹前者。然而心靈世界要藉助於現實世界的材料，且詩歌一般由現實生活感動激發而形成，所以現代多有論者稱《詩經》為現實主義之作；由於對現實主義可以作不同的理解，我們無須否定這樣的判斷，只是要強調指出，若稱《詩經》為緣事而抒情之作，也許更少歧義。這樣才容易把握，其中所寫的事實是心靈化了的事實，與歷史的記錄不能等同，正如明人陸時雍所說：「十五〈國風〉皆設為其然而實不必然之詞，皆情也。」（《詩鏡總論》）可能是因為當時沒有「詩人」冠冕，所以沒有「為文而造情」的現象，《詩經》表達的情感是純真的，情感的表達是質樸的。當然，抒情之作同樣能表達思想，且情感與思想難以剝離，所以便有社會交往中賦詩言

志的流行。

屈原開闢了我國詩歌從集體傳唱到個人獨立創作的新時代。側重於抒情言志的傾向在他的作品中得到更明確、更集中的體現。屈原的創作，一般是由於現實生活中不幸遭遇的激發；而他的作品，則是其熾烈情感的凝結，美好憧憬的呈現，高潔人格的寫照。王逸評述道：「……屈原履忠被譖，憂悲愁思，獨依詩人之義而作《離騷》，上以諷諫，下以自慰。遭時暗亂，不見省納，不勝憤懣，遂復作《九歌》以下凡二十五篇。」（〈楚辭章句序〉）對故土的眷戀，對君主的忠誠，對奸佞的憤恨等由衷之情洋溢於詩作的字裡行間。由於情感之「情」已經出現並被廣泛地使用，屈賦中明確道出表達情感的要求，如：

懷朕情而不發兮，余焉能忍此終古？（《離騷》）

情沉抑而不達兮，又蔽而莫之白也。（《惜誦》）

結微情以陳詞兮，矯以遺夫美人。（《抽思》）

申旦以舒中情兮，志沉菀而莫達。（《思美人》）

焉抒情而抽信兮，恬死亡而不聊。（《惜往日》）

如此等等。無論是《離騷》還是《九章》的創作，都可以用《惜誦》的開首兩句來概括：「惜誦以致愍兮，發憤以抒情。」

漢興，楚文化的地位大大提高，楚辭的創作也延續了一個時期。到了枚乘、司馬相如輩，發展出「大賦」體制，「體物」則鋪張揚厲，

「寫志」卻勸百諷一，專注於外物的描摹而不是內心的抒發，背離了傳統的藝術精神。這些「辭人之賦」大多屬於為帝王歌功頌德之作，以「潤色鴻業」為主旨，既缺乏感情又缺乏思想，「競為侈麗閎衍之詞，沒其諷喻之義」（《漢書》〈藝文志〉）。揚雄因而悔恨，稱之為「彫蟲小技」，「壯夫不為」（《法言》）。

　　文壇的這種傾向並未持續太久。沈約總結自漢至魏的文學發展史，指出其間經歷了「文體三變」：

　　相如巧為形似之言，班固長於情理之說，子建、仲宣以氣質為體。並標能擅美，獨映當時。是以一世之士，各相慕習。（《宋書》〈謝靈運傳論〉）

　　按沈約的看法，漢魏文學到了班固時代，內容變得充實，到了曹植時代，更特別注重於個性顯現。當然，東漢還有一個變風氣的人物應該提到，那就是張衡，他從大賦中脫胎出抒情小賦，沈約稱頌道：「若夫平子豔發，文以情變」（《宋書》〈謝靈運傳論〉）。朱自清先生也認為，得力於張衡，「東漢的賦才真正走上『屈原賦』的路」[1]。況且，漢代文學不只是賦體，被後世稱為「漢樂府」的詩歌，它們的主調是抒情的，而漢末的文人詩《古詩十九首》，更是以「婉轉附物，怊悵切情」（《文心雕龍》〈明詩〉）而見長。其後的建安文學，也是抒情寫志的典範。

　　人們採用詩歌抒發情感越來越自覺，勢必要求有相應的理論予以

---

[1]　《詩言志辨》，《朱自清古典文學論文集》上冊，第220頁，上海古籍出版社1981年版。

概括。

二、理論界說方面的長期醞釀

我們知道，在莊子時代已形成情感之「情」的概念，但是《莊子》〈天下〉中仍然肯定「詩以道志」；後來荀子明確將喜、怒、哀、樂等歸結為情，卻還是沿襲著「言志」觀念。這裡有必要考慮思想界與文藝界取向的差異：一般來説，思想界重視文藝活動的成果所表達的思想，文藝界則重視支配創作活動的心理過程；前者注目於作品表達了什麼，後者則直接體驗到「我」為什麼要表達。「表達了什麼」的問題用「言志」回答甚為恰當，因為「志」可以指稱思想，且特別指稱思想中的嚮往（主體的欲求，也包含情感）；「我為什麼要表達」問題用「抒情」「緣情」來回答也是合適的，因為正是情感構成文藝創作的直接動力。把握了這種潛在的歧異，有助於理解人們在理論解説上長時期游移於「志」與「情」之間的史實。

在寬泛的意義上，《詩經》中即已埋藏著「緣情」觀念的種子，如〈小雅〉〈四月〉云：「君子作歌，維以告哀。」明確交代了這首詩歌系緣哀情而作。至屈賦，開始「情」「志」並用，且詞義已有區分，有時不可互換，如《思美人》中傾訴自己既「申旦以舒中情」（天天想要抒發由衷的情感），又「媿易初而屈志」（不願意因為改變原初的志向而抱愧）。既然如此，講屈賦為「言志」之作肯定不錯，因為它們都是作者「深固難徙，更一志」的高潔人格、高遠人生追求的寫照；那麼，稱之為「緣情」之作是否可以呢？如果將「緣情」作為「緣於情」或「因為情」的本來含義理解，回答同樣應該是肯定的：屈子不是反覆表白意欲「發」其情、「達」其情、「抒」其情、「舒」其情嗎？還有什麼比他的作品本身更有説服力呢？由於屈原許多作品都表白抒情是其創作的直接原因，我們甚至可以説，「詩緣情」的觀念在這裡已經萌芽。

　　音樂是直接傳達情感的藝術，因為聲音的律動最為切合情感的律動乃至生命的律動。我國系統的藝術理論恰好首先從音樂中產生，這對於一個藝術偏重於抒情的國度是很適宜的。〈樂記〉一書，對我國古代思想界和藝術界都曾有過廣泛的影響。其開篇就對音樂的來由作了闡釋：「凡音之起，由人心生也。人心之動，物使之然也。感於物而動，故形於聲。聲相應，故生變，變成方，謂之音。比音而樂之，及干戚羽旄，謂之樂。」（〈樂本〉篇）它肯定社會生活或自然景物觸動人心，人心動而形於聲，如果賦予這聲音以美的形式並演奏出來，則是樂。就樂的直接來源而言，是「人心之動」，更具體一點說是「情動於中」，因此它又寫道：

　　凡音者，生人心者也。情動於中，故形於聲，聲成文。謂之音。是故治世之音安以樂，其政和；亂世之音怨以怒，其政乖；亡國之音哀以思，其民困。（〈樂本〉篇）

　　這段話的意旨雖然落實於音與政通，但其理論價值更在於揭示了音樂直接表達情感的功能，因為只有透過音樂表達的情感才能瞭解社會的或治或亂狀況。當然，音樂的這種功能早為人們所瞭解，如孟子就曾指出，「樂之實」在於心有「居仁由義」的快樂情感，這種快樂情感一旦產生「則惡可已」，「惡可已，則不知足之蹈之，手之舞之」（《孟子》〈離婁上〉）。但是〈樂記〉的表達更為明確和簡潔，因而更容易廣泛傳播。

　　楚文化、特別是屈賦的備受尊崇和〈樂記〉理論觀點的廣泛傳播諸因素，都有可能促成漢代人將文學與情感連繫起來。《淮南子》寫道：「今夫雅、頌之聲，皆發於詞，本於情。」（〈泰族訓〉）「文者所

以接物也，情繫於中，而欲發外者也。」（〈繆稱訓〉）劉向認為，詩人作歌是為了「抒其胸而發其情」（《說苑》〈尊賢〉）。劉歆更明確地指出：「《詩》以言情，情者信之符也。」（《七略》）鄭玄也説：「《詩》謂好惡之情也」（《禮記》〈孔子閒居〉注）。

在這種風氣中，《詩大序》的作者將傳統的「言志」説與「抒情」觀念結合起來，以後者充實前者，完成了一次理論上的綜合。其中寫道：

> 詩者，志之所之也，在心為志，發言為詩。情動於中而形於言，言之不足故嗟嘆之，嗟嘆之不足故永歌之，永歌之不足，不知手之舞之，足之蹈之也。

這段文字指出了詩、樂（歌）、舞存在同源關係，實際上認定詩與後二者一樣屬於表現型藝術。心靈需要外向表現的有志與情，志發為言而成詩，與之相伴隨且更具體的動力因素是情，情是貫通各類藝術的內在激流，直接推動藝術表現從言語到嗟嘆，再到詠歌及舞蹈的升級。由此可見，言志與抒情是內在統一的，但前者並不能完全取代後者，否則就難以解釋從嗟嘆引舞蹈的逐級發生。

《詩大序》儘管承認詩歌「發乎情」，但是要求它「止乎禮義」，這就正好代表了以詩歌作為宣傳「名教」工具的漢儒的普遍看法和態度。至曹丕的《典論》〈論文〉出，突破了「名教」束縛的建安文學獲得較為系統的理論説明。《典論》〈論文〉中最值得注意的是提出「文以氣為主」的命題，突出強調了藝術家的氣質個性及與之相關的獨特才情在文學活動中的重要性；從更普遍的意義上講，這是要求對藝術家的個體性予以充分尊重。另外，他將文學要素分為「本」與「末」，

並在辨析「末異」時指出：「奏議宜雅，書論宜理，銘誄尚實，詩賦欲麗。」如此概括不同文體的特點，較之前人的論述更為簡潔；特別是「詩賦欲麗」之說，對於六朝的文學創作和文學觀念都有重要影響。

三、「緣情」說的正式提出

前面我們已經談到，在寬泛的意義上，「《詩》三百」中就有「緣情」觀念的種子，屈原賦中更能見出這種觀念的萌芽。然而無論是《詩經》還是楚辭，都只是創作者在作品中傾訴自己的心理體驗，並沒有立意從理論上加以言說。〈樂記〉的作者將抒發情感看作是音樂的本質定性；《詩大序》的作者代表漢儒的普遍思想傾向，將〈樂記〉中「隨動於中，故形於聲」的觀點移入詩學，作為對「言志」說的補充；至曹丕強調作品顯現作家個性，且對不同文體的特點作了簡潔概括—文學觀念的發展越來越向「緣情」說逼近。

除此以外，「緣情」說之所以由陸機正式提出，還可能有其他一些因素必須考慮：一是時代精神，魏晉以來出現思想解放局面，人的個性得以張揚；二是地域風氣，陸機生長在吳國，深為江左尚文（與「質」相對）、重情、偏柔的習俗所浸潤；三是特殊身分，《文賦》只能出自詩人的手筆，它是藝術家的美學著作，因此著重描述創作心理過程，最為關注美的形式。這樣，歷史的必然性便落實於某一個體的偶然性上來實現。

「緣情」說出現在《文賦》對各類文體特點的一般性描述中：

詩緣情而綺靡。賦體物而瀏亮。碑披文以相質。誄纏綿而淒愴。銘博約而溫潤。箴頓挫而清壯。頌優游以彬蔚。論精微而朗暢。奏平徹以閑雅。說煒曄而譎誑。

　　作者共列舉了十種文體，而將「詩」置之首位加以界説，是因為它最富審美意味，是最為純粹的文學體裁。「緣情」和「綺靡」兩個特點雖然以詩最為突出，其實不同程度上涵蓋其他文學體裁。

　　「緣情」是魏晉人常用的一個術語，其意為「因情而生」。如袁準講過：「禮者何也？緣人情而為之節文者也。」（《袁子正書》）與陸機齊名的潘岳在《悼亡賦》中寫道：「吾聞喪禮之在妻，謂制重之哀輕；既履冰而知寒，吾今信其緣情。」這兩則語例都是著眼於説明「情」對於「禮」的基礎地位。陸機在自己的賦體作品中也幾次用到「緣情」，如《嘆逝賦》中説：「樂憒心其如忘，哀緣情而來宅。」《思歸賦》也云：「悲緣情以自誘，憂觸物而生端。」與袁準等不同，他使用「緣情」直接描述的是自己的心理活動。

　　「綺靡」是指文詞優美，但它比曹丕所説的「詩賦欲麗」要具體：「綺」是綺麗，指視覺的美；「靡」可以理解為形容聲音，指聽覺的美。人們的審美活動主要通過視、聽感官進行，陸機作為詩人，非常重視（也習慣於）眼、耳並用。《文賦》中有多處從視、聽感受兩方面描述和評判形式的美，如：「暨音聲之迭代，若五色之相宣」；「徒悦目而偶俗，固聲高而曲下」等。與「綺靡」最相照應的是文中「炳若縟繡，悽若繁弦」兩句。六朝人對「綺靡」一般也作此理解，如蕭繹認為：「至如文者，惟須綺縠紛披，宮徵靡曼，唇吻遒會，情靈搖盪。」（《金樓子》〈立言〉）由於《文賦》最早由蕭統收入《文選》，所以「綺縠紛披，宮徵靡曼」可看作「綺靡」的最為切近的闡釋。

　　「緣情」説的提出具有革新意義：第一，將「緣情」置於「言志」之上。儘管《文賦》中常常「情」「志」並用，如説「佇中區以玄覽，頤情志於墳典」「及其六情底窒，志往神留」等等，但是通觀全篇，作者更為突出「情」的地位。即使有些權威注本稱「詩以言志，故曰緣

情」（李善《文選》注），事實也難以讓我們信從。第二，將對「文」
的關注置於對「質」的關注之上。誠然，陸機並非輕視內容，他明確
提到，「理扶質以立干，文垂條而結繁」；更何況「情」也是內容因素，
所以他批評「言寡情而鮮愛，辭浮漂而不歸」。但他最為津津樂道的還
是作品如何達到「綺縠紛披，宮徵靡曼」[2]。「情」與「志」「文」與
「質」位置的更換，無疑含有反叛傳統的傾向。這是陸機對自己創作經
驗的理論提升，也代表了六朝文學發展的新趨向。

　　這種觀念更新是合理的，但又是有偏限性的。

第二節　觀念變革──「緣情」說的積極意義

　　我們承認，陸機並非有意識地提出「緣情」說以取代傳統的「言
志」說，事實上，《文賦》的主旨也不是全面論證「詩緣情而綺靡」的
命題。但是應當看到，「緣情」說是經過較長時間的歷史醞釀的結果，
客觀上成為後世尊奉或批判的詩論綱領之一。考慮到它在「情」與「志」
「文」與「質」這樣的基本問題上反叛了傳統觀念，因此我們不能同意
認為「緣情」是「言志」的另一種說法的觀點。[3]

　　由於人類語言系統本身的偏限性，也由於任何事物都客觀存在著

2　陸機「天才秀逸，辭藻宏麗」，張華曾對他說過：「人之為文，常恨才少，而子更患
　　其多。」（《晉書》〈陸機傳〉）講求文詞綺靡是陸機為文的特點。

3　本篇第一章描述了情感觀念的歷史變遷，從中可以看出，陸機所處的時代正是從放情
　　任誕演變為任情縱慾的時代。東晉史學家干寶曾明確抨擊西晉人「任情而動」「殊不
　　師古而緣情棄道」（《晉紀》〈總論〉），當是符合實際的。「棄道」且不師古之「情」
　　與傳統意義上的「志」存在質的區別。雖然史稱陸機「伏膺儒術，非禮不動」（《晉書》
　　〈陸機傳〉），但那是就其少年時說的；即使他一貫如此，為人與為文也可能不一樣。
　　並且，應當作為一種文藝的時代思潮來看待「緣情」說，個體不經意地講的一句話同
　　樣可能代表著時代精神。

內部矛盾，人們往往很難用一個名詞將事物的本質定性概括無餘。「詩言志」本來是一種很好的表述，可是在歷史發展中人們秉此不免出現思想直露、重質輕文的偏離。「緣情」説的出現正好可以進行反撥，突出情感的地位有可能使作品內容具體、生動，使作品形式妍麗多姿。從這種意義上説，「言志」與「緣情」實際上構成詩歌創作的內在張力。

遺憾的是，歷來的論者對「緣情」説多持否定態度。本節我們主要從順應時代潮流角度為「緣情」説作一辯護，肯定它的歷史合理性。

一、反映個體意識的覺醒

「魏晉風流」已經成為歷史的佳話。「風流」包含兩個方面的意義，即現實生活中的放情任誕與精神追求上的清虛玄遠。由於堅持放情任誕，他們不同於先秦的道家學派；由於追求清虛玄遠，他們又不同於後來一些貴族子弟的任情縱慾。且看下面一則軼事：

> 阮公（籍）鄰家婦，有美色，當壚酤酒。阮與王安豐常從婦飲酒，阮醉，便眠其婦側。夫始殊疑之，伺察，終無他意。（《世說新語》〈任誕〉）

雖然嗜酒、好色，卻超越了尋常的生理慾念，顯示了精神的自由，因此為人們所樂道。「竹林七賢」就是由阮籍、嵇康等七人「常集於竹林之下，肆意酣暢」而得名。在他們死後，即使是一些顯貴也對他們刮目相看，例如，「謝（安）遏諸人共道竹林優劣，謝公云：『先輩初不臧貶七賢。』」（《世說新語》〈品藻〉）這樣一種社會風尚反映了對個體的尊重。

對個體價值的發現和肯定使人們找回了自己。長期的禮教束縛造成個性的失落，現在終於重新獲得，人們非常珍視它，儘力維護它。

《世說新語》又載：「桓公（溫）少與殷侯（浩）齊名，常有競心。桓問殷：『卿何如我？』殷云：『我與我周旋久，寧作我。』」（〈品藻〉）我就是我，不能讓他人取代我，強加於我。這種自我意識的覺醒，難能可貴。

「我」的普遍獨立必然伴生對「情」的推崇。這是因為，有多層次的因素制約著人格的形成，其中「禮」的規範是要個體同化於群體，「道」（性）的覺悟使個體向整個族類生成，惟有「情」具有濃重的個體性色彩，直接體現「我」的欲求。且看《世說新語》的記述：

衛洗馬（玠）初欲渡江，形神慘悴，語左右曰：「見此茫茫，不覺百端交集。苟未免有情，亦復誰能遣此！」（〈言語〉）

桓公（溫）北征，經金城，見前為琅邪時所種柳，皆已十圍，慨然曰：「木猶如此，人何以堪！」攀枝執條，泫然流淚。（〈言語〉）

王戎喪兒萬子，山簡往省之，王悲不自勝。簡曰：「孩抱中物，何至於此？」王曰：「聖人忘情，最下不及情。情之所鍾，正在我輩。」簡服其言，更為之慟。（〈傷逝〉）

哀人生之短暫，悲親人之死別，如此等等，歷來為人情所不免；而在這一時期尤為人們所敏感，且被賦予哲理化的內涵。所謂「聖人忘情」，在於其「盡性知天」或能體道知天；而「最下不及情」可以理解為某些人被禮教所束縛，只知道以別人的好惡為好惡，自己的情感處於被壓抑狀態；是此，「情之所鍾」者，正是那些個體意識覺醒了的人。

　　文藝是社會心理的晴雨表，魏晉文學突出表現了個性與情感的張揚。與之相適應，文藝理論領域先是出現曹丕的「文氣」說，肯定個性顯現的合理性；陸機又接著提出「緣情」說，進而將文藝以人的個體情感為直接動力和基本內容的性質確定了下來。從這一角度看，「緣情」說在我國美學發展史上具有里程碑的意義。

　　在六朝時代，陸機的思想情趣多有同道。其弟陸雲曾讚賞兄長的《述思賦》「深情至言，實為清妙」（《與兄陸平原書》）。王濟在看了孫楚的詩作後說：「未知文生於情，情生於文？覽之悽燃，增伉儷之重。」（《世說新語》〈文學〉）沈約提出「以情緯文，以文被質」的觀點，並認為「文以情變」（《宋書》〈謝靈運傳論〉）。即使是隋唐以後，仍時見餘響，如五代和明後期，人們雖然未必直接以「緣情」說為綱領，但文藝思想明顯與陸機有一致之處。

二、促進藝術形式的妍麗

　　在表現型藝術中，「情」與「采」往往結伴而行。這是因為，纏綿的情感律動一般要求有華美的藝術表現。對於主體的感受來說，情感訴諸內部感覺，文采訴諸外部感覺，二者結合而形成豐富的感性愉悅。

　　魏晉人鍾於情，同時也鍾愛儀表的美。他們常用一些清新、明亮的意象來形容人的風度或風采，如「玉山」「玉樹」「孤松」「春月柳」「清風朗月」「飄如游雲，矯若驚龍」等等。《世說新語》記述了很多人們愛美的故事，如以下的幾則：

　　潘岳妙有姿容，好神情。少時挾彈出洛陽道，婦人遇者，莫不連手共縈之。左太沖絕丑，亦復效岳游遨。於是群嫗齊共亂唾之，委頓而返。（〈容止〉）

王右軍（羲之）見杜弘治，嘆曰：「面如凝脂，眼如點漆，此神仙中人。」（〈容止〉）

庾文康（亮）亡，何揚州（充）臨葬，云：「埋玉樹著土中，使人情何能已已！」（〈傷逝〉）

人們內在的情既已不受壓抑，那麼按照人的生命本性就會自然而然地選擇外表的美。由於當時文化界普遍尚存形而上的追求，因此並未發展成嚴重的形式主義傾向。沿及南朝，人們形而上的興趣日漸淡薄，更專注於事物的外部形式。這是其負面影響，暫且不論。

六朝美學觀念是從人物品藻轉化而出的。從這一大背景看，「詩緣隋而綺靡」的命題也正好切合人們的審美取向。劉勰描述當時的文壇狀況道：

茂先搖筆而散珠，太衝動墨而橫錦；岳、湛曜聯璧之華，機、云標二俊之采；應、傅、三張之徒，孫摯、成公之屬，並結藻清英，流韻綺靡。（《文心雕龍》〈時序〉）

當然，這一命題最直接的來源應是陸機自己的創作實踐。他的辭賦，情感濃烈，辭藻華麗，注重排偶，文學史家普遍認為，他是六朝文風趨向華豔過程中的關鍵性人物之一。鍾嶸在《詩品》中將其詩作列為上品，認為它「才高辭贍，舉體華美」，並讚歎：「……咀嚼英華，厭飫膏澤，文章之淵泉也。」唐太宗親自為《晉書》撰寫〈陸機傳論〉，讚揚他「文藻宏麗，獨步當時；言論慷慨，冠乎千古。高詞迴映，如朗月之懸光；疊意迴舒，若重崖之積秀。」

六朝人不僅欣賞詞采煥爛，還講究聲音之美。《文賦》稱「暨音聲之迭代，若五色之相宣」，這是從理論上所作的較早而明確的論述；其時有許多人形成了對聲音之美的自覺追求，如孫綽寫成《天台賦》後，對范啟說：「卿試擲地，要作金石聲。」范則回答：「恐子之金石，非宮商中聲。」（《世說新語》〈文學〉）至永明年間，沈約等發展出聲律論，要求「一簡之內，音韻盡殊；兩句之中，輕重悉異」，並認為「妙達此旨，始可言文」（《宋書》〈謝靈運傳論〉）。「聲律」論儘管遭到不少批評，但是若沒有在形式上的這種苦心求索，就不可能有唐代近體詩的繁榮，其功不可沒顯而易見。

關於情感與文采的內在連繫，劉勰已有明確的意識，他在《文心雕龍》中辟專章探討「情」與「采」的關係問題。劉勰的觀點不像陸機那樣直接反映時代的潮流，雖然這並不表明它帶有保守性質，從對問題理解的深刻性和把握的廣闊性方面看，劉勰所論也許更為持平和公允；但是正是這種力圖持平和公允的態度，往往使人在理論的某些局部上來不及拓展。〈情采〉篇始終堅持「文附質、質待文」的基本觀點，並批評「繁采寡情」的錯誤時尚，對於「緣情」導致「綺靡」的內在必然性則未予充分注意。比較而言，明代顧起元的有關認識顯得較為獨到，他寫道：

昔士衡《文賦》有曰：「詩緣情而綺靡。」玷斯語者，謂為六代之濫觴；不知作者內激於志，外激於物，志與物泊然相遭與標舉興會之時，而旖旎佚麗之形出焉。綺靡者，情之所自溢也；不綺靡不可以言情。（《錦研齋次草序》）

也許需要補充的是，往往是愛戀或感傷性質的情感才與作品形式

的綺靡具有某種必然連繫，正因為如此，我國五代時的詩（詞）文不僅在情調上與六朝相似，而且在體貌上也大致吻合。至於一些體現英雄精神的或辛辣諷刺對象的情感，一般並不苛求以華美、細膩的形式來表現。

三、強化了藝術的獨立地位

應該説，中國藝術與其他國家的藝術一樣，早有自身相對獨立的地位。先秦時代的音樂和舞蹈，既講求美的形式又未必從屬於功利的目的，因此成為貴族才可能有的精神享受，如果不是這樣，墨子就不會非樂了。

然而自先秦至兩漢，中國美學基本上是從哲學、倫理學出發探討審美和藝術的一般性問題。特別是儒家，總希望將藝術納入修齊治平的軌道。漢儒由於受到荀子思想的影響最直接，加之與荀子一樣堅持從統治階級的立場出發認識和評價藝術，因此要求音樂「反情以和志」（〈樂記〉），要求詩歌「發乎情，止乎禮義」（《詩大序》）。這就包含有侵奪藝術的獨立地位的傾向。

「緣情」説的提出將「情」與「志」「文」與「質」之間的位置顛倒過來，雖有偏頗卻是歷史發展過程中矯枉過正的必須。情感是文化世界中屬於藝術表現的領域，文采是藝術領域力圖超越現實生活的一個重要方面，所以，強調「情」與「文」便是對藝術獨立地位的捍衛和加強。

伴隨著自我意識的覺醒和個體的情感得到尊崇，人們對堅持群體性規範的禮教自然會有反叛傾向；二者互為因果。如宗白華先生所説：

魏晉人生活上人格上的自然主義和個性主義，解脱了漢代儒教統

治下的禮法束縛，在政治上先已表現於曹操那種超道德觀念的用人標準。一般知識分子多半超脫禮法觀點直接欣賞人格個性之美，尊重個性價值。[4]

有一種流行的看法筆者不敢苟同，那就是認為魏晉人表面毀壞禮教，實際上太相信禮教。這種看法也許將禮教等同於道德了。道德為任何民族、任何時代所必須，禮教則僅存在於某些民族的某些歷史階段；不能因為魏晉人還有講道德的一面而認定他們將禮教「當寶貝」。例如，「服喪三年」是禮教的規定，父慈子孝則是道德的自覺；阮籍喪母，照食酒肉是反禮教，大哭吐血則是道德情感。魏晉人常稱「禮緣情」，表明他們看到了「禮」是形式，「情」才是實質；即使未拋棄「禮」，也肯定了「情」居於主導地位。

文學既傳達情感，又傳達思想；由於後者，它常被統治者利用為實施教化的工具。其實，藝術最關切的是人生的悲歡離合，最祈求的是人生的自由和諧。如果要求它以政治教化為目的，則無異於閹割它的生命。「緣情」說並沒有排斥傳達思想，但是首推傳達情感，這就揚棄了「止乎禮義」的外在規定，強化了文學與政教分離的觀念。

與尊情抑禮相連繫，六朝人作了「文」與「筆」的區分。據傳顏延之說過：「峻得臣筆，測得臣文。」（《南史》〈顏延之傳〉）至劉勰所處的時代，「文」「筆」之分已很普遍，人們「以為無韻者筆也，有韻者文也」（《文心雕龍》〈總術〉）在此基礎上，蕭繹作了進一步的概括，他說：

4　宗白華《藝境》第127頁，北京大學出版社1987年版。

至如不便為詩如閻纂，善為奏章如伯松，若此之流，泛謂之筆。吟詠風謠，流連哀思者，謂之文。……筆退則非謂成篇，進則不云取義，神其巧惠，筆端而已。至如文者，惟須綺縠紛披，宮徵靡曼，脣吻遒會，情靈搖盪。（《金樓子》〈立言〉）

過去的「文學」或「文章」是一籠統稱謂，此時人們要求將一些無文采、缺情愫、講實用的文體作為「筆」從文學藝術中分離出去；屬於文學藝術的「文」具有三個基本特點：綺縠紛披，宮徵靡曼，情靈搖盪。這種關於「文」的把握正好是陸機的「詩緣情而綺靡」一語的具體化。

其實，無論是情感的突出還是形式的精研，藝術地位的進一步獨立並沒有什麼可怕的。誠如袁枚所說：「且夫詩者，由情生者也，有必不可解之情，而後有必不可朽之詩。情所最先，莫如男女。古之人屈平以美人比君，蘇、李以夫妻喻友，由來尚矣。即以人品論，徐搞善宮體，能挫景侯之威；上官儀詞多浮豔，盡忠唐室；致堯《香奩》，楊、劉昆體，趙清獻、文潞公亦仿為之，皆正人也。」（《答蕺園論詩書》）就人的生存而言，立身謹慎的現實原則與為文放蕩的快樂原則正好形成互補。

第三節　浮華虛弱──「緣情」說的負面效應

「緣情」說的積極意義主要表現為「以偏糾偏」，這符合歷史發展的辯證法。但是隨著時境的遷移，其侷限性也日漸暴露出來。僅以「緣情」為旨，人們往往只看重吟詠風月，流連哀思，於是追逐文采的華麗，為文意旨變得浮淺，從而導致藝術精神萎靡。

毋庸諱言，在陸機本人的觀念世界中，已經潛伏有「緣情」說的某些先天缺陷：他的詩歌創作，突出表現了對詞藻、排偶的刻意追求，大多缺乏深厚、豐富的意旨，一般瀰漫著憂鬱、感傷的情調。儘管《文賦》中表達的藝術理想是「文繁理富」且文「逮意」、意「稱物」，但作者最為關注的當是「其會意也尚巧，其遣言也貴妍」。言「貴妍」與意「尚巧」有相互呼應的關係，可惜這裡遺漏了深度和骨力的要求。從一定意義上說，《文賦》描述的創作心理過程就是如何「緣情」而達到「綺靡」的表現問題，或者說是如何從會意「尚巧」達到遣言「貴妍」的問題。其功在於斯，其過在於斯。

劉勰評價西晉文學漸入「輕綺」，「采縟於正始，力柔於建安」（《文心雕龍》〈明詩〉），確係中的之論。采縟而力弱，正是晉以後文學的基本特徵。

一、競逐文華

「不識廬山真面目，只緣身在此山中。」六朝的詩人捲入新潮流之中，很難見出這一潮流的負面效應；批評家如劉勰、鍾嶸等都已覺察當時文壇的弊端，並有過中肯的批評，可惜難以力挽狂瀾。

及至隋、唐，人們對這一潮流的認識才更加清楚。當然，其時大多只看到它的危害，觀點不無偏激。李諤對六朝文風近於切齒。他在《上隋高祖革文華書》中寫道：

魏之三祖，更尚文詞，忽君人之大道，好彫蟲之小藝。下之從上，有同影響，競騁文華，遂成風俗。江左齊、梁，其弊彌甚，貴賤賢愚，唯務吟詠。遂復遺理存異，尋虛逐微，競一韻之奇，爭一字之巧。連篇累牘，不出月露之形；積案盈箱，唯是風雲之狀。

這是對六朝文學的一齊罵倒，未必合乎實際。不過，他以為六朝人「以傲誕為清虛，以緣情為勳績，指儒素為古拙，用詞賦為君子」（《上隋高祖革文華書》），也許是中的之論。

事實上，建安、正始年間主要是在思想內容方面突破了名教的樊籬，刻意追求形式的傾向並不明顯。華豔之風當是興起於晉代，且最先突出表現於張華等的詩作中。鍾嶸將張華詩列為中品，稱「其體華豔，興托不奇，巧用文字，務為妍冶」（《詩品》）。由於他處在「三公」的高位上，便於提攜後進，因而所尚容易形成一股潮流。歷史的必然性借這樣一種偶然性得以成為現實。一時間出現了「三張」（張載、張協、張亢）、「二陸」（陸機、陸雲）、「兩潘」（潘岳、潘尼）、「一左」（左思）的文壇中興，「並結藻清英，流韻綺靡」（《文心雕龍》〈時序〉）。

東晉的文壇，言情暫時讓位於談玄。孫綽、許詢等「詩必柱下之旨歸，賦乃漆園之義疏」（《文心雕龍》〈時序〉）。其時出了大詩人陶淵明，但遺憾的是未被人們充分認識和傚傚。

到了南朝，追求繁文縟采之風又盛。一些文人甚至嘲笑曹植、劉禎的詩歌為古樸、稚拙，連謝靈運的山水詩也被認為「酷不入情」（《南齊書》〈文學傳論〉）。很多人唯聲色之美是求，如陳叔寶自述道：「吾監撫之暇，事隙之辰，頗用譚笑娛情，琴樽間作，雅篇豔什，迭互蜂起。每清風朗月，美景良辰，對群山之參差，望巨波之混瀇，或玩新花，時觀落葉，既聽春鳥，又聆秋雁，未嘗不促膝舉觴，連情發藻，且代琢磨，間以嘲謔，俱怡耳目，並留情致。」（《與詹事江總書》）「緣」如此之「情」必鬢髮以豔麗之藻，否則就不合娛樂消遣的目的。

對於這一時期的文學狀況，魏徵作了較為公允的描述：

　　既永明、天監之際，太和、天保之間，洛陽、江左，文雅尤盛。
於時作者，濟陽江淹、吳郡沈約、樂安任昉、濟陰溫子升、河間邢子
才、鉅鹿魏伯起等，並學窮書圃，思極人文。縟采鬱於雲霞，逸響振
於金石。英華秀髮，波瀾浩蕩，筆有餘力，詞無竭源。……梁自大同
之後，雅道淪缺，漸乖典則，爭馳新巧。簡文、湘東，啟其淫放；徐
陵、庾信，分路揚鑣。其意淺而繁，其文匿而彩，詞尚輕險，情多哀
思。（《隋書》〈文學傳序〉）

　　這種慣性力量是如此強大，以致隋文帝在開皇四年（584）不得不
普詔天下，明令公私文翰，都要革去文華，採用質實的表達；甚至將
繼續追求文采華豔的人送交法律部門治罪。即使如此，它雖有一段時
間的收斂，不久又有抬頭，得「初唐四傑」和陳子昂等之力，才使之
逐漸轉入正軌。

　　講究文采是人們的審美追求之一，為文藝作品所必須。但文采是
貌不是體，劉勰曾用「水性虛而淪漪結，木體實而花萼振」（《文心雕
龍》〈情采〉）來比喻二者的關係，較為貼切。六朝文學的流弊其實不
在於追求文采，而在於華而不實；用陳子昂的話說，是「彩麗競繁，
而興寄都絕」（〈與東方左史虯修竹篇序〉）。

　　需要說明的是，六朝人對藝術形式的刻意追求並非純粹的形式主
義，與西方某些歷史時期相比，遠未走到極端。我國藝術家從來沒有
忽視過符號的所指，六朝人不過特別重視能指的操作罷了。

二、意旨浮淺

　　片面追求形式的豔麗必然會導致思想的淺薄和情趣的庸俗；反過
來，藝術家思想淺薄、情趣庸俗也很可能助長他對豔麗形式的片面追
求。「競逐文華」與「意旨浮淺」往往互為因果。

　　就「詩緣情而綺靡」命題本身而言，其表意並無明顯缺陷；問題在於將它付諸實踐，很容易出現兩種偏差：一是為求綺靡而無真情，二是所緣之情格調低下。這兩種情形均可造成意旨的浮淺。

　　劉勰批評前一種情形是「為文而造情」：一些辭賦家「心非郁陶，苟馳誇飾，鬻聲釣世，此為文而造情也」（《文心雕龍》〈情采〉）。陸機當時代表著西晉文學的主流傾向，常常不免「為文而造情」。雖然他的辭賦成就較高，其詩作則大多因缺乏充實內容而不足取。如其中的《日出東南隅行》：「清川含藻景，高岸被華丹。馥馥芳袖揮，泠泠纖手彈。悲歌吐清響，雅舞播幽蘭。丹唇含九秋，妍跡陵七盤。」這樣的作品，恰如它所描繪的形像一樣，外表美豔而缺少內在蘊涵。無怪於沈德潛批評說：「西京以來，空靈矯健之氣不復存矣。降自梁、陳，專工對仗，邊幅復狹，令閱者白日欲臥，未必非士衡為之濫觴也。」（《古詩源》注）

　　情感往往是人一種朦朧飄忽的感覺，唯有藝術文化容易給予表現。然而，主體若無高遠之志和深邃之思，心胸狹窄且見識淺薄，他所體驗到的就會多是兒女之情，甚至可能沉溺於低級下流的色情之中。藝術家如此「緣情」，作品意旨何能不浮淺？

　　男女情愛歷來是文學藝術的重要題材，六朝文士中很多將筆觸伸入這一領域，自然無可厚非。事實上，曹植的《洛神賦》寫得如此淒婉動人，千百年來廣為傳誦；張華的《情詩》雖是「緣情」之作，卻不事雕琢而流露自然；潘岳的《悼亡詩》情真意切，也歷來為人們所推崇。

　　但是到了南朝，情況大不一樣。近兩百年中，宮廷作為文學藝術的中心，引領著人們的審美時尚，其時的文學藝術家，大多屬於君主或貴族的侍從。且看那些苟安一時的君主們過著怎樣一種荒淫糜爛的

生活：

（齊廢帝）別為潘妃起神仙、永壽、玉壽三殿，皆幣飾以金璧。……又鑿金為蓮花帖地，令潘妃行其上，曰：「此步步生蓮華也！」（《南史》〈齊廢帝東昏侯本紀〉）

（後主）荒於酒色，不恤政事。……常使張貴妃、孔貴人等八人夾坐，江總、孔范等十人預宴，號曰狎客。先令八婦人擘彩箋，制五言詩，十客一時繼和，遲罰酒。君臣酣宴，從夕達旦。（《南史》〈陳後主本紀〉）

　　侍從的作品自然應該討主子的歡心，文學藝術於是成為宮廷生活的裝飾品和消遣品。君主歡愛的作品往往是既要形式妍麗，又要描寫女色；這樣的詩歌就叫「宮體詩」。「宮體」一詞可能出自於梁簡文帝，他曾自述：「余七歲有詩癖，長而不倦。然傷於輕靡，時號『宮體』。」（《梁書》〈簡文帝紀〉）「宮體詩」的盛行是現實生活任情縱慾之風的寫照。

　　不僅詩歌有宮體，繪畫也有宮體。題材同樣是佳人或孌童，描繪也力圖曲盡其態，毫髮無遺，有蕭綱的《詠美人觀畫詩》為證：「殿上圖神女，宮裡出佳人。可憐俱是畫，誰能辨偽真？分明淨眉眼，一種細腰身。所可持為異，長有好精神。」謝赫是宮體畫的領袖人物，據姚最《續古畫品錄》記述，他的畫「點刷精研，意在切似。目想毫髮，皆無遺失。麗服靚妝，隨時變改。」並且，他所開畫風「遂使委巷逐末，皆類效顰」，可見一時之盛。

　　清人紀昀推究宮體型成之源，認為陸機難辭其咎。他說：「自陸平

原『緣情』一語引入歧途，其咎乃至於繪畫橫陳，不誠已乎！」（《雲林詩鈔序》）我們不應責難宮體的「繪畫橫陳」，較之西方的文藝復興，實在是小巫見大巫；宮體之過在於缺少高潔情趣，意旨浮淺。

梁代歷史學家裴子野從圈外觀察人們的審美時尚，撰《彫蟲論》，表面是批評宋代文風，實際上兼涉當代，矛頭所向，是當時還在延續的文藝潮流。他指出：

> 自是閭閻少年，貴游總角，罔不擯落六藝，吟詠情性。學者以博依為急務，謂章句為專魯。淫文破典，斐爾為功，無被於管弦，非止於禮義。深心主卉木，遠致極風雲，其興浮，其志弱，巧而不要，隱而不深。討其宗途，亦有宋之風也。

這種觀點是比較保守的；但是它從內、外兩方面指陳當時的流弊，確有切中肯綮之處。作者所批評的「吟詠情性」當是指「緣情」說，因為提出「止乎禮義」的《詩大序》所講的「吟詠情性」被六朝一些論者等同於「緣情」。正因為如此，堅持「緣情」說的蕭綱在裴死後對他的觀點進行了猛烈的抨擊（見《與湘東王書》）。

三、氣力虛弱

六朝人酷愛聲色之美，公然追求個性的獨立和情慾的解放，歷史地看，實在難能可貴。由於禮教的失禁而出現「魏晉風流」，以現代眼光品評，無不為之拍手稱快。然而，一個社會長期缺乏普遍認同的倫理道德規範並非只是好事，它有可能產生一系列嚴重的後果。建安時期，文化界因為多有宏大的政治抱負，所以顯出風力；正始時期的文化界因為多有形而上的追求，情趣也不失高潔。西晉後，特別是到了南朝，儘管儒學、道家依然存在，且有佛教浸入，但就普遍情況而

言，文化界似乎失去了精神支柱，結果演變出任情縱慾之風，不能不導致時代精神的萎靡。

撇開像齊廢帝、陳後主那樣的極端例子不談，我們不妨看看既尊儒、又信佛的梁武帝的一段心跡披露。他在《淨業賦》中寫道：「懷貪心而不厭，縱內意而身騁。目隨色而變易，眼逐貌而轉移。觀五色之玄黃，玩七寶之陸離。著華麗之窈窕，耽冶容之逶迤。……美目清揚，巧笑蛾眉；細腰纖手，弱骨豐肌；附身芳潔，觸體如脂……」對色情描繪得如此細膩入微，竟是在反思、懺悔之時，其日常生活可想而知。

記得萊辛說過，上帝創造女性，用了過分柔軟的泥土。豔麗的女色事實上成為晉宋以後藝術家們審美理想的潛在範型。人們不僅愛慕女性的花容月貌，而且欣賞女性的弱不禁風；以之為參照，就會追求作品形式的豔麗多姿，作品情調的婉曲低回。因此，這一時期文藝作品的氣力虛弱盡在必然之中。

蕭綱的《答新渝侯和詩書》大致表達了他自己的審美理想，較有代表性：

垂示三首，風雲吐於行間，珠玉生於字裡……雙鬢向光，風流已絕；九梁插花，步搖為古。高樓懷怨，結眉表色；長門下泣，破粉成痕。復有影裡細腰，令與真類；鏡中好面，還將畫等。此皆性情卓絕，新致英奇。故知吹簫入秦，方識來鳳之巧；鳴瑟向趙，始睹駐云之曲。

前述「緣情」說帶來形式方面的「競逐文華」與內容方面的「意旨浮淺」在這裡獲得統一的體現，二者合成的整體形態便見氣虛力弱。

晉宋以後的藝術文化基本屬於劉勰所謂的「輕靡」形態。蕭綱曾經承認自己的作品「傷之輕靡」，但這不是個別現象，而是一種普遍的時代症狀。劉勰描述「輕靡」風格道：

> 輕靡者，浮文弱植，縹緲附俗者也。（《文心雕龍》〈體性〉）

筆者認為，在更大範圍內，「輕靡」可以歸入與「壯美」相對的弱美形態（劉勰已明確指出「輕與壯乖」），其基本特點是氣弱韻顯。確切一點説，是形式大於內容或遮蔽了內容。內容的相對貧弱主要是參照人生理想而言，它可以分為兩種情況：一是生活存在缺失而情調哀婉，一是精神感到空虛而無病呻吟。[5]

晉宋以後的文藝作品大多屬於弱美形態，當然也不乏優美之作，但是真正呈壯美氣象的則寥若晨星。究其原因，主要是時代精神萎靡不振。

王夫之曾指出過，齊梁文病未必在於文采過濫，而在於精神萎靡。他寫道：「齊梁之病，正若體跼束而氣不昌爾。」（《古詩選評》卷五）我們還可以補充説，溺於情是氣不昌的基本原因之一。對於文學藝術，「情」與「氣」均不可少，二者應當互補。章學誠有一段論述甚妙：

> 凡文不足以動人，所以動人者氣也；凡文不足以入人，所以入人者情也。氣積而文昌，情深而文摯；氣昌而情摯，天下之至文也。然而其中有天有人，不可不辨也。氣得陽剛而情合陰柔，人麗陰陽之

5　參閱拙著《審美學》第171-173頁，北京大學出版社2000年版。

間，不能離焉者也。氣合於理，天也；氣能違理以自用，人也。情本於性，天也；情能汨性以自恣，人也。……夫文非氣不立，而氣貴於平；人之氣，燕居則莫不平也，因事而感，而氣失則宕，氣失則激，氣失則驕，毗於陽矣。文非情不得，而情貴於正；人之情，虛置無不正也，因事生感，而情失則流，情失則溺，情失則偏，毗於陰矣。（《文史通義》〈史德〉）

遽斷「氣得陽剛而情合陰柔」略失公允，「氣」與「情」自身都有陽剛、陰柔之分。不過就主要方面而言，這種觀點又是對的：「氣」大致屬於「意志」範疇，氣盛則顯陽剛之美；「情所最先，莫如男女」（袁枚），情摯一般呈現陰柔之美。

我國文藝發展史曾出現三個偏於情的時代。其中六朝與五代非常相似，都為氣弱韻顯，形式妍麗與內容貧弱結伴而行。很多人認為這是末世之兆，如劉勰談到晉宋文學時，贊同「運涉季世」之說（《文心雕龍》〈時序〉），魏徵論及這段歷史，稱之為「亡國之音」（《隋書》〈文學傳序〉）；是否果真如此，值得進一步深入研究。但是我們也能看到重情而氣不弱的時代，那是明後期，它確鑿地告訴人們，在藝術發展的某些階段，「情」與「氣」可以得兼。

「氣」所以能帶來骨力，是因為有「志」統率，並且內含有「理」；適當提高「志」與「理」的地位是克服氣虛力弱的有效途徑。

第三章

「情」範疇的現代闡釋

第一節　「情」的特點與性質

迄今為止，有關「情」的研究遠遠落後於「知」的研究，人們對它所以產生的心理機制、心理過程仍不甚了了。十九世紀俄國心理學家蘭格將感情問題在科學研究中的狀況比作是童話中的灰姑娘的處境，認為它像灰姑娘那樣不被人喜歡，卻專供人驅譴，為了「姐姐」（理智問題與意志問題）們的利益而被搾取得一乾二淨。

前蘇聯美學家阿‧布羅夫指出：

感情和情感問題與其說是有爭議的，不如說是紊亂含混的。而且紊亂含混到這種程度，以至難以把某一種觀點作為基礎，難以不對它

進行某種批判性的修正就決定遵循它。[1]

　　事實也許確是如此。當我們意欲展開言說的時候，幾乎不能不對一些基本概念首先加以界定。

　　應該説，感情問題研究的落後狀況主要是由對象本身的複雜性所致。感情的發生兼容生理與心理、本能與習得、自然和社會諸方面的因素，不僅錯綜複雜，而且瞬息萬變。例如，從生理層次看，現代科學尚難斷定它所得以發生的確切部位，僅僅認識到它與下丘腦、邊緣系統、植物性神經系統等的活動密切相關；從心理層次看，研究對象更顯得朦朧而飄忽，很難以科學研究所通用的邏輯結構和符號形式加以把握。甚至可以説，感情與認識二者本身在心靈統一體中天然地存在矛盾關係：人認識感情的直接途徑應該是反身內視；然而，當我們有意識地要對自己某一項刻的感情加以考察時，心靈便理智化，作為對象的感情此時已經隱遁，至少是已經變態，這裡不可避免地存在「測不準」的問題。

　　「情」難言（科學的言説），但在美學研究中又必須言，我們這裡只能差強為之。

1　阿・布羅夫《美學：問題和爭論》第93頁，上海譯文出版社1987年版。布羅夫所説並非偏激之詞，心理學界也普遍如是觀。斯托曼寫道：「在論述情緒的文獻中出現了大量的術語，它們沒有確切的定義，用法也不盡一致。例如，『情緒』一詞就是一例。另外一些連繫密切但又表示得很不明確的詞有：『情感』『感情』和『情緒性』。……就『情緒』一詞而言，有的定義認為它是影響行為的有機體的一種狀態，有時更直接地把它看為一種反應。當被看作狀態時，它或者是心理的，或者是生理的。當被看作反應時，則或者是生理的，或者是行為的。這樣，有關情緒普通含義的見解也帶來了大量因人而異和帶有偏見的定義。」——見於斯托曼《情緒心理學》第10頁，遼寧人民出版社1986年版。

一、情緒與情感

在日常生活中，人們廣泛地使用「感情」（affection）這一術語，我們不妨把它作為「情緒」（emotion）與「情感」（feelings）二者的統稱。「情緒」與「情感」這兩個詞常可通用，即使是心理學家，有的也對它們不作區分。有的雖然加以區分，規定也較模糊，「常把短暫而強烈的具有情景性的感情反應看作是情緒，如憤怒、恐懼、狂喜等；而把穩定而持久的、具有深層體驗的感情反應看作是情感，如自尊心、責任感、熱情、親人之間的愛等。」[2]筆者贊同這樣的思路：「緒」有連綿不斷的條緒之意，「情緒」宜指人（包括動物）所具有的「主觀體驗形式」；「感」有感覺、感受之意，「情感」還當包括特定時境中主體對某一對象的感受，包含著具體的內容。也許正因為如此，人們通常將不可名狀的感情性體驗稱作「情緒」，將包含有特定思想內容的感情性體驗稱作「情感」。[3]

我們這裡將情緒理解為感情性活動過程的較為原始、本能的方面，情感相對來說則具有較多的文化內涵。情緒作為機體一種先天預置的反應方式，是人與某些動物所共有的；情感因為含有觀念因素，所以唯獨人類才具有。情緒一般來說是抽象的、純形式的，情感則是具體的、包含特定內容的。這樣的區分儘管與人們的習慣用法（如前所述，它很混亂）不盡吻合，但有利於解決感情研究領域的一系列問題：首先，普通心理學的理論研究適宜於情緒方面，而不能指望囊括

2　《中國大百科全書》〈心理學〉「情緒與情感」條，中國大百科全書出版社1991年版。

3　參閱斯托曼《情緒心理學》（中譯本）附錄一，遼寧人民出版社1986年版。漢語的「情感」一詞最先是作為詞組出現的，連結著主體與具體對象，如嵇康《聲無哀樂論》：「哀樂自當以情感，則無繫於聲音。」陸雲《與陸典書》：「且念親各爾分析，情感復結，悲嘆而已。」

整個情感領域，正像美學基礎理論只適合於研究抽象的形式美，而不便於研究具體的形式美（美的形式）一樣。其次，事實上，從我國古代的「情波」說到西方的現代心理學的各種理論，都是在探討情緒的特點和發生機制，對於情感發生的具體時境，幾乎不可能作放之四海而皆準的概括。再次，從價值屬性方面看，情緒是中性的，喜怒哀樂的任何一種形式都無可非議，當喜則喜，當怒則怒，人們一致認同；情感則有高尚與庸俗、純潔與污穢之分，時代不同、階級階層不同，人們的評價各異。最後也是最重要的一點是，這種區分有助於科學理論體系的建設，有史以來的感情研究，大致可以分為兩個部分，一為認識，二為態度，人們認識的是情緒，而或褒或貶的是情感。有了這樣的明確劃分，在此一領域梳理思想史就會清晰得多。當然，沒有脫離情緒形式的情感。

我國古代對於情緒的認識，主要為生成機制的猜測和情緒類型的劃分。前者以「情波」說最值得重視，它以心性為水，情緒為波，比喻較為貼切。的確，從現象學角度描述，情緒很像造物主在人身上安放的一張六絃琴，經外在情境或內在思緒的彈撥，就會形成各種跌宕起伏的旋律。別林斯基也曾談到，審美感是構成我們人類天性內在本質的虛無縹緲的不定型的感情，它「震撼詩人靈魂猶如微風吹動風神琴一般」[4]。後者以「六情」說最為難能可貴。「六情」說以「好」統領肯定性情緒（喜、樂），以「惡」統領否定性情緒（怒、哀），簡潔而精當。《荀子》和《禮記》中同時有「七情」之分，都是在「六情」基礎上添加了一個「欲」（《禮記》還以「懼」替換了「六情」中的「樂」），由於不同的情緒形式都可以表現為欲，「欲」不宜與之平列，

4　《別林斯基選集》第三卷，第11頁，上海譯文出版社1979年版。

因此「六情」說較之「七情」說要合理。在西方，笛卡爾也曾提出人類有六種情緒，即羨慕、愛、恨、慾望、愉快和悲哀；現代情緒心理學家對情緒的劃分仍眾說紛紜，如有的區分出興趣、愉快、驚奇、悲傷、厭惡、憤怒、羞愧、恐懼和輕蔑九種或更多，似乎都不及我國「六情」說梳理之簡要。

　　無論是我國還是西方，古代人更多涉及的是對「情」的評價。評價與情緒形式沒有多大關係，正如黑格爾所指出的：「情感就它本身（實即我們所謂的情緒——引者）來說，純粹是主觀感動的一種空洞的形式。」「在這主觀感動裡面，具體的內容消逝了，就像擠在最抽象的圓裡一樣。」[5] 情緒與生俱來，不可除去，也無論善惡。情感緣事而生，隨事遷移，故有褒貶可議。古代儒家的「中節」說，實際上涉及到情緒與情感，《中庸》寫道：

　　喜怒哀樂之未發，謂之中；發而皆中節，謂之和。中也者，天下之大本也；和也者，天下之達道也。

　　喜、怒、哀、樂是基本的情緒形式，假如不表現於外，只是以潛能形式存在，此時心靈就處於平衡態，即是「中」；當它緣事而發，表現為情感，但合乎倫理道德規範（中節），心靈從動態中獲得平衡，同樣值得肯定。後世儒家本此而形成共識，情本身無所謂善與不善（我們知道，荀子著眼於人之情而斷定人性惡），只有發不中節的情才為不善。

　　情感的善與不善問題在西方也早為思想界所注意。柏拉圖著名的

5　黑格爾《美學》第一卷，第41頁，商務印書館1979年版。

「馬車」喻中的白馬、黑馬其實都關涉情感領域，黑馬毫無疑義是指情慾，白馬大略是指意志和激情，情慾被看作當制服的對象，而意志或激情則被看作理智的天然盟友。對應於我國古代的文化觀念，激情之所以可貴，就在於它蘊涵有理，因而顯現著性，體現了志。

二、「情」與「志」

「情」與「志」是兩個密切相關的範疇。

日常生活中，我們很容易感受到，情感與意志都是人的心靈活動和實踐行為的動力因素。在一定意義上確實可以說，人生墮地，便為情使，個體一生總是在悲與歡的激盪中尋求和奮鬥，而思想上的尋求和行動上的奮鬥都必定有意志的參與。

同時，情感與理想又共同構成主體的欲求，人們不僅以之評價外部事物，而且力圖使之對象化，營造相應的生活環境，這便是普通意義上的自我實現；或者至少化為虛擬的現實，這又是人們從事藝術活動的直接動力，我國傳統詩學的「言志」說與「緣情」說也由此而生。

西方歷史上早有將人類靈魂分為「知」「情」「意」（志）三部分的理論。在德謨克利特時代，人們已做出推測：理智發生在頭部，勇敢在胸，情慾在肝。但是亞里士多德不贊同心靈的三分法，而主張區分心靈的認識功能與欲求功能。從此，有關人的心靈研究，形成三分法與二分法的對立。至十八世紀康德的三大《批判》面世，學界才逐漸統一於採用「知」「情」「意」（「志」）的劃分。但是這並不意味著二分法至此銷聲匿跡，只是沒有太大勢力而已。迄今為止，一些二分法的堅持者仍然認為三分法不科學。如我國心理學家潘菽先生寫道：

　　長期以來的傳統心理學的傳統區分是知、情、意的三分法。這種三分法是不恰當的，是不合辯證法的。……三分法的「知」固然就相

當於認識活動，「意」固然就相當於意向活動。但「情」是什麼呢？其實「情」也就是一種「意」，是一種意向活動。[6]

　　筆者並非無保留地贊同這種觀點。三分法是有科學性的，特別方便於解釋心靈與文化世界的對應關係；且三分法的「意」並不等於（只是屬於）意向活動。其實二分法與三分法是兩種考察維度，二者結合方能揭示人類心靈的立體結構。[7]然而應該承認，三分法的「情」與「意」（「志」）確實都可歸入意向活動。

　　「情」與「志」雖然一般地說為意向活動，卻有著層次之分。「情」，就其本身的存在形式而言，當處於心靈的表層。我們甚至可以將它比作造物主在人身上安放的一張琴，緣事彈撥而鳴。我國先哲提出情為性之動，以及性為水、情為波的比喻等都揭示了「情」本身的表層性特點。西方哲人將情感看作是在時間中流動的內部感覺，它不能直接提供外部環境的信息，但直接體現心靈對外來信息的反應與評價，因此與外部感覺一起構成心靈的感性層面；事實上，西文的「感性」（sensibi1ity）一詞兼有「感覺」與「情感」的涵義。「志」植根於心靈的第三層面（見本書上篇所述），它向外發散，鼓蕩起「情」，並可與「情」融為一體。「情」「志」的一體化，從表達思想感情方面說是「意」，而從心理動力學的意義上，又可稱之為「激情」。

　　激情，希臘文Πάθος），朱光潛先生將黑格爾《美學》中的此詞譯為「情致」，突出其高潔的性質。黑格爾指出：激情「是活躍在人心中，使人的心情在最深刻處受到感動的普遍力量」「是理性和自由意志

6　潘菽《心理學簡札》上冊，第5頁，人民教育出版社1984年版。

7　請參閱拙著《心靈結構與文化解析》第三章，北京大學出版社1998年版。

的基本內容」。它「是藝術的真正中心和適當領域，對於作品和對於觀眾來說」，它的表現「都是效果的主要的來源」。[8]在黑格爾看來，藝術要真正加以表現的是這樣的情感：它體現著理性與自由意志，因而具有深刻而普遍的特性。王元化先生參照劉勰《文心雕龍》的術語，認為希臘文（Πάθος）相當於漢語的「情志」。[9]

由此我們較易理解，在藝術活動中，「情」與「志」的結合必不可少。當「情」與「志」的涵義大致分立以後，強調「情」「志」的互補就成為必要。《詩大序》的作者已將二者連繫起來，不過帶有拼合的痕跡；陸機在《文賦》中不僅強調「詩緣情」，同時也多處將「志」與「情」對舉，只是他主要就「神志」而言。劉勰的《文心雕龍》常常「情」「志」並舉或對舉，〈明詩〉篇指出：「人稟七情，應物斯感；感物吟志，莫非自然。」「情」「志」相通又實有不同，〈辨騷〉篇評論屈原作品，認為「《騷經》《九章》，朗麗以哀志；《九歌》《九辯》，綺靡而傷情」，用詞非常貼切，判斷合乎實際。〈附會〉篇從結構謀篇上論述文章「必以情志為神明，事義為骨髓，辭采為肌膚，宮商為聲色」，肯定了「情」「志」的基礎地位。劉勰所謂的「志」，主要指襟抱（有時也指「神志」）；他強調「情」「志」統一，立論較為公允。然而時代潮流奔騰直下，僅靠一種持平的理論無力回天。至隋唐之際，孔穎達明確提出「情、志一也」，實際蘊涵有「詩人總天下之心，四方風俗，以為己意」（《毛詩正義》）的呼喚。適值時運交移，個體性的「情」可以兼具全人類性，現實激發的「情」可以兼備理想性，這正是唐人主情卻不同於六朝之處。盛唐藝術合「情」「志」為一體而走向輝煌。

8　黑格爾《美學》第一卷，第295-296頁，商務印書館1979年版。

9　王元化《讀黑格爾〈美學〉筆記（續）》，《華東師範大學學報》1998（4）。

三、「情」與「性」

從先秦時代起，「情」與「性」便開始作為兩個相對的範疇而廣泛使用。荀子將「性」看作「天之就」，認為「情」是「性之質」（《荀子》〈正名〉）。後世學人雖然完全依傍荀學者較少，但是幾乎無不關心「情」「性」之辨。人們只要談到「情」，一般都要言及「性」。如陳淳界定「情」時寫道：

情與性相對。情者，性之動也。在心裡面未發動底是性，事物觸著便發動出來是情。寂然不動是性，感而遂通是情。這動底只是就性中發出來，不是別物，其大目則為喜、怒、哀、懼、愛、惡、欲七者。《中庸》只言喜、怒、哀、樂四個，孟子又指惻隱、羞惡、辭遜、是非四端而言，大抵都是情。性中有仁，動出為惻隱；性中有義，動出有羞惡；性中有禮、智，動出為辭遜、是非。……情者心之用，人之所不能無，不是個不好底物。但其所以為情者，各有個當然之則。如當喜則喜，當怒則怒……若不當然而然，則違其則，失其節，只是個私意人欲之行，是乃流於不善，遂成不好底物，非本來便不好也。（《北溪字義》〈情〉）

這是我國古代對於「情」的最為集中而全面的專題論述。它儘可能採納既有的思想成果，認為心統情性，「性」寂然不動，發而為情，「情」有善有不善，這些歷來被看作是公允的見解。不過，由於所討論的問題本身的複雜性，其中也多有值得商榷之處，例如：「感而遂通」是直覺和靈感，怎麼能說就是「情」？宋代理學家普遍認為孟子所講的「四端」是情，其實將由「智」發動的「是非」之心納入「情」的範疇是很牽強的。中國傳統哲學往往將認識論從屬於倫理學，是造成

這種闡釋紊亂的基本原因。

　　「情」與「性」的關係，放在一個大背景下較易看清楚。按照先哲的普遍看法，天命之謂「性」。儒、道兩家在這一點上幾乎沒有分歧。後來佛家講「自性」，涵義也很接近。「性」既是與生俱來的，能否說它相當於弗洛依德學說中的「本我」呢？否。除了荀子等個別思想家之外，先哲所謂的「性」與之恰恰相反，它不是個體的、排它的、本能的慾望，而是人的心靈中先天的（馬斯洛曾採用「似本能」的說法）具有全人類性的傾向，是連結個體與其族類的紐帶。陳淳站在理學家的立場上寫道：

　　性即理也。何以不謂之理而謂之性？蓋理是泛言天地間人、物公共之理，性是在我之理。只這道理受於天而為我所有，故謂之性。性字從生從心，是人才生來具是理於心，方名之曰性。其大目只是仁義禮智四者而已。（《北溪字義》〈性〉）

　　不過這裡所謂的「性」是狹義的，又稱之為「天命之性」或「天地之性」；廣義的「性」還包括與之相對的「氣質之性」，它是天命之性隨個體氣質而表現。

　　先哲們一般認為，宇宙萬物的發展變化都遵循著「道」或「天理」；毫無疑問，道或天理也存在於人的心中，這便是「道心」，它與「人心」相對；「人欲」屬於人心範疇，與之相對的則是「天理」。上述諸範疇的層次之分和對應關係可以大致地直觀表示如下：

表層：情	人心	人慾	氣質之性
深屋：性（狹義）	道心	天理	天命之性

　　直觀的圖表總是存在將問題簡單化的危險，例如這裡的「人心」並不能等同於「人欲」（「人欲」的外延小於其他三者），「人心」或「氣質之性」也未必只是「情」（儘管時有論者等同看待）；但是如此區分至少可以幫助讀者理解「情」「性」的善惡之辨。狹義的「性」與「道心」「天理」相通，所以具有全人類性‧善而非惡；人欲屬於人心中自私、卑劣的部分，惡而非善；「情」則沒有這樣的明確劃界。

　　歷史上常有人對「情」持貶抑態度。南北朝時劉晝認為，「情生於性，而情違性」，因而二者尖銳對立，「性貞則情銷，情熾則性滅」（〈防欲〉）。將「情」看作「是非之主，而利害之根」，主張「去情」（〈去情〉）。這固然看到「情」與「性」矛盾的一面，但是它有將「情」等同於人欲之嫌。唐代李翱提倡「滅情以復性」，則主要從認識活動的去蔽著眼；對此，邵雍的表述更為清楚，他說：「以物觀物，性也；以我觀物，情也。性公而明，情偏而暗。」「任我則情，情則蔽，蔽則昏矣；因物則性，性則神，神則明矣。」（〈觀物外篇〉）應該承認，「情」對於觀物確有遮蔽的一面，但是它又可能是人們觀物的動力，沒有熱情就很難有對真理的追求。不管是從欲求著眼還是從認識著眼，籠統斷定「情」為惡不免有失偏頗。

　　反過來，若是將「情」推崇到至高無上的地位，甚至以為可以排除「性」、拋開「理」，即使是就審美和藝術而言，這種觀點也是難以成立的。連一代情種湯顯祖都承認，「性無善無惡，情有之」（《復甘義麓》）。近人梁啟超指出：

　　情感的作用固然是神聖，但他的本質不能說他都是善的都是美的。他也有很惡的方面，他也有很醜的方面。……情感教育的目的，不外將情感善的美的方面盡量發揮，把那惡的醜的方面漸漸壓伏淘汰

下去。這種工夫做得一分，便是人類一分的進步。（《中國韻文裡頭所表現的情感》）

所謂情感中善的、美的方面，其實也就是含有普遍性（含「性」）、高潔性（含「志」）的情感。

綜上所述，我們先人所謂的「情」，兼指情緒與情感，其中基本的情緒形式是中性的，而包含特定具體內容的情感則有善有惡。情感中的低劣部分可稱之為情慾，情感中的高潔部分可稱之為激情。藝術世界雖然可以描寫人們的各種情慾，但推動藝術家創作的一般來說是激情。激情中含有理性和自由意志，也就是蘊涵著「性」，體現了「志」。藝術所要表現的情感既有個體性、群體性，又包含全人類性，是一種經過理想燭照了的審美化的情感。

第二節　藝術是表現情感的王國

藝術是表現人類情感的特殊王國。列夫·托爾斯泰比較了人們關於藝術的各種定義的得失，最後得出結論：「藝術起源於一個人為了要把自己體驗過的感情傳達給他人，於是在自己心裡重新喚起這種感情，並用某種外在的標誌表達出來。」[10]一個寫作小說的作家尚且如此斷言，更何況抒情詩人？誠如鍾嶸所說：「至於楚臣去境，漢妾辭宮；或骨橫朔野，魂逐飛蓬；或負戈外戍，殺氣雄邊；塞客衣單，孀閨淚盡；或士有解佩出朝，一去忘返；女有揚娥入寵，再盼傾國：凡斯種種，感蕩心靈，非陳詩何以展其義，非長歌何以騁其情？」（〈詩品

10　列夫·托爾斯泰《藝術論》第46頁，人民文學出版社1958年版。

序〉）雕塑家羅丹甚至認為，繪畫、雕塑、文學、音樂等只是採用的方法不同，「它們都是表現站在自然面前的人的感情」[11]。

情感在藝術中的地位顯而易見，我們這裡只著重討論三個問題：藝術為何鐘於情？如何傳達情？傳達什麼情？

一、從「知」「情」「意」之分看科學、藝術、道德的分野

人類迄今為止建立的文化大廈，宏偉而壯麗。任何人在短暫的一生中，幾乎不可能盡覽其中的每一個殿堂，唯有興嘆而已。不過，從宏觀上把握，其主體部分不外是三大領域：科學、藝術和宗教。正如我國思想史家徐復觀先生所說：「道德、藝術、科學，是人類文化中的三大支柱。」[12]作為現代新儒家的代表人物，他以道德統領宗教文化是容易理解的。

近代以來，西方思想界注意到龐大的文化世界的根基與雛形存在於人類心靈中。意大利思想家維科研究古代文化的發展歷程後指出：「民政社會的世界確實是由人類創造出來的，所以它的原則必然要從我們自己的人類心靈各種變化中就可找到。」[13]其後，康德研究人類心靈與文化世界的對應關係更是取得舉世矚目的實績。康德從西方傳統的「知」「情」「意」三分法入手，將三者分別提升為「知性」「感性」「理性」三個哲學範疇。《純粹理性批判》主要探討「知性」所能達到的界限，涉及認識必然的科學領域；《實踐理性批判》致力於研究「理性」（它與「自由意志」經常被互換使用）在道德立法中的根基地位，為宗教文化存在的合法性提供了理論依據；而《判斷力批判》側重於闡明，「心靈的愉快或不快的情感機能」要求主觀合目的性，形成審美判斷

11　《羅丹藝術論》第79頁，人民美術出版社1987年版。

12　徐復觀《中國藝術精神》〈自敘〉，春風文藝出版社1987年版。

13　維科《新科學》第331頁，人民文學出版社1986年版。

力，在藝術文化中得以體現。由此可見，康德的三大《批判》從心靈的「知」「情」「意」三種能力出發，探尋它們活動的先驗原理，旨歸於科學、藝術、道德（含宗教）三大文化領域的哲學闡釋。這一理論結構昭示：藝術世界是「情」世界，它可以使人們從自然領域過渡到自由領域。

值得注意的是，我們的先人儘管沒有如此邏輯嚴密的揭示，卻也曾出現過相關的朦朧意識。如隋唐之際的李百藥在《北齊書》〈文苑傳序〉中寫道：

夫玄象著明，以察時變，天文也。聖達立言，化成天下，人文也。達幽顯之情，明天人之際，其在文乎！遂聽三古，彌綸百代，制禮作樂，騰實飛聲，若或言之不文，豈能行之遠也？

「天文」屬於科學範疇，「人文」屬於道德範疇，而「達幽顯之情，明天人之際」的「文」雖然是一種泛文學概念，但主要還是指藝苑。作者隨後明確指出，「文之所起，情發於中」，並且談到文藝可以「得玄珠於赤水，策奔電於昆丘，開四照於春華，成萬寶於秋實」，顯然涉及到文藝的從自然過渡到自由、寓無限於有限諸特點。

佛家認為，眾生均為有情，此岸世界為情世界；也正因為人生有情，所以苦海無邊。解脫的辦法是摒除慾念，達到涅槃，進入那彼岸世界。這種消極出世的思想至少有兩點不合常理：其一，人有情有欲固然帶來生存的痛苦，但是它可以通過藝術而獲得心理上的宣洩，動盪不安的心靈同樣能達到平靜與和諧；其二，精神的彼岸世界並非只有宗教活動才能呈現，審美活動同樣可以帶來精神境界的昇華。

其實，情感雖然因現實刺激而生，但總是向理想境界躍動。僅就

常見的情緒形式而言，怒、哀較多執著於現實生活的缺失，喜、樂則更多本於對理想生活的企盼。即使在小乘佛教的禪定中，喜、樂也伴隨其初禪和二禪。誠如《衡曲塵譚》的作者所說：

> 人，情種也。人而無情，不至於人矣，曷望其至人乎？情之為物也，役耳目，易神理，忘晦明，廢飢寒，窮九州，越八荒，穿金石，動天地，率百物……而處此者之無聊也，借詩書以閒攝之，筆墨磬瀉之，歌詠條暢之，按拍紆緩之，律呂鎮定之，俾飄飄者返其居，鬱沉者達其志，漸而濃郁者幾於淡，豈非宅神育性之術歟！

這裡主要針對道家所謂的喜怒哀樂不入於胸次的「至人」而發。作者以為，沒有喜怒哀樂，連人都不是，又哪裡談得上「至人」？情感的力量是強大的，人們通過藝術活動使之得到宣洩或昇華，就會有益於身心的健康。

藝術通過感性形式（聲、形、色等）而訴諸人的情感，同時又超越直接功利，這就使之與其他活動區別開來。人們從事功利活動往往為物所役，不得自由；從事科學活動主要憑藉知性能力求真，相對地抑制了感性；道德活動亦然，人按內心的律令和社會的規範行事，不免進亦憂，退亦憂；宗教活動有可能引領人的精神進入彼岸世界，但是它鄙視人生的此岸性，難於品嚐生活的豐富趣味。它們都有使個體成為「單面人」的危險，而審美和藝術活動則可使人的本質豐富性獲得全面激活。梁啟超曾談到：

> 審美本能，是我們人人都有的。但感覺器官不常用或不會用，久而久之麻木了。一個人麻木，那人便成了沒趣的人；一民族麻木，那

民族便成了沒趣的民族。美術的功用，在把這種麻木狀態恢復過來，令沒趣變為有趣。……明白這種道理，便知美術這樣東西在人類文化系統上該占何等位置了。（《美術與生活》）

這些話說得很淺顯，其實裡面蘊涵著深刻的道理。

二、藝術活動中「情」的主幹地位

情感像一條紅線貫穿於藝術活動的各個環節，是藝術的生命力之所在。

1.藝術創作的動力

「情」與「志」都是藝術創作的動力。就「志」而言，作為理想，它主要發揮召喚、引導的功用；作為意志，也介入創作過程，如福樓拜所說，著述需要超常的毅力。當「志」與「情」融合便形成激情，它在創作中的體現更為直接。

黑格爾認為，真正「屬於藝術的激情」的範圍是很窄的，他以歌劇為例，指出在其中「所聽到的總是一套老調，戀愛，名譽，光榮，英雄氣質，友誼，母愛，子愛之類的成敗所引起的哀樂總是不斷地在重複著」[14]。前蘇聯文藝理論家波斯彼洛夫將古往今來表現於文學作品中的激情分為七類，即崇高、戲劇性、英雄精神、悲劇性、感傷性、浪漫主義精神以及諷刺與幽默，遺憾的是所列雖有事實依據卻缺少堅實的邏輯基礎。[15]比較而言，黑格爾的觀點要深刻得多，而且很有啟發性。按筆者的探索，肯定性激情可分為兩類：一是要求建功立業、確證自身的社會價值的英雄激情，形成的作品風格為壯美形態；一是眷

14　黑格爾《美學》第一卷，第298頁，商務印書館1979年版。

15　波斯彼洛夫《文學原理》第九章，三聯書店1985年版。

戀某一具體對象，祈求生存和諧圓滿的愛戀激情，形成的作品風格為優美形態。與之相對的否定性激情也可分為兩類：一類是喟嘆現實生活的缺陷和痛惜美好事物夭折的感傷激情，一類是對醜惡事物或事物醜的方面強烈憎惡和蔑視的諷刺激情，前者形成作品的弱美風格，後者形成作品的喜劇風格。[16]

　　我國古代士人將立德和立功作為人生追求的主要目標，二者不成便退而求立言。這正是司馬遷「發憤著書」說所以成立的背景。追求立德、立功伴生英雄激情，不得實現則產生感傷激情，發憤著書實際上是英雄激情與感傷激情的混合。對韓愈的「不平則鳴」說也可以作類似的闡釋。韓愈在〈送孟東野序〉中寫道：

　　大凡物不得其平則鳴。草木之無聲，風撓之鳴；水之無聲，風蕩之鳴。……人之於言也亦然。有不得已者而後言，其歌也有思，其哭也有懷。凡出乎口而為聲者，其皆有弗平者乎！

　　後世論者多以外在條件的影響解釋，不盡妥當。「不平」的參照系統當為「應該有的樣子」；就人而言，它或是對建功立業的期待，或是對生活和諧的尋求，二者構成英雄激情和愛戀激情的基礎。既然現代科學已經揭示，生物界普遍存在發展和親合的需要，那麼可以肯定，這種期待與尋求，實在是基於人類的先天傾向。然而，個體在社會生活中往往難免遭受挫折，功業難成，甚或窮餓其身，於是不得其平，情鬱於中，因而需要憑藉藝術而鳴。

　　應該承認，直接表達志得意滿或生活閒適的作品也是大量存在

16　參閱拙作《從抒情作品看藝術中激情的種類》，《汕頭大學學報》1999年第6期。

的，只是一般說來，「和平之言難工，感慨之詞易好」（吳可語）。西方有句成語，叫做「憤怒出詩人」，憤怒中往往包含英雄精神、諷刺意識，還可能間接地攜帶愛戀、感傷的成分。

2. 藝術構思的原質

藝術構思的果實是「意象」。「意象」一般由「情」與「景」化合而成。謝榛曾指出：「作詩本乎情景，孤不自成，兩不相背。……景乃詩之媒，情乃詩之胚，合而為詩。」（《四溟詩話》卷三）「情」在心，「景」在物，審美意象總是主客觀的統一。

「情」與「景」是怎樣在主體的心靈中合成「意象」的呢？王夫之有則闡釋值得注意，他說：

情景雖有在心在物之分，而景生情，情生景，哀樂之觸，榮悴之迎，互為其宅。（《薑齋詩話》卷一）

這是一種辯證的觀點，不過需要稍加分解，才能切實把握。參照現代審美心理學，「景生情」關聯著「同構」說，「情生景」涉及「移情」說，「互為其宅」是二者的交融。

按照「同構」說，自然界的物色所以能搖動人的心旌，特別在於二者存有結構圖式的對應關係。劉勰說：「是以獻歲發春，悅愉之情暢；滔滔孟夏，郁陶之心凝；天高氣清，陰沉之志遠；霰雪無垠，矜肅之慮深。歲有其物，物有其容；情以物遷，辭以情發。」（《文心雕龍》〈物色〉）按照「移情」說，主體情之所及，審美客體無不著上相應的色彩，正所謂「登山則情滿於山，觀海則意溢於海」《文心雕龍》〈神思〉）。例如，同是滿山紅葉，一時閒適的杜牧吟詠道：「停車坐愛楓林晚，霜葉紅於二月花。」（《山行》）而肝腸寸斷的崔鶯鶯則啼唱：

「曉來誰染霜林醉，總是離人淚。」（《西廂記》第四本）在審美或構思過程中，同構與移情是相互依存、相輔相成的。借用劉勰的術語，如果說同構是「情以物興」，那麼移情則是「物以情觀」（《文心雕龍》〈詮賦〉）；二者合起來即是「目既往還，心亦吐納」（《文心雕龍》〈物色〉）。經過由物及「我」和由「我」及物的來回往復，活潑玲瓏的審美意象乃至意象體系（包括意境）便在主體心中孕育而成。

　　王國維曾明確以「情」與「景」為文學的「二原質」，他認為「景」以描寫自然及人生之事實為主，「情」則是我們對這種事實的精神態度，所以前者是知識的，後者是感情的。「苟無銳敏之知識與深邃之感情者，不足與於文學之事。」（《文學小言》）

　　在浪漫主義傾向突出的藝術家中，情感的地位尤其被看重。作者在構思時一情獨往，萬象俱開，即使是近於荒誕不經的想像也貫通著「情感邏輯」。《西遊記》中的孫悟空是創作者英雄激情的結晶，這一從石頭中誕生的美猴王，集獸性、人性、神性於一體，既大鬧了天宮，又修成了正果，居然顯得真實可信。《牡丹亭》中的杜麗娘是愛戀激情的化身，不僅因愛而死，而且因愛復生。誠如湯顯祖所說：「如麗娘者，乃可謂之有情人耳。情不知所起，一往而深，生可以死，死可以生。生而不可與死，死而不可復生者，皆非情之至也。」（《牡丹亭記題辭》）

　　3. 藝術形式的根基

　　在抽象的意義上，我們承認形式有自身獨立的地位，因為一種藝術形式的興衰有自己的規律；就藝術的發展而言，形式與內容同等重要。但是在具體的作品中，形式的價值總是依據其表達內容的成效而定的，所以劉勰既承認「質待文」，同時更強調「文附質」「采依情」（《文心雕龍》〈情采〉）。自居易在《與元九書》中形象地描述道：

　　感人心者，莫先乎情，莫始乎言，莫切乎聲，莫深乎義。詩者：
根情，苗言，華聲，實義。

　　這是採用比喻的方法給詩歌下定義，它肯定情感是詩歌的根本，
作品的形式（言、聲）是由此滋生出來的。

　　情感制約著作品的行文氣勢和語言風格。劉勰在《文心雕龍》〈定
勢〉中開篇寫道：「夫情致異區，文變殊術，莫不因情立體，即體成勢
也。」這裡的「體」大略是指作品的體制；「勢」則是指作品的動勢，
它表現於作品形式的運動節奏。作品語言的節奏韻律植根於創作主體
的情感律動，是古今中外文學家們的共識。特別是抒情作品，誠如郭
沫若所説，「抒情詩是情緒的直寫。情緒的進行自有它的一種波狀的形
式，或者先抑而後揚，或者先揚而後抑，或者抑揚相間，這發現出來
便成了詩的節奏。所以節奏之於詩是它的外形，也是它的生命」[17]。生
命生發出外形，外形體現著生命。情感不同，語言的節奏便不同，整
個作品的風貌也因之不同。明代蔡羽曾談到：「辭無因，因乎情⋯⋯是
故達人之情紓以縱，其辭喜；窮士之情隘以戚，其辭結；羈旅之情怨
以孤，其辭慕；遠遊之情荒以懼，其辭亂；去國喪家者思以深，其辭
曲。」（〈顧全州七詩序〉）

　　不僅文學是如此，其他藝術門類概莫能外。即使是偏於再現物像
的繪畫藝術，藝術家的情感也灌注於他的筆端，通過線條、色彩而物
化。呂鳳子介紹自己創作的切身體會時説：「凡屬表示愉快感情的線
條，無論其狀是方、圓、粗、細，其跡是燥、濕、濃、淡，總是一往
流利，不作頓挫，轉折也不露圭角的。凡屬表示不愉快感情的線條，

17　《郭沫若全集》第十五卷，第353頁，人民文學出版社1990年版。

就一往停頓，呈現一種艱澀狀態，停頓過甚的就顯示焦灼和憂鬱感。」他得出的結論之一是：「表現某種感情的畫，一定要用直接抒寫某種感情的線條來構成。」[18]

西方符號學美學認為：「藝術家創造的是一種符號——主要用來捕捉和掌握自己經過組織的情感想像、生命節奏、感情形式的符號。」[19]的確，在這種意義上，藝術可以看作是人類情感符號的創造。由於作品形式從傳達情感體驗中滋生，因而具有有機統一性。

4. 藝術魅力的泉源

藝術作品以情動人，情感是藝術魅力的泉源。《詩大序》稱「動天地，感鬼神，莫近於詩」，雖然不免誇大其詞，卻歷來為人們所叨念。郭沫若認為：「藝術可以統一人們的感情，並引導著趨向同一的目標去行動。」[20]他舉了一個廣為人知的事例：楚霸王兵敗被逼垓下，張良在清風明月之夜，以一枝簫吹出那背井離鄉的淒涼哀怨，霸王的士兵皆思鄉念家，不禁感動泣下，終於棄甲曳兵而逃散。可見藝術感人之深之速。

由於作品的「一枝一葉總關情」（鄭板橋語），所以欣賞者雖然直接接觸的是作品的符號形式，卻可以通過這符號形式體驗到情感的律動。正如劉勰所說：

　　夫綴文者情動而辭發，觀文者披文以入情。沿波討源，雖幽必顯。（《文心雕龍》〈知音〉）

18　呂鳳子《中國畫法研究》第4-5頁，上海美術出版社1978年版。

19　蘇珊・朗格《情感與形式》第455頁，中國社會科學出版社1986年版。

20　《郭沫若全集》第十五卷，第202頁，人民文學出版社1990年版。

「綴文」與「觀文」是互逆的過程，前者賦予情感以符號形式，後者通過符號形式而把握情感。處幽者是情，藝術欣賞就是要使之顯現。

當然，我們也應該承認這樣的事實，在接受主體的情感與作品表達的情感格格不入的時候，藝術的魅力便難以發揮。如《淮南子》中曾談到：「夫載哀者聞歌聲而泣，載樂者見哭者而笑。哀可樂者，笑可哀者，載使然也。」（〈齊俗訓〉）只有當接受者與創作者以作品為中介而心心相印時，才可能產生強烈的感情共鳴。

「共鳴」本是一個聲學名詞，指由聲波的作用而引起的一種共振現象。由於人類的情緒很像一張安放在體內的六絃琴，它用以指稱藝術欣賞中的情感交流也是很貼切的。從創作者與欣賞者心靈交流的一般條件看，大致可分出以下幾種情形：一是人類情性相通，這使作品的感染力可以超越特定種族、特定時代；二是民族精神一脈，創作者與欣賞者的情感都打上同一民族性格的印記；三是階級傾向一致，人們對同一社會事物可以形成同樣的感情評價；四是生活經驗類似，欣賞者因此對作品描寫的事件有相似於創作者的認識和感受。脂硯齋讀《紅樓夢》（第十七、十八回）的一則批語寫道：「……《石頭記》之為書，情之至極，言之至恰；然非領略過乃事，迷陷過乃情·即觀此茫然嚼蠟，亦不知其神妙也。」

在嚴格意義上說，藝術不只是激發人的情，同時還激活人的性，所以欣賞藝術不僅可以宣洩情感，而且可以獲得精神昇華。

三、藝術活動中情感的個體性、群體性和全人類性

藝術活動是最富於個體性的活動，它不僅允許、而且呼喚藝術家或欣賞者表現自己的獨特個性。審美意象的個性特色既來自客觀事物本身，更來自審美主體的特定情感。廖燕曾談到：「秋，人所同也，物，亦人所同也，而詩則為一人所獨異。借彼物理，抒我心胸。即秋

而物在，即物而我之性情俱在，然則物非物也，一我之性情變幻而成者也。」（《李謙三十九秋詩題詞》）這樣的事例其實不勝枚舉。

　　情感雖有鮮明的個體性，但是它不應停留於個體性層面；否則，很可能出現任情縱慾的傾向。將情感理解為情慾，在現實生活中並不鮮見，其危害也有目共睹。即使是在情感生活非常開放的西方國家，人們也不免對此持批評態度。布萊希特有一劇本叫《馬哈哥尼城的興衰》，描寫一直為神奇的樂園的馬哈哥尼城，突然來了四個在阿拉斯加淘過金的伐木工，他們帶來一種新觀念：人生幸福的永恆法則就是為所欲為。市民們接受了這種新觀念，於是不擇手段地滿足自己的情慾，不顧一切地為所欲為，個體靈魂被毒化，整個城市遭墮落。這一故事令人怵目驚心。

　　在藝術中，人們常以自私、利己的情慾為批判的對象，嘲笑愛財如命的人，鞭撻趨炎附勢之徒；然而在情愛問題上始終沒有取得一致的意見。有的大肆渲染，有的主張革除，聚訟紛紜。蘇軾較少歌詠男女之情，曾被後學批評為「短於情」，可見人們更多注意於男女之間纏綿悱惻的戀情。王若虛針對這種情況為蘇軾辯護道：「風韻如東坡，而謂不及情，可乎？彼高人逸才，正當如是；其溢於小詞而間及於脂粉之間，所謂滑稽玩戲，聊復爾爾者也。若乃纖豔淫媟，入人骨髓，如田中行、柳耆卿輩，豈公之雅趣也哉？」（《滹南詩話》卷二）「雅趣」之所以不同於「淫媟」，主要在於它顯得「無邪」且不流於輕薄。

　　由此我們較易理解，古人為了保持藝術情趣的「雅」，大多堅持將「情」與「性」聯結起來，將「情」與「欲」區別開來。劉熙載指出：

　　詞家先要辨得情字。《詩序》言「發乎情」，《文賦》言「詩緣情」，所貴於情者，為得其正也。忠臣孝子，義夫節婦，皆世間極有情之

人。流俗誤以欲為情，欲長情消，患在世道。（《藝概》〈詞曲概〉）

　　我們贊同要求藝術家分辨情感（高潔的與低劣的）、以求得其正的主張。但是這裡有幾個問題值得商榷：其一，《詩序》和《文賦》所謂的「情」未必含義相同；其二，「情」與「欲」未必只有對立的一面；其三，忠臣、節婦等的情未必總是得其正。劉熙載的這一看法，其實是在重申《詩序》中「發乎情，止乎禮義」的原則。這一原則的負面作用是以群體性的規範限制個體的自由，雖然這種自由有可能使人流於輕薄放蕩。

　　人的情感也確有群體性的成分，，一個種族、一個階級、一個時代，總有其特定的文化積澱或精神需求，它對個體情感的滲透是不可避免的。但是若把它觀念化，法定下來要求人人遵守，這就等於要按一個模式鑄造人格，讓個體愛大家之所愛，恨大家之所恨，這不啻是對個性的摧殘。更有甚者，法定的觀念有可能讓封建專制者、政治獨裁者濟一己之私，成為廣大人民的精神枷鎖。因此，只講究情感的群體性，藝術世界就不可能萬紫千紅，藝術家連同其作品都可能淪為政治教化的工具。

　　審美和藝術活動所需要的情感尤其是超越直接功利、超越群體規範的情感。正因為有這兩重超越，所以它是自由的；它特別以個體的形式顯現出全人類性，同時並不排斥群體性的成分，因而又是豐富的。王國維對此已有意識，他指出：

　　若夫真正之大詩人，則又以人類之感情為其一己之感情，彼其勢力充實不可以已，遂不以發表自己之感情為滿足，更進而欲發表人類全體之感情。彼之著作實為人類全體之喉舌，而讀者於此得聞其悲歡啼笑之聲，遂覺自己之勢力亦為之發揚而不能自已。（《人間嗜好之研

究》）

　　「人類全體之感情」應當理解為包含有全人類相通的「性」而顯現個體特徵的「情」。我國古代美學家大多堅持「情」「性」並舉，雖在具體論述中不免時有所偏，但難能可貴的是把握住了根本。[21]

第三節　「情深而文明」

　　審美總是從事物的外部狀貌開始，藝術致力於給內在的情思以一種感性形式，這往往造成一些人的誤解，以為審美和藝術活動所關心的只是感性形式的妍麗；其實這種活動包含著深刻的旨趣，甚至涉及對人生的終極關懷。〈樂記〉〈樂象〉篇寫道：

　　德者，性之端也；樂者，德之華也。金石絲竹，樂之器也。詩，言其志也；歌，詠其聲也；舞，動其容也。三者本於心，然後樂氣從之。是故情深而文明，氣盛而化神，和順積中，而英華發外。唯樂不可以為偽。

　　這裡明確指出，藝術創造「本於心」，源於性，根於德。「文明」固然重要，但它是「情深」的產物或外現。

21　也許有人會說，情感中的全人類性不過是一種空泛的設定，無從鑑別和把捉。其實，當主體超越一己功利的束縛、超越群體觀念的侷限時，個體性的情感便同時具有了全人類性；藝術因之可以超越特定時代、特定種族而為人們所共賞。在這種意義上，我們甚至可以說，不含全人類性的情感決不會是審美情感。

如何理解「情深」？〈樂記〉這段話揭示了它應有的兩重規定：一是真誠（「不可以為偽」），二是和樂（「和順積中」）。還有一重規定有待於我們補充，即悲憤，它作為「和樂」的對立面而存在；只有兼顧悲、樂，才更合乎事物存在和發展的辯證法。

一、藝術呼喚著真情

藝術的真實性問題，是古今中外人們密切關注的一個基礎理論問題，各家各派眾說紛紜，莫衷一是。不過，從這些爭論意見中，我們可以大致梳理出一個潛在的系統：

$$
藝術真實\begin{cases} 反映客觀社會生活的真實\begin{cases}細節的逼肖\\本質的揭示\end{cases}實\\ 表達主體心靈旨趣的真實\begin{cases}情感的真摯\\理想的導引\end{cases}誠\end{cases}真\\誠
$$

漢語的「真」字，首訓「真誠」，次訓「真實」。這表明，我國古代人首先是、並主要是從主體心理角度來把握「真」。所以對於藝術，他們最為關注的是表達心靈旨趣的真實。心靈旨趣的真實包括「情」與「志」（理想）兩個方面，但是當人們講到「真情」時，實際上常將二者統一在一起，這也就是「誠」；況且，遠古的「情」字本身就有心誠之意。

藝術活動之所以呼喚真情，一方面在於只有表現真情，才能發揮其應有的社會價值。作為一種文化形式，藝術承擔著淨化人的靈魂、提高人的精神境界、鼓舞人們積極改造現實的使命。藝術家只有具備真情，這樣的使命感才會自然而然地滲透於自己的創作活動中，真情與心靈的自由並不矛盾，其創造的作品才會有感人的力量；反之，缺少一份真誠，即使他抱有社會責任感，也只是按某種觀念進行圖解，

作品不可能有強烈的藝術感染力。《莊子》中從日常的生活經驗出發指出：

> 真者，精誠之至也。不精不誠，不能動人。故強哭者雖悲不哀，強怒者雖嚴不威，強親者雖笑不和。真悲無聲而哀，真怒未發而威，真親未笑而和。真在內者，神動於外，是所以貴真也。（《漁父》）

這一觀點得到後世文藝批評家的廣泛贊同。

另一方面，缺少真情而從事創作，藝術家其實也是在矇騙自己。他既沒有宣洩內心鬱結的需要，又沒有對詩意生存境界的強烈祈盼，只是為了某種外在目的而刻意為之，將自由的勞作降格為僱傭的勞動。其中最有代表性的現像是「為文而文」。劉勰比較「為文」與「為情」兩種情形道：

> 昔詩人什篇，為情而造文；辭人賦頌，為文而造情。何以明其然？蓋風雅之興，志思蓄憤，而吟詠情性，以諷其上，此為情而造文也；諸子之徒，心非郁陶，苟馳誇飾，鬻聲釣世，此為文而造情也。故為情者要約而寫真，為文者淫麗而煩濫。（《文心雕龍》〈情采〉）

「為文而造情」者的要害是「真宰弗存」，突出表現為專務繁文縟采，所以他們與其說是藝術家，倒不如稱之為工匠。

無怪乎古今中外的藝術家都強調真情。列夫·托爾斯泰認為，藝術的根本職能在於傳達感情，作為區分真假藝術標誌的藝術感染力取決於三個條件：所傳達的感情的獨特性，感情傳達的清晰度，感情的真摯程度。其中後者最為關鍵，因為「藝術家越是從心靈深處汲取感

情，感情越是真摯，那末它就越是獨特，這種真摯使藝術家能為他所要傳達的那種感情找到清晰的表達」[22]。怎樣才能獲得真情呢？前人主要從以下幾個方面加以論述。

一是要有童心。「童心」也就是赤子之心，歷代有人論及，明代李贄的闡述尤為詳備。他說：

夫童心者，真心也。……絕假純真，最初一念之本心也。若失卻童心，便失卻真心；失卻真心，便失卻真人。人而非真，全不復有初矣。（《雜述》）

在他看來，「童心」本為人與生俱有，但是在生活中人們先是以從耳目而人的「聞見」為主遮蔽了它，後又以從見聞而入的「道理」為主遮蔽了它；「童心既降，而以從外人者聞見道理為之心」，於是真我隱遁，結果便是假人說假話，做假事，「滿場是假」，天下之至文因而「湮滅」；所以重要的是「護此童心而使之勿失」（雜述）。應該承認，個體在社會化過程中確有「偽」的增長，它主要來自群體性觀念的灌輸；從事藝術活動，必須去偽而存真。

二是要至誠。「誠」本有真實無偽之意，「至誠」意味著反身內省以求真。先秦的思孟學派極為重視「誠」，孟子認為，「誠者，天之道也；思誠者，人之道也。至誠而不動者，未之有也；不誠未有能動者也。」（《孟子》〈離婁上〉）至誠必動人，這既是對人類心理的普遍概括，自然也適用於文藝領域，所以後世常有文論家秉此立論。元好問直截地以誠為詩之本，他說：

22　列夫‧托爾斯泰《藝術論》第151頁，人民文學出版社1958年版。

　　唐詩所以絕出於《三百篇》之後者，知本焉爾矣。何謂本？是也。……故由心而誠，由誠而言，由言而詩也。三者相為一。情動於中而形於言，言發乎邇而見乎遠。（《楊叔能小亨集引》）

　　「至誠」是一種心靈境界，其中所顯現的同樣是主體的「真我」或「真宰」。它不同於老子所謂的「赤子」和李贄所謂的「童心」之處在於對既存文化較少否定。

　　三是要有感觸。「童心」也好，「至誠」也好，其要旨都在於回歸本心，顯現真我；二者為真情的出現奠定了基礎，但未必是真情本身。沒有現實的感觸（包括適度的壓抑），內心的真誠就只是一種潛能；缺少內心的真誠，現實的感觸則只能是一種膚受。黃宗羲寫道：

　　情者，可以貫金石，動鬼神。古之人，情與物相游而不能相舍。不但忠臣之事其君，孝子之事其親，思婦勞人結不可解，即風雲月露、草木蟲魚，無一非真意之流通，故無溢言曼辭以入章句，無諂笑柔色以資應酬。……今人亦何情之有？情隨事轉，事因世變，乾啼濕哭，總為膚受。（《黃孚先詩序》）

　　既有內在的真誠，又觸物而發卻不隨事漂移，這樣的真情、深情就是藝術所籲求的。

二、創作多起於悲情

　　西方有一則古老的神話，敘述憂愁女神、朱庇特和土神共同參與創造了最早的人類，他們三位都希望以自己的名字為這生物命名，由於爭執不下，只好請農神裁判。公正的農神判決如下：「因為你，朱庇特，給了他靈魂，你應該在他死的時候接受他的靈魂；因為你，土

神，給了他身軀，你應該在他死的時候接受他的身軀；但是，由於憂愁女神首先做成了這生物，她應該占有他的整個一生。現在你們爭論的是以誰的名字給予他，就讓他叫『homo』吧，因為他是由humus（泥土）做成的。」[23]這一寓言形象地揭示了人生中靈與肉的對立：人，按他的身體是要向大地回歸，按他的靈魂又要向天國飛昇，兩個方向的驅力糾合在一起，使他一輩子不免在痛苦中生活。

日常經驗也告訴我們，有追求就有痛苦；追求越執著，痛苦可能越深沉。當然，人生並非只有痛苦，追求中同時伴隨著歡樂，儘管這歡樂可能是較短暫的。由此看來，指望人生擺脫痛苦是不現實的，如果不是消極出世的話，就只能是愚昧無知。

然而，人類有可能通過一定途徑既不拋開現實，又能宣洩痛苦，並化痛苦為歡樂—這就是審美和藝術活動。羅曼·羅蘭在《貝多芬傳》的結尾深情寫道：

　　一個不幸的人，貧窮，殘廢，孤獨，由痛苦造成的人，世界不給他歡樂，他卻創造了歡樂來給予世界！他用他的痛苦來鑄成歡樂，好似他用那句豪語來說明的，——那是可以總結他的一生，可以成為一切英勇心靈的箴言的：「用痛苦換來歡樂。」[24]

貝多芬的命運和人格，在藝術家中很有代表性。

正如歐陽修所說，「詩人少達而多窮」（〈梅聖俞詩集序〉）。「窮」雖然未必是物質生活匱乏，但至少是精神上鬱鬱不得志。內心的痛苦

23　海德格爾《存在與時間》第239-240頁，三聯書店1987年版。

24　《傅雷譯文集》第11卷，第61頁，安徽人民出版社1982年版。

需要藉助於藝術以宣洩，因此悲憤之情成為藝術創作的最普遍、最直接的動力。前述司馬遷的「發憤著書」說和韓愈的「不平則鳴」說其實都揭示了這一點。無怪乎李白喟嘆：「正聲何微茫，哀怨起騷人。」（《古風》其一）白居易更具體地描述道：

> 予歷覽古今歌詩，自〈風〉《雅》之後，蘇、李以還，次及鮑、謝徒，迄於李、杜輩，其間詞人聞知者累百，詩章流傳者巨萬。觀其所自，多因讒冤譴逐，征戍行旅，凍餒病老，存歿別離，情發於中，文形於外，故憤憂怨傷之作，通計古今，什八九焉。世所謂文人多數奇，詩人尤命薄，於斯見矣。又有已知理安之世少，離亂之時多，亦明矣。（《序洛詩》）

這種情況不限於我國，也不限於詩歌或音樂等表現型藝術，它可能覆蓋整個藝術領域。西方還有一則古老的傳說：雕塑家佩里爾製作了一隻空腹的口部有特殊機關的大銅牛送給暴君；暴君讓人們將處以死刑的人放進牛肚裡，並在牛的腹下燃起火；在痛苦中死去的人們的呻吟經銅牛嘴傳出，竟是悅耳的音樂；而雕塑家本人就在第一批死者中間。[25]藝術是痛苦呻吟轉化的樂曲—它對於人生來說，實際是一種悲愴的美麗。雖然未必所有的藝術品都是如此，但至少適用於解釋大多數傳世之作的來由。

翻開文藝發展史，我們不難發現，許多優秀的藝術品是哭出來的。米開朗基羅的《夜》雕刻了一位女子在臥榻上安睡，靜謐而幽雅；從作者答友人的詩句中，我們方能瞭解其中蘊涵的深沉的悲憤，它寫

25　參閱鮑列夫《美學》第62頁，上海譯文出版社1988年版。

道：「睡眠是甜蜜的，成為頑石更是幸福，只要世上還有罪惡與恥辱的時候。……」我國清末的劉鶚認為，靈性生感情，感情生哭泣；有一分靈性，即有一分哭泣。他列舉説：「《離騷》為屈大夫之哭泣，《莊子》為矇叟之哭泣，《史記》為太史公之哭泣，草堂詩集為杜工部之哭泣，李後主以詞哭，八大山人以畫哭，王實甫寄哭泣於《西廂》，曹雪芹寄哭泣於《紅樓夢》。」這些作品都是「不以哭泣為哭泣者，其力甚勁，其行乃彌遠也。」（〈老殘遊記自序〉）

為什麼藝術創作多起於悲情呢？除了前述人類生存普遍帶有悲劇性之外，還特別在於藝術家群體氣質的特殊性。這是一個對生活特別敏感的社會階層，它可以説是整個人類的感官部分。與普通人比較，藝術家們更多沉浸於幻想世界中，這是現實與理想的結合部，現實的東西浸染了理想的色彩或受到理想的評判。因此，這一群體很難隨俗沉浮，最易感受到人生的痛苦，生活的壓抑，常常蓄憤在胸，如鯁在喉，不吐不快。由於同墮落的現實難以調和，導致藝術家的個人際遇確有「數奇」或「命薄」的普遍情況。日本文藝理論家濱田正秀曾談到：「恐怕沒有一個職業會比文學藝術更容易產生狂人了。赫爾德、尼采、凡·高、舒曼、迦爾甸、果戈理都發瘋了；克萊斯特、克威格、海明威、芥川、太宰、三島、川端等都自殺了……」[26]

創作多起於悲情，也許還是藝術發展過程中「自然選擇」的結果。杜甫稱「文章憎命達」（《天末懷李白》），既是對歷史經驗的概括，又得後世無數事例的驗證。究其原因，其一是藝術家在現實生活中不得志，轉而在藝術領域尋求自我實現，殫思竭慮，務求精工。否則，即使是很有才華的藝術家，若心纏於幾務，或沉溺於宴樂，便無暇或無

26　濱田正秀《文藝學概論》第96頁，中國戲劇出版社1985年版。

意於創作精品。其二，感受痛苦能使人深沉。史達爾夫人認為，「和人心的其他任何氣質比起來，憂傷對人的性格和命運的影響要深刻得多。」[27]憂傷是輕薄之敵。它迫使人收心凝慮，探尋生活奧秘，追問人生意義。李煜被俘北上後詞風為之一變，實非偶然。其三，悲憤之情具有強烈的藝術感染力。這既由於人生常有痛苦伴隨，所以它易於引起普遍共鳴；又由於它必出於誠，因而能激起欣賞者心靈深處的感動。「為賦新詞強說愁」固然是幼稚之舉，但也說明人們已普遍意識到悲情愁緒的感染力。

三、審美指歸於樂情

藝術活動往往化痛苦為歡樂，這種普遍現象表明，審美指歸於「樂」。

「樂」本是人類的基本情緒形式之一，由於它是個體進入審美人生境界的心理體驗，因此又被看作是含有豐富而鮮活的內容的情感，這種情感實即嚴格意義上的審美（優美）感。中國哲學具有較濃的審美意味。先秦儒家主要從人的現實的社會化生存出發，把樂看作是個體人格自由、和諧的心靈體驗，因而肯定它也促進個體與群體的和諧。孔子自我描述說：「其為人也，發憤忘食，樂以忘憂，不知老之將至」（《論語》〈述而〉）；他稱讚顏回生活在窮陋之所：「人也不堪其憂，回也不改其樂。」（《論語》〈雍也〉）後世學人常以這種「孔顏樂處」為人生的境界。孟子著眼於兼濟天下，便要求「與百姓同樂」，「樂民之樂」；若著眼於獨善其身，又肯定「反身而誠，樂莫大焉」，因為是此則「上下與天地同流」（《孟子》〈盡心上〉）。道家更多從擺脫現實的社會化生存的羈絆出發，將「樂」看作是人的精神進入形而上的境界，

27　《西方文論選》下卷，第125頁，上海譯文出版社1979年版。

亦即「與天和」時的體驗。莊子學派崇尚「至樂」，在他們看來，人若能離形、去知，精神就會同於大通；天地有大美而不言，同於大通便可得「至美至樂」（《莊子》〈田子方〉）。莊學的這種「逍遙游」非常切合審美活動的特點，因而對我國中古和近古的藝術產生了深遠的影響。

　　一般說來，人生總是在現實與理想之間的徘徊中延續。儒、道兩家都高揚理想主義的旗幟，只是儒家較為關注現實罷了。魏晉以後，儒、道合流的趨向十分明顯。所以我國古代的知識階層，絕大多數兼備入世與出世的雙重人格。於是我們看到這樣的普遍情況：當立足於在現實中有所作為，他們是進亦憂，退亦憂，先天下之憂而憂；當精神退居自身，逍遙於理想的王國，他們則是窮亦樂，通亦樂，無往而不自得其樂。這兩重人格面看似矛盾，其實形成良好的互補。它自然反映於藝術活動中。如自居易，當他志在兼濟時而有諷喻詩，側重於對現實作審美批判，其主調是憂，「但傷民病痛，不識時忌諱」（《傷唐衢》）；當他行在獨善時而有閒適詩，側重於表達自己的情趣、追求，其主調是樂，正所謂「轉得憂人作樂人」（《詠家醞十韻》）。

　　如果兼濟天下是指致力於社會現實的改造，那麼審美活動只能算是獨善其身的活動；儘管如此，由於它促進每一個社會成員獨善其身，因此也必有益於天下。宋代邵雍一輩子對做官不感興趣，甘願過清貧的日子，自得其樂。他是哲學家，又是詩人，哲學與詩歌便是其精神家園。他自號「安樂先生」，自名居處為「安樂窩」，並在晚年自我描述道：

　　風月情懷，江湖性氣。……無賤無貧，無富無貴。無將無迎，無拘無忌。……樂見善人，樂聞善事。樂道善言，樂行善意。……不出

戶庭，直際天地。(《安樂吟》)

　　毋庸置疑，這是執著追求人生的藝術化，所以程顥稱其為「風流人豪」。

　　審美活動之所以指歸於樂情，在於「樂」是人類心靈的和諧狀態，且具有豐富性與深刻性。

　　首先，「樂」是一種恬靜的、中和性的情感體驗。在上古時代，樂曲的調子一般是平和的，阮籍以之為根據，故明確反對「以悲為樂」(〈樂論〉)。也正因為如此，作為藝術形式的音樂與情緒形式的快樂有著天然的對應關係。我們知道，〈樂記〉提出了「樂由中出」的著名命題，其「中」一般地說是指人的內心，確切些說當是指「中和」狀態的心靈，即所謂「樂心」，該書明確肯定，樂是「天地之命，中和之紀」，故為「人情之所不免」(〈樂化篇〉)。樂處心情之「中」，因而具有恬靜、和諧的特點。《呂氏春秋》直接寫道：「心必和平然後樂。」(〈適音〉)自居易在詩中多次描述與音樂演奏相伴生的樂情的特點，如「清泠由木性，恬淡隨人心」(《清夜琴興》)；「入耳淡無味，愜意潛有情」(《夜琴》)；「情暢堪銷疾，恬和好蒙養」(《好聽琴》)；等等。

　　其次，「樂」是豐富的、超越性的生存體驗。人們普遍追求生存之樂，古今中外概莫能外。當人們的視界從謀生轉向樂生，實際上就是從日常的實用考慮轉向審美追求。由於時境不同，人們樂生的境界不盡一致，主要有以下幾種情形。一是所謂「知足常樂」。這種態度本不可取，不過也可能含有審美意味。自居易《序洛詩》寫道：「斯樂也，實本之於省份知足，濟之以家給身閒，文之以觴詠絃歌，飾之以山水風月。此而不適，何往而適哉？」二是安貧樂道。「孔顏樂處」當是此之謂。人們不計較物質生活境況的艱難困苦，內心世界充盈著持善之

樂。劉禹錫在《陋室銘》中表述了相似的生活態度，只是道德色彩要淡薄一些。三是憧憬樂土。《詩經》〈碩鼠〉反映了勞動人民對社會現實的不滿和對美好生活的憧憬，唱出「誓將去女，適彼樂土。樂土樂土，爰得我所」的心願。陶淵明描繪的世外桃源也屬於這一類，那裡無論老人還是小孩，「並怡然自樂」（《桃花源記》）。「樂土」是一種典型的審美烏托邦。

再次，「樂」是一種深沉的、本體性的生命體驗。在各類藝術形式中，音樂以其意蘊的深刻性和審美的純粹性而為人們所推崇。柏拉圖認為它有力量浸入心靈最深處，貝多芬稱音樂富有比哲學更高的啟示。由此我們不難理解，孔子聽了「盡善盡美」的《韶》樂，為何「三月不知肉味」；他所講的「興於《詩》，立於禮，成於樂」（《論語》〈泰伯〉），可以看作是個體修身的三部曲，「成於樂」實即達到「樂」（lè）的境界。心學大師王陽明甚至提出「樂是心之本體」，有人對此不解，詢問說：「不知遇大故、於哀哭時，此樂還在否？」他答道：「須是大哭一番了方樂，不哭便不樂矣。雖哭，此心安處，即是樂也，本體未嘗有動。」（《傳習錄》下）其意是說，「樂」既是心靈之本然，也是心靈之應然。[28]無怪乎陶淵明醉心於一天人的生命體驗而獨取樂，他吟詠道：「縱浪大化中，不喜亦不懼」（《神釋》）；「俯仰終宇宙，不樂復何如？」（《讀山海經》）

常見一種觀點，以為悲總是比樂深沉，其實不然。悲固然超越感

28　王陽明常從不同角度運用「本體」一詞，但都是指稱一種本原性質的存在，指稱人的活動的深層根據，如說「至善是心之本體」「知（當是指良知——引者注）是心之本體」「定者心之本體」（《傳習錄》上）等等。他稱「樂是心之本體」，明確肯定此為「心之安處」，當是指人類心靈深層本然或應然的狀態，這種狀態顯示人的「本心」的「中和」性質。

官之樂，甚至往往超越理義之樂，卻不可能超越一天人的本體之樂。試想，如果沒有對樂的更潛在的執著追求，沒有參照系統，哪有可能產生悲？樂才是人心所向，悲則是人們基於對樂的追求而滋生的─當人們孜孜於追求理想的生存境界，反觀現實便不能不悲從中來。悲固然可使人趨於深刻，但也容易使人感到靈魂漂泊無寄；只有體驗到更深層次的樂，人生才有寄託。審美活動指向心靈的和諧、生存的自由和生命的圓滿，也就是指向理想、指向「樂」的境界。[29]

29　請參閱拙作《樂：中國美學的重要範疇》，載《江西師範大學學報》2001年第3期。

下編

理

第一章

「理」範疇的歷史演變

第一節　初步展開──先秦時期

　　「理」，《說文解字》釋為「治玉也。從玉裡聲」。上古時人們將未經人工雕琢的玉石稱為璞，按玉石的天然紋理而治之，即是「理」。所以，「理」既含事物固有的形式之義，又含賦予事物以有序的形式之義。

　　先秦典籍中，《詩經》已出現「理」字，如〈小雅〉〈信南山〉之一：「信彼南山，維禹甸之。畇畇原隰，曾孫田之。我疆我理，東南其畝。」不難見出，此處「理」與「甸」「田」接近，是治理土地，使之有序的意思。不過，《論語》與《老子》中均無「理」字，人們將它提升為哲學概念，當是在戰國時期。

　　一、墨派：確立名理之「理」

　　《墨子》一書，可分為「經說」「論說」「墨語」「戰備」四個部分：「經說」部分集中表述了墨子學派的學術思想，它所建立的邏輯體系，可與古希臘的邏輯學、古印度的因明學鼎足而三；「論說」部分系統表達墨派的政治觀點；「墨語」記錄墨子與當時人論辯時的言行；「戰備」敘述墨子運用科學技術於軍事防禦中的情形。四者儘管存在或偏重理性或偏重經驗的差異，但都體現了這一學派尚同、尚用的特點。

　　「理」在《墨子》中凡十二見，除「論說」部分的〈節葬下〉〈非儒下〉運用三次外，其他全在「經說」部分中。這表明，墨子學派主要是從講求邏輯關係的有序來把握「理」。例如：

　　觀「為，窮知而縣於欲」之理。（《墨子》〈經說上〉）

　　「為」的定義本身是「窮知而縣於欲」，此處是說要考察這一道理。將「理」作為「觀」的對象，屬於認識論與邏輯學的概念，與「治理」已顯然不同。在《墨子》〈經說上〉中墨家有更明確的表述，該篇開首寫道：

　　夫辯者，將以明是非之分，審治亂之紀，明同異之處，察名實之理，處利害，決嫌疑。……以名舉實，以辭抒意，以說出故。以類取，以類予。

　　「名」與「實」是邏輯學的一對基本範疇，大致相當於「概念」與「事實」，「察名實之理」意謂審視「名」與「實」的邏輯關係。這段話集中表述了墨派的邏輯觀點，以現代眼光看，全是在講「理」，所謂「辯者」辯理是也。正因為如此，先人曾稱邏輯學為「名理」或論理

學。

　　完全可以說，在《墨子》中，「理」已被理解為事物的法則或人衡量是非的尺度。〈經說下〉論「誹」云：

> 以理之可誹，雖多誹，其誹是也；其理不可非，雖少誹，非也。今也謂多誹者不可，是猶以長論短。

　　批評本身是否適當，不是看它多與少，而應看它是否依據理、占有理。這是就最一般的意義說的；切就衡量具體的事物而言，「理」仍是其準則。《墨子》〈所染〉篇認為，君主只有依理而行才能地位安穩，官員也只有依理而處才能身安名榮。《墨子》〈非儒〉中又提出「取捨、是非之理」，實際上是指社會道德準則。

　　墨子學派對「理」的把握奠定了後世相關觀念的基礎。名理之「理」具有普遍意義，就其作為法則、尺度而言，既可向人倫方面引申，又可以向自然方面生發。

　　二、孟子：注重人倫之「理」

　　先秦儒家從宇宙學哲學角度運用這一概念，當以《易傳》為代表。〈繫辭上〉稱，「仰以觀於天文，俯以察於地理」，天象謂之天文，地形謂之地理，「理」表示一種外在的有序的形式。之所以作「有序」的規定，是因為《周易》全書都強調偶然性中包含必然性，外在的形貌當看作是內在法則的表現。〈繫辭上〉又寫道：「乾以易知，坤以簡能。……易、簡，而天下之理得矣；天下之理得，而成位乎其中矣。」人們常將這段話的「易」「簡」直解為簡易，也許並不確切。「易」雖含有簡易之義，此處更強調變易，這是乾的特性，決定著「可久」；「簡」則強調簡化易從，使變易不居的成為相對靜止的，這是坤的特性，連

繫著「可大」。如果可以作這樣的理解，那麼一方面是變易，一方面是簡化，二者結合正是把握天下之理的關鍵。

儒家極為關注社會倫理關係的有序問題。孔子從治國著眼，要求「君君，臣臣，父父，子子」（《論語》〈顏淵〉）；從修身出發，則要求個體「克己復禮」（《論語》〈顏淵〉）。禮在於明分，是要使人倫關係規範化、秩序化。這種取向潛在地決定了儒家學派必須將宇宙學的「理」轉化為人類學的「理」。雖然這一轉化在墨子學派中已見端倪，但至孟子則更推進一層。

孟子也在已經通用的意義上言「理」，即作為「條理」解。他在列舉了伯夷、伊尹等有德名者後寫道：

> 孔子之謂集大成。集大成也者，金聲而玉振之也。金聲也者，始條理也；玉振也者，終條理也。始條理者，智之事也；終條理者，聖之事也。（《孟子》〈萬章下〉）

「金聲」是樂章的開頭，「玉振」是樂章的終結，「條理」是指曲調的節奏、韻律。自始至終，眾音和諧有序地結為一體，因而是「集大成」。

孟子的新拓展在於將人的「性」與「理」連繫起來，成為後世廣泛沿用的「性理」。這表現於《孟子》〈告子上〉的一段論述中：

> 口之於味也，有同耆焉；耳之於聲也，有同聽也；目之於色也，有同美焉。至於心，獨無所同然乎？心之所同然者何也？謂理也，義也。聖人先得我心之所同然耳。故理義之悅我心，猶芻豢之悅我口。

這裡所謂的「理」有幾點值得注意：首先，它是人倫之「理」，可以「理義」合用，更具體一些說，它還兼指仁、義、禮、智或仁、義、忠、信。其次，它是普遍的，為人類心靈「之所同然者」。其三，它是任何個體先天具有的，非由外鑠，故可以稱之為「天爵」。其四，它能使心靈和諧恬適（即悅），如果不放失本心且加以培養的話。

孟子的這一拓展給我國道德哲學帶來深遠的影響，就是在審美與藝術研究中，人們也常常以之為考察問題的重要的一維。

三、莊學：突出自然之「理」

莊子學派注意到人倫之「理」，大約當時這樣的用法已較普遍。《莊子》〈天下〉篇將人分為「天人」「神人」「至人」「聖人」「君子」「百官」「民」七個層次，認為其中的「君子」層次是「以仁為恩，以義為理，以禮為行，以樂為和，薰然慈仁」；又稱「民之理」是「以事為常，以衣食為主」，等。

不過，他們尚天然而薄人事，因而除個別場合言及人倫之「理」外，其餘三十多處講的都是自然之「理」。在天人關係上，《莊子》的基本觀點是「循天之理」：

依乎天理，批大郤，導大窾，因其固然。（《莊子》〈養生主〉）

夫至樂者，先應之以人事，順之以天理，行之以五德，應之以自然，然後調理四時，太和萬物。（《莊子》〈天運〉）

去知與故，循天之理。故無天災，無物累，無人非，無鬼責。其生若浮，其死若休。（《莊子》〈刻意〉）

　　自然之理就是天理，是事物之固然，即客觀存在的法則。在這一學派看來，遵循天理便能獲得自由、和諧，甚至超越生死。

　　莊學最崇尚「道」或「天道」，「理」與「道」是什麼關係？「理」不同於「道」之處何在？粗略一點看，二者是一體的：「夫德，和也；道，理也。」（《莊子》〈繕性〉）但若仔細分辨，二者還是存在某些區別：

　　道無終始，物有死生，不恃其成。……消息盈虛，終則有始。是所以語大義之方，論萬物之理也。（《莊子》〈秋水〉）

　　天地有大美而不言，四時有明法而不議，萬物有成理而不說。聖人者，原天地之美，而達萬物之理。（《莊子》〈知北遊〉）

　　萬物殊理，道無私，故無名。無名故無為，無為而無不為。（《莊子》〈則陽〉）

　　這些論述告訴我們，「道」特別指宇宙大道，它宏大無私，不囿於物之一曲；「理」，主要指萬物之理，萬物必有理，但萬物各殊理。「道」是一，是絕對的宇宙理念；「理」為多，是相對的事物法則。「道」不可言，「理」則有可能加以言說。當然，「理」畢竟是「道」在具體事物中的體現，因此也是事物的本根。

　　由此可見，經莊子學派的闡發，「理」的涵義與特點更加明晰了。宋人拈出「天理」一詞，以及對「道」與「理」的比較研究等，都可以從《莊子》中找到淵源。

四、管子、荀子與韓非子：兼及倫理與物理

墨派確立起名理之「理」，孟子從人倫之「理」方面加以拓展，莊學又進而突出強調自然萬物之「理」，「理」的基本內涵至此已經形成。後世學者管子、荀子、韓非子等的論述，多是在此基礎上尋求綜合或深化。

《管子》一書，各篇目寫成年代不一，其中〈心術上〉的作者表達對「理」的認識，頗有獨到之處。管子寫道：

> 故道之與德無間，故言之者不別也。間之理者，謂其所以舍也。義者，謂各處其宜也。禮者，因人之情，緣義之理。而為之節文者也。故禮者，謂有理也；理也者，明分而諭義之意也。故禮出乎義，義出乎理，理因乎宜者也。（《管子》〈心術上〉）

這裡將道家思想與儒家思想連繫起來，將「理」看作是「道」與「德」的具體體現，並以「理」為禮的深層依據，實屬難能可貴。

《荀子》中「理」字出現一百多次，頻率甚高，並且提出了「道理」「事理」「物理」「義理」「文理」諸概念。荀子將「理」作為人認識的對象，《荀子》〈解蔽〉篇的主旨就是要求去蔽明理，所以開首就寫道：「凡人之患，蔽於一曲，而暗於大理。」為克服蔽於一曲，作者提倡「虛壹而靜」，因為是此才「大清明」：「萬物莫形而不見，莫見而不論，莫論而失位。坐於室而觀四海，處於今而論久遠……經緯天地而材官萬物，制割大理，而宇宙理矣。」「大理」是宇宙萬物之理。而所謂的「文理」則大致相當於「文化」，是指社會有則有序，主要出現在〈禮論〉與〈性惡〉兩篇中。如〈禮論〉認為，「性者，本始材朴也；偽者，文理隆盛也。」〈性惡〉以分財產為例稱：「且順情性，好利而欲得，若是則兄弟相拂奪矣；且化禮義之文，若是則讓乎國人矣。」在荀子

看來，「文理」的基本內容是禮義，通過禮義的教化，野蠻人方能成為文明人。

　　道家重自然萬物之理，是要求不以人滅天，法家重自然萬物之理，則著眼於為施行冷酷的「法」「術」「勢」找到依據。由此我們容易理解，繼有法家傾向的管子學派和荀子之後，法家最有代表性的思想家韓非子也非常重視理的研究，並且作了比前人更為具體的論述。他說：

　　道者，萬物之所然也，萬理之所稽也。理者，成物之文也；道者，萬物之所以成也。故曰：道，理之者也。物有理，不可以相薄。物有理不可以相薄，故理之為物之制，萬物各異理。（《韓非子》〈解老〉）

　　莊子學派已將「道」與「理」連繫起來，但是韓非子的表述更集中、更明確。「理」是「道」的具體體現，作為「成物之文」，是事物外部形式的條理；所謂「為物之制」，則是事物內在的法則。專心一意要求社會事物有條理、合法則，正好符合他「以道為常。以法為本」（《韓非子》〈飾邪〉）的基本政治思想。

第二節　繼續深化──漢魏至唐

　　先秦各家論「理」，從不同角度切入，觀點都有存在的理由。他們已經分別論及文理與名理、物理與倫理，幾乎拓展出「理」，範疇的全部外延。後世學者無論是從廣闊的哲學視界，還是從相對獨特的美學視界論「理」，均當溯源於此。不過，先秦思想家畢竟屬於拓荒者，這

一研究領域有待後世繼續耕耘。其中第一階段是漢魏至唐。

比較而言，有漢幾百年，對「理」的研究沒有多少實質上的建樹；魏晉玄學家和唐初佛家以其擅長思辨而在這一領域分別收穫了智慧的果實。

一、漢儒的一般闡釋

在漢代思想家中，要算董仲舒對「理」範疇的論述最有特色，也最有影響。

董仲舒要求名與實相符，《春秋繁露》指出：「《春秋》別物之理，以正其名，名物必各因其真。真其義也，真其情也，乃以為名。」（〈實性〉）作為官方思想家，他自然最為看重人倫之理，並且認為這理是恆定的：「新王改制者，非改其道，非變其理。」（〈楚莊王〉）不過，他認為「人理」副「天道」「治世與美歲同數，亂世與惡歲同數」（〈王道通三〉）；「人之德行，化天理而義」（〈為人者天〉）。天道與天理，大要為陰、陽兩端，由此決定著人事：「陰、陽，理人之法也。陰，刑氣也；陽，德氣也」。更具體一點說，既然「天地之理」分一歲而變之為四時，那麼它也制約著人倫秩序：「故四時之行，父子之道也；天地之志，君臣之義也」（〈王道通三〉），甚至人生的喜、怒、哀、樂也取化於四時。這種濃重的天人間「神祕互滲」的觀念使他的觀點頗具特色。

儘管在今天看來，「天人相副」觀念帶有曖昧性質，可是在漢代卻是很流行的。東漢官修的《白虎通義》，將董仲舒所謂的別物正名之理確定為三綱（君臣、父子、夫婦）、六紀（諸父、兄弟、族人、諸舅、師長、朋友）：「何謂綱紀？綱者張也，紀者理也；大者為綱，小者為紀，所以張理上下，整齊人道也。」無論是綱還是紀，其實都是整齊人道之「理」。這部集中當時學術界普遍意見的著作還認為：「三綱法天、

地、人，六紀法六合。」如此看來，維護既有的統治秩序便是「循天之理」，替天行道。

「天人感應」觀念受到王充的駁難。王充也兼顧「理」的兩個基本方面：所謂的「義理」「倫理」是指人倫之理，他認為人與動物的區別即在於此，「禽獸之性，則亂不知倫理」（《論衡》〈龍虛〉）；所謂「實理」「事理」則指自然之理，他主張以陰陽二氣的互相作用來解釋自然的變化，將自然與人事分開，自然現象遵循物氣之理，「繫於天地而統於陰陽，人事國政，安能動之？」（《論衡》〈變動〉）王充堅持獨立思考，成就了他的思想家的地位；但由於身分卑微，觀點在當時並沒有很大影響。我國現代學界多將王充奉為唯物主義者，其實稱之為經驗主義者也許更合適些。他雖然從經驗角度批駁一度盛行的讖緯迷信，但自己也相信骨相、宿命之類；他的學術批判其實是很有限度的，往往談自然而尊黃老，論人事則歸孔門。

二、玄學的深入幽遠

漢魏之際，「理」的運用更加廣泛，為玄學家深入幽遠創造了條件。三國時劉劭撰《人物誌》，將「理」分為四類：

> 若夫天地氣化，盈虛損益，道之理也。法制正事，事之理也。禮教宜適，義之理也。人情樞機，情之理也。四理不同。

「天地氣化」是自然萬物的變化，「法制正事」是政治法律制度，「禮教宜適」是社會道德規範，「人情樞機」是心靈的情感律動，它們均存在內在法則或規律，且相互不同。四者的排列由外而內，由顯入微，覆蓋面甚為寬廣。

玄學家自然不願停留於這種形而下的分類，他們最感興趣的是探

索形上幽遠的存在。天才理論家王弼，在抽象玄奧的思辨王國中遨遊，彷彿閒庭信步。他認為，「理」是事物運動變化的根據：「夫識物之動，則其所以然之理，皆可知也。」（《周易注》）既是「所以然」，因而人們要想把握無窮多樣的事物及其無限繁雜的變化，就應該把握其中處於宗主地位的「理」：

> 物無妄然，必尤其理。統之有宗，會之有元，故繁而不亂，眾而不惑。故六爻相錯，可舉一以明也；剛柔相乘，可立主以定也。（《周易略例》）

任何事物的存在都受「理」的制約，把握了「理」，就能以簡馭繁，以一總萬。那麼怎樣把握「理」？這涉及名實問題：「夫不能辯名，則不可與言理；不能定名，則不可與論實也。……校實定名以觀絕聖，可無惑矣。」（《老子指略》）

我們容易看到，王弼強調「舉一以明」「觀絕聖」等，表明他最重的是本根之理，即「至理」（《老子指略》）。這與他提倡「崇本以舉其末」（《老子注》）是相貫通的。《老子注》中寫道：

> 下德求而得之，為而成之，則立善以治物，故德名有焉。求而得之，必有失焉；為而成之，必有敗焉；善名生，則有不善應焉。……凡不能無為而為之者，皆下德也，仁義禮節是也。

「下德」本來也是「理」，仁義禮節均屬「倫理」範疇，不過在王弼看來，都只能置於從屬於「至理」的地位，劃歸「舉其末」甚至「息末」之列。他對末端之理的相對性、侷限性的分析是很深刻的，但過

分推崇「至理」則不免多有偏頗。

王弼解《老子》，郭象注《莊子》，二者的思想傾向較為相似。郭象也崇尚「至理」，他說：

夫理有至極，外內相冥，未有極游外之致而不冥於內者也，未有能冥於內而不游於外者也。（《莊子注》〈大宗師〉）

按莊子學派的觀點，儒家是遊方之內者，道家是遊方之外者，「方」為世俗之意。郭象如大多數玄學家一樣，儒、道兼綜；不同於王弼的是，在他看來，理之至極處，方外、方內是可以、也應該冥合而渾為一體的。他還指出過：「任理之必然者，中庸之符全矣，斯接物之至也。」（《莊子注》〈人間世〉）既采道家思想，又取儒家尺度。

王弼釋「理」為物之「所以然」，郭象進而稱之為「必然」，這是對「理」的本質揭示，在思想史上有重要意義。

三、佛學的：「理」「事」並提

佛學本質上是心學，因為「佛」的意思就是「覺」或「覺者」，佛教的一切修行歸根到底是為了「覺悟」。從這種意義上說，某些派別提出的「即心即佛」應是佛學的基本理論綱領之一。由此我們不難理解，佛家所謂的「理」與「事」均是從心靈著眼的。

討論「理」與「事」最多的是出現於唐代的華嚴宗。它可能是中國佛學理論的思辨水平最高的一個派別。其主要代表法藏以鎮殿的金獅子為例，說明「理」與「事」皆本於心：

金與獅子，或隱或顯，或一或多；各無自性。由心回轉。說事說理，有成有立，名唯心回轉善成門。（《華嚴金師子章》）

「金」比喻存在的本體，是「理」，「獅子」比喻存在的現象，是「事」；理隱而事顯，理一而事多；這是就「理」與「事」的關係而言。如果就性質說，則「金」與「獅子」各無自性，皆在人的一念中生滅，因此是由心回轉。

華嚴宗認為「理」與「事」的關係是「體」與「用」的關係。就其邏輯上的分立而言，「事者心緣色礙者」，是呈現於心的現象；「理者平等真如」，是存在於心的本體。但是從實際情況看，「事」依「理」而存在，「理」借「事」而呈現，二者相即相融：

事雖宛然，恆無所有，是故用即體也，如會百川以歸於海；理雖一味，恆自隨緣，是故體即用也，如舉大海以明百川。（《華嚴經義海百門》）

他們稱「法界」有四相：作為現象呈現的「事法界」，作為本體存在的「理法界」，現象與本體圓融的「理事無礙法界」，和現象與現象圓融的大和諧的「事事無礙法界」。在「理事無礙法界」中，「一即一切」，如一月印萬川，「一切即一」，如千井共一月。當事事無礙時，一滴海水具足百川之味，一顆網珠映出帝網重重。法藏仍以金獅子為例形象說明十玄無礙，描述其中第七玄門時寫道：

師子眼耳支節，一一毛處，各有金師子；一一毛處師子，同時頓入一毛中。一一毛中，皆有無邊師子；又復一一毛，帶此無邊師子，還入一毛中。如是重重無盡，猶天帝網珠，名因陀羅網境界門。（《華嚴金師子章》）

　　華嚴宗的「理事」說儘管帶有濃重的神祕色彩，卻又具有豐富的審美意味，它所描述的圓融無礙的「法界」同時也是人生的審美境界。這對後世的哲學研究和藝術批評都產生了重要影響。

第三節　地位攀升——宋至清初

　　魏晉玄學和唐代佛學都注目於超驗的本體之「理」，這種「理」是「一」，甚至可以看作是「道」或「真如」的別名，其實是超越知性，難以言說的。然而，在實際生活和文化建設中，人們更需要把握具體事物的結構法則和發展規律，這種相對的、有侷限性的「理」是「多」，它是人類知性把握的領域，已為魏晉以前的思想界所關注。如何從「一」與「多」、形而上與形而下兩方面闡釋理，是擺在宋明時期思想界面前的重大任務。

　　這一任務是非常棘手的。我們知道，康德將主體面前的世界劃分為「現象界」和「物自體」，認為人類的知性只適宜於認識「現象界」，人類的理性則要求把握「物自體」；至今西方思想界仍普遍贊同將知識與信仰區分開來。由此可見，將「現象界」的「理」（「多」——知識領域）與本體地位的「理」（「一」——信仰領域）如何統一起來，屬於世界性的難題。我們不能指望宋明理學家一勞永逸地予以解決，而是需要對他們的努力和未能達到真正突破表示理解。

一、理學的興起

　　儒家學說面臨著道家和佛家的挑戰，需要充實和調整，唐代韓愈的「道」論與柳宗元的「氣」論開啟了新一輪的對天地萬物之源的探究。

　　宋代理學的開山人物周敦頤通過描述「太極圖」，展示了較之前人

更為明確、更為細密的宇宙生成論，從「無極而太極」的最高本體到「萬物化生」的形而下領域之間的矛盾演化見諸直觀的圖示。他解釋道：「五行一陰陽也，陰陽一太極也，太極本無極也。」（《太極圖說》）按朱熹的解釋，「太極」指「理」，「無極」是表示「理」無形跡。這是本根之「理」。周敦頤也言及「現象界」的「理」，如說：「禮，理也；樂，和也。陰陽理而後和。」（《通書》〈禮樂〉）

邵雍同樣非常重視《周易》的研究，並在此基礎上發展了「象數學」。所謂「先天象數」即先驗之「理」。在他看來，天下之物莫不有「理」，「理」是物的靈動根據，物是「理」的堅硬外殼，所以觀物識理是關鍵。但「觀物」並非指觀察外物，而是要觀照內心，「理」只能在心靈中呈現。用他自己的話說：「先天之學，心法也，故圖皆自中起，萬化萬事生乎心也。圖雖無文……天地萬物之理盡在其中矣。」（〈觀物外篇〉）由此我們不難理解，他提倡的「以物觀物」的方法是：「非觀之以目而觀之以心也，非觀之以心而觀之以理也。」（〈觀物內篇〉）

研《易》以期窮理，是前期理學家的共同特點，不過對於怎樣窮理，他們又有某些分歧。張載認為：「理不在人而在物，人但物中之一物耳，如此見之方均。」（《語錄》）這一觀點與他堅持「氣本」論的立場是一致的。「理」為「氣」之理，不過到底很重要：「天地之氣，雖聚散、攻取百涂，然其為理也順而不妄。」（《正蒙》〈太和〉）所以他以「窮理」為人生的意義所在：

萬物皆有理，若不知窮理，如夢過一生。釋氏便不窮理，皆以為見病所致。莊生盡能明理，反至窮極亦以為夢……蓋不知《易》之窮理也。（《語錄》）

　　這段話推《周易》為「窮理」之典範，本無可指責；但否定佛家「窮理」，大約是因其不重格物之故，而莊子其實也不重格物，不知為何「盡能明理」？類似的自相矛盾還見於張載的其他著述中。如他一方面說，「窮理亦當有漸，見物多，窮理多，如此可盡物之性。」（《語錄》）另一方面又斷言：「世人之心，止於聞見之狹。聖人盡性，不以見聞梏其心，其視天下無一物非我。……見聞之知，乃物交而知，非德性所知；德性所知，不萌於見聞。」（《正蒙》〈大心〉）前者講見物多方可盡物之性，後者認為盡物之性乃德性所知，與見聞無涉。這樣的相左反映出統一解釋「現象界」之「理」與本體之「理」的困難，也反映出論者將物之所以然與人之所當然混為一談而未理出頭緒。

二、程頤、程顥的推崇

　　程頤、程顥曾從周敦頤問學，又與邵雍、張載交往甚密。「理」範疇至他們被推到哲學體系的極頂位置。程顥曾說：「吾學雖有所受，『天理』二字卻是自家體貼出來。」（《外書》卷十二）我們知道，莊子學派已提出「天理」概念，程顥所言，是表明自己獨以「天理」為萬事萬物的根本。在他看來，「天者，理也，妙萬物而為言者也」（《遺書》卷十一）。人們可以從不同角度描述它，「其體則謂之易，其理則謂之道，其用則謂之神，其命於人則謂之性」（《遺書》卷一）。程頤否認有張載所謂的「太虛」，指「虛」曰：「皆是理，安得謂之虛？天下無實於理者。」（《遺書》卷三）這是不折不扣的「理」一元論。

　　從現象上看，「物之不齊，物之情也」，萬物各得其理；從本質上看，天下萬事萬物不過一理。所以程頤非常欣賞張載的《西銘》，並提煉出「理一分殊」的著名命題：

　　《西銘》明理一而分殊，墨氏則二本而無分。分殊之蔽，私勝而失

仁；無分之罪，兼愛而無義。分立而推理一，以止私勝之流，仁之方
也；無別而述兼愛，至於無父之極，義之賊也。（《答楊時論西銘書》）

這是就人倫秩序而言，如果不堅持「理一」，社會縱容私心，便失
去仁愛；若是不考慮「分殊」，則愛無等差，親疏無別，也不能合道
（義）。因此應該兼顧兩個方面。所謂「一」與「殊」，其實都是理。就
「理」與「事」而言，程頤認為二者雖為表裡，但是不可拆分；「至顯
者，莫如事；至微者，莫如理。而事理一致，顯微一源」（《遺書》卷
十八）。

程顥關於「理」也能作辯證分析。他指出：「天地萬物之理，無獨
必有對，皆自然而然，非有安排也。」「獨陰不生，獨陽不生」（《遺
書》卷十一），因此應當取「中庸」。不過，這用來解釋自然事物是適
當的，解釋社會事物卻可能帶來麻煩。既然「萬物莫不有對，一陰一
陽，一善一惡，陽長則陰消，善增則惡減」，那麼，人們揚善去惡的過
程就會破壞中庸破壞「中之理至」（《遺書》卷十一），不免有偏。

與善惡的評價連繫密切的是「理」「欲」之辨。二程主張「存天
理，滅人欲」，其理由是：

人心，私慾也，危而不安；道心，天理也，微而難得，惟其如
是，所以貴於精一也。精之一之，然後能執其中，中者極致之謂也。
（《粹言》卷二）

將《尚書》〈大禹謨〉中的「人心」與「道心」之分等同於「私慾」
與「天理」，不免簡單化了些，後來朱熹、王夫之等都有異議。不過，
自二程之後，「理」「欲」之辨成為後世有關道德理論的核心議題之一。

如何認識「理」？程顥取《中庸》一路，強調「誠」「敬」，超越知性把握：「『窮理盡性以致於命』，三事一時並了，元無次序，不可將窮理作知之事。」（《遺書》卷二上）既然如程頤所說，「在天為命，在義為理，在人為性，主於身為心，其實一也」，那麼這種看法是有道理的；只是對「一本」之理可以如此體認，對「分殊」之理則很難適用。比較而言，程頤更取《大學》的觀點，強調說：「明善在乎格物窮理。窮至於物理，則漸久之後，天下之物，皆能窮，只是一理。」（《遺書》卷十五）從認識事物之所以然著眼，格物窮理是完全必要的，可是落實於分辨人的言行之所當然，這種方法便不得要領。

程顥講求從心裡面出來，程頤更看重從外物進入，兩兄弟治學的差異本不太大，但是到了朱熹與陸九淵時代，竟分化為兩大學派。

三、朱熹的集釋

朱子歷來被看作是宋代理學的集大成者，這源自他對前輩學說採取兼容并包的立場。對於學生讀前輩著述所遇到的問題，朱熹一般取肯定態度加以闡釋；就他本人的興趣而言，對宇宙論和人生論，形而上領域和「現象界」都有寬廣活潑的情懷。廣闊的包容性有時與理論的徹底性相左，難以得兼，這種狀況也不免反映於他的學說中。

對於「理」的本根地位，朱熹完全繼承了二程的觀點，且闡釋更全面。如他在《讀大紀》中寫道：

> 宇宙之間一理而已，天得之而為天，地得之而為地，而凡生於天地之間者，又各得之以為性，其張之為三綱，其紀之為五常，蓋皆此理之流行，無所適而不在。

「一理」可以看作是「太極」，它發育流行而為天地自然之「理」

和人倫綱常之「理」，無所不在，「人人有一太極，物物有一太極」（朱熹《語類》卷六五）。

既如此，「理」與「氣」的關係如何？朱熹認為天下沒有無「理」之「氣」，也沒有無「氣」之「理」；但是「理」在邏輯上居先：

此本無先後之可言，然必欲推其所從來，則須說先有是理。然理又非別為一物，即存乎是氣之中。（《語類》卷一）

「理」與「氣」互相依存，只是「理」更帶有基礎性質。

「理」與「氣」結合，發育流行出天地萬物；萬物各有不同，這就涉及到「理」有層級之分，朱熹已意識到這一點。他說：

太極，形而上之道也；陰陽，形而下之器也。是以自其著者而觀之，則動靜不同時，陰陽不同位，而太極無不在焉。自其微者而觀之，則沖穆無朕，而動靜陰陽之理，已悉具於其中矣。（《太極圖說解》）。

「微者」是「太極」，是「至理」；「著者」是器物。從具體器物著眼，動靜不同時，陰陽不同位，則是「理」有不同，互有不同的「理」或許可稱之為「分理」。照此看來，這段話表述了「理一分殊」的道理。

既注重於「至理」，又注意到「分理」，於是造成朱熹在認識論上的兩難境地：著眼於「至理」，他認為應該寂然不動，感而遂通，因為「心包萬理，萬理具於一心」（《語類》卷九）。這是立本的功夫，朱子

晚年尤為重視。[1]而著眼於「分理」，他又信奉「格物致知」，主張「今日格一物，明日格一物，正如攻圍拔守，人欲自消鑠去」（《語類》卷十二）。兼顧兩種方式本來是全面的，有可能對「倫理」與「物理」「至理」與「分理」作全面把握，但由於他將「格物致知」落實在窮「倫理」「至理」上，結果確有如陸九淵所指出的「支離」之弊。[2]

四、陸九淵、王陽明的體認

陸九淵與王陽明雖然為心學的代表人物，其實與程、朱一樣尚「理」。當代學界常有論者認為兩派存在重「理」或重「心」的不同，未必能精當地揭示二者的歧異。他們中誰都沒有將「心」與「理」分別置於一架天平的兩端以衡量孰輕孰重；而是一致認為，明理為人生的首務，且心具眾理。兩派的根本分歧與其說在世界觀上，不如說在方法論上。

所謂「心學」，其實是強調人們應該通過明「心」以明「理」，鄙薄向外求索。陸九淵曾感喟：

> 孔門唯顏、曾傳道，他未有聞。蓋顏、曾從裡面出來，他人外面入去。今所傳者，乃子夏、子張之徒，外入之學。曾子所傳，至孟子不復傳矣。（《陸九淵集》卷三十五）

「外人之學」是指程（頤）、朱之學，因為它注重「格物」以「窮

1　可參閱王陽明編《朱子晚年定論》。

2　理學家們對「理」的探究普遍落實於人倫方面。如陳淳《北溪字義》〈理〉概括道：「只是事物上一個當然之則便是理。『則』是準則、法則，有個確定不易底意。只是事物上正當合做處便是『當然』，即這恰好，無過些，亦無不及些，便是『則』。如為君止於仁，止仁便是為君當然之則……古人格物窮理，要就事物上窮個當然之則，亦不過只是窮到那合做處、恰好處而已。」

理」，而陸九淵認為，「窮理」在於發明本心。王陽明年輕時曾信奉朱熹的「格物」說，與一位姓錢的朋友相約「窮格」亭前竹子的道理，錢生「窮格」三日已支撐不住，王陽明堅持七天也終於病倒。後來才悟到「格物之功，只在身心上做」（《傳習錄》下）。

筆者管見，作為儒家內部分化出的兩個派別，視界上心學不及理學的廣闊、細密，立論上理學不及心學的徹底、純粹。

程、朱之學兼顧「倫理」與「物理」，因此有「至理」與「分理」的區別，這本是難能可貴的，可是他們將認識自然與道德立法混為一談，因而觀念駁雜，如朱熹認為「氣」是金、木、水、火，「理」是仁、義、禮、智；這樣的「理」與這樣的「氣」實難掛搭，格自然之物哪能致人倫之知？

心學克服了這種弊端，專一從「倫理」「至理」著眼。王陽明指出：

> ……不務去天理上著工夫，徒弊精竭力從冊子上鑽研，名物上考索，形跡上比擬，知識愈廣而人欲愈滋，人力愈多而天理愈蔽。（《傳習錄》上）

著眼於至精至一的「天理」，就須向心探求，因為人倫之「理」是人為自身立法，其根本在於「尊德性」而不是「道問學」。「尊德性」要求先立其大者，則其小者弗能奪，因而使工夫變得簡易，而「道問學」是從枝節開始，不免流於繁雜。這是陸子之學與朱子之學的基本分歧。陸九淵說：「看晦翁書，但見糊塗，沒理會。觀吾書，坦然明白。吾所明之理，乃天下之正理、常理、公理」（《陸九淵集》卷十五）。當然，單純「尊德性」會排斥知解力，作為一種理論學說很難有

嚴密而清晰的結構條理，更多要求接受者自己體味和感悟。

心學也可以看作是理學的一個分支。在理學思潮中，它不僅以較為徹底、純粹、簡易而見長，同時還蘊涵有個性獨立、「我」字大寫的精神，相對於程、朱之學是一種思想解放。特別是它高揚主體性的傾向，與審美與藝術活動尤為合拍。

五、王夫之的總結

理學發展到王夫之時代，各種基本問題幾乎都已得到討論，各家之說的長處和短處經過時間的洗禮也較為清楚地顯現，這些都為王夫之的批判性總結準備了條件。

宋後期程、朱理學盛行，延及明後期，王學左派試圖顛覆這種「正統」觀念，文化界一股浪漫主義洪流奔湧而出，重個性、重情感、重世俗成為一時所尚。如果站在傳統文化角度看，宋後期形成正題，明後期形成反題，那麼時代的發展呼喚思想界完成合題，繼續遵奉程、朱理學可能成為俗儒，發展李贄等一套觀點則不免為異端。王夫之的學說就是在這雙重繼承與雙重克服中建立起來的。

王夫之明確區分出兩個領域、兩個層次的理，他寫道：

凡言理者有二，一則天地萬物已然之條理，一則健順五常、天以命人而人受為性之至理。二者皆全乎天之事。（《讀四書大全說》卷五）

前者是自然之「理」，後者是人倫之「理」。前者是人的知解力所能把握的，用「條理」二字規定較為妥當；後者實為德性，稱之為「至理」也很合適。由於兼顧這兩個領域，兩個層次的理，所以他給出一個簡潔而明確的定義：「萬物皆有固然之用，萬事皆有當然之則，所謂

理也。」（《四書訓義》卷八）

　　可以肯定的是，王夫之雖然非常重視窮理，但不是「理一元」論者。「理一元」論者往往是決定論者，將世界看作彷彿是一架鐘，而實際上世界更可能是鐘與雲的統一，「理」與「非理」同時存在。王夫之對此有較為辯證的看法：

　　凡言理者，必有非理者為之對待，而後理之名以立。猶言道者必有非道者為之對待，而後道之名以定（道，路也。大地不盡皆路，其可行者則為路）。是動而固有其正之謂也，既有當然抑有所以然之謂也。（《讀四書大全說》卷十）

　　「道」或「理」都是指「動而固有其正」者，「既有當然抑有所以然」者；在此之外，還有「非道」「非理」者存在。在他看來，正像「道」不能離「器」一樣，「理」也不能離「氣」：

　　理只是以像二儀之妙，氣方是二氣之實。健者，氣之健也；順者，氣之順也。天人之蘊，一氣而已。從乎氣之善而謂之理，氣外更無虛託孤立之理也。（《讀四書大全說》卷十）

　　陰、陽或乾、坤的變化之妙是「理」，但其體現者是「氣」，沒有離「氣」之「理」獨立存在。不過我們未必能憑此斷定王夫之是「氣一元」論者，因為當從現實世界進行考察的時候，人們會普遍如此判斷，連莊子學派也講過「通天下一氣耳」。

　　關於「理」與「欲」的關係，王夫之顯示了遠較前人通脫的態度，他說：

　　聖人有欲，其欲即天之理。天無慾，其理即人之慾。學者有理有欲，理盡則合人之慾，欲推則合天之理。（《讀四書大全說》卷四）

　　程、朱認為「天理」與「人欲」是絕對對立的，王夫之所謂的「人之慾」雖然與程、朱所謂的「人欲」不盡同義，但如此解釋確實「不落俗儒」，多少有幾分異端性質，顯示出視界的近代性。

　　王夫之對「理一分殊」的理解也很有新意。他說：「『分』云者，理之分也。迨其分殊，而理豈復一哉！夫不復一，則成乎殊矣。」（《讀四書大全說》卷十）明確肯定了「理」有不同層級，且「至理」之外，「分理」各有不同。基於這樣的認識，格物致知的重要性就凸現了。他以為「格物」之功是心官與耳目均用，學問為主，「致知」之功則唯在心官，「思辨為主，而學問輔之」（《讀四書大全說》卷一），這近於現代所謂的感性認識與知性認識之分。對於「至理」，他又意識到了至誠感通的必要：「至誠體太虛至和之實理，與絪縕未分之道通一不二。」（《張子正蒙注》〈太和〉）只是他所謂的「至理」也好，「分理」也好，一般仍落實於倫理方面。

第二章

審美領域尚「理」傾向的得失

第一節　藝術發展中尚「理」傾向的反覆冒出

藝術主「情」，但並不排斥「理」。科學探究物理，道德確立倫理，哲學追求玄理，這些在審美和藝術活動中都有滲入，所以本章所謂「尚理」包括講究形式方面的法則、法度和內容方面的倫理與玄理。形式與內容兩方面的這種追求往往並不是疊合的，於是產生複雜的情形。

另一方面，藝術批評尚「理」與藝術創作尚「理」雖然常常互為因果，但二者有時並不平衡，這也帶來闡述的難度。本節主要以藝術創作的實際情形為依據，確定尚「理」傾向突出的年代，描述其有代表性的審美觀念，並適度跨出該時代以交代它的緣起。

一、晉代尚「玄」

王夫之曾指出：「詩人理語，惟西晉人為劇。」（《古詩評選》卷

二）大致反映了歷史事實。

　　晉人尚「理」，源於玄學的興盛以及當時政治統治的黑暗，這是其最為獨特之處。

　　我們知道，漢代批評家的尚「理」傾向已很突出。《詩大序》的作者提出詩歌要「發乎情，止乎禮義」，「禮義」即是「理」。《白虎通義》的作者甚至定義說：「琴者禁也。禁人邪惡，歸於正道，故謂之琴。「正道」也好，「禮義」也好，都是堅持以社會倫理為尺度。魏晉人所尚的是與此不同的天地玄理，雖然含有儒學成分，但基本屬於道家思想範疇，後期甚至還雜有佛家的觀念。

　　社會的動亂使儒家維護現實政治、倫理關係的思想體系受到根本性的搖撼，而司馬集團的翦除宗室、清除異己、迫害文士的一系列舉措更是直接逼迫人們游心世外，以全身遠禍，於是遊仙、詠懷、玄言之作逐漸成為一時所尚。劉勰評述道：「……正始明道，詩雜仙心。何晏之徒，率多浮淺。惟嵇志清峻，阮旨遙深，故能標焉。」（《文心雕龍》〈明詩〉）何晏作為著名的玄學家，思想並不浮淺，但以文學表達玄思，如《鴻鵠比翼游》之類，意旨不免直露。阮籍有《詠懷》詩八十餘首，主題思想可謂是「人生若塵露，天道邈悠悠」，由於情理交融而見旨趣蘊藉。

　　西晉的名士也多尚玄理，包括陸機在內，常有「詩人理語」的情形。自西晉末年至東晉，玄言詩興起並氾濫開來，文學被用來作為哲理的闡釋，語言抽象平直，缺少鮮明的形象和真摯的情感。由於藝術價值甚微，這些詩作絕大多數未能流傳下來，逯欽立《先秦漢魏南北朝詩》輯有玄言詩的代表性人物孫綽的詩十二首，許詢的詩三首。且看孫綽的《答許詢》：

> 仰觀大造，俯覽時物。機過患生，吉凶相拂。智以利昏，識由情屈。野有寒枯，朝有炎郁。失則震驚，得必充詘。……

這樣的作品有理而無趣，鍾嶸稱之為「平典似《道德論》」（〈詩品序〉），應該說一點也不過分。劉勰總結這段歷史說：「自中朝貴玄，江左稱盛，因談餘氣，流成文體。是以世極迍邅，而辭意夷泰。詩必柱下（指老子——引者注）之旨歸，賦乃漆園（指莊子——引者注）之義疏。」（《文心雕龍》〈時序〉）

玄言詩雖多為後人所指疵，但仍有其歷史意義。它突出體現了藝術的形而上的追求，儘管將哲學思想向文學藝術灌輸而失之僵直，但為其後山水詩、畫的哲理浸潤準備了條件。陶淵明、謝靈運的詩，顧愷之、宗炳的畫，都包含有活潑的理趣。

二、宋代尚「理」

活躍在宋代末期的嚴羽認為：「詩有詞理意興。南朝人尚詞而病於理，本朝人尚理而病於意興；唐人尚意興而理在其中；漢魏之詩，詞理意興，無跡可求。」（《滄浪詩話》〈詩評〉）尚詞而病於「理」是形式妍麗而內容貧弱，尚「理」而病於意興是內容過於質實而直露。其實，宋人尚「理」兼有尚「玄」與尚法的傾向，只是以注重倫理最為突出。

宋人的尚「理」取嚮應該追溯至中唐。杜甫以儒學為本，韓愈以恢復道統自任，二者從事藝術創作又都講求法度。杜詩、韓文一直是宋代文士心目中的範本。從總體上看，宋人的心態普遍傾向於平衡。這見諸政治是求穩守成，見諸學術是尋求恆定秩序，見諸藝術則古典傾向壓倒浪漫傾向。我們決不能由此而鄙薄宋人：政治上求穩守成固不足取；可學術上尋求秩序正是歷史發展的必須，自魏晉玄學之後，

經歷幾百年的躁動，思想界流於浮淺，宋代學者終於沉潛下來觀察世界，崛起理學的高峰；而繼浪漫氣質甚濃的唐代藝術家之後，適當內傾一些，追求謹嚴一些，也是時運使然。錢鍾書先生著眼於詩歌而寫道：

> 唐詩、宋詩，亦非僅朝代之別，乃體格性分之殊。天下有兩種人，斯分兩種詩。唐詩多以丰神情韻擅長，宋詩多以筋骨思理見勝。……高明者近唐，沈潛者近宋，有不期而然者。[1]

這種看法是有道理的，不過還應該考慮時代精神以及受它制約的時代氣質。

宋初田錫、柳開、王禹偁等論文都重視教化。田錫説：「夫人之有文，經緯大道。得其道，則持政於教化；失其道，則忘返於靡曼。」（《貽陳季和書》）王禹偁則以「傳道而明心」概括為文之旨。至周敦頤，明確提出「文以載道」說，特別得到有宋一代理學家們的遵奉。在這樣的風氣中，連詩文革新的領袖人物歐陽修雖然提出「文以明道」有所糾正，但也不得不認同「大抵道勝者文不難而自至」（《答吳充秀才書》）。到了理學勃興的年代，即使像蘇軾那樣豪放不羈的藝術家，詩、文、書、畫的創作與批評都有「理」的觀念的較多滲透。

儘管如此，宋人畢竟創造了藝術領域的全面輝煌，這得益於藝術家們在創作中將「理」與「趣」結合在一起，即使言「理」也見蘊藉。「理趣」一詞較早見於郭若虛的《圖畫見聞志》，其中寫道：

1　錢鍾書《談藝錄》第2-3頁，中華書局1984年版。

歷觀古名士畫金童玉女及神仙星官中有婦人形相者，貌雖端嚴，神必清古，自有威重儼然之色，使人見則肅恭，有歸仰之心。今之畫者，但貴其姱麗之容，是取悅於眾目，不達畫之理趣也。觀者察之。（《論婦人形相》）

顯而易見，「理趣」屬於內容範疇，但它不只是要求內容的充實，還要求內容活潑有生氣，關係著藝術形象的神。其後陸九淵的弟子包恢又直接將「理趣」用於詩文批評，他說：

古人於詩不苟作，不多作。而或一詩之出，必極天下之至精，狀理則理趣渾然，狀事則事情昭然，狀物則物態宛然。（《答曾子華論詩》）

「理趣」一詞在宋代雖然不見普遍使用，但是仍不失為人們普遍的審美觀念，如歐陽修、蘇軾等在論及詩、書、畫時常常兼及「理」與「趣」兩個方面。

講求法度也是宋人尚「理」的重要表現，尤其當推黃庭堅為代表，他認為杜甫的詩、韓愈之文無一字無來處，力圖薈萃百家句律之長，窮極歷代體制之變，以自成一家。他開創的江西詩派，影響達數百年。

三、明清尚「法」

明、清兩代文壇的突出特點是尚「法」。蔣士銓有詩云：「唐宋皆偉人，各成一代詩。宋人生唐後，開闢真難為。元明不能變，非僅氣力衰。能事有止境，極詣難角奇。」（《辯詩》）每一種藝術形式都有自己的生命歷程，當它達到最旺盛的階段以後不免要走向衰落。我國古代詩文，至唐宋已登峰造極，後世幾乎不可能再造如此全面的輝煌。

但是身處其境的人們很難意識到，即使意識到也很難甘心於此，因而竭力琢磨古人創造的法門，導致模仿風氣的盛行。

據此我們不難理解，明、清兩代的文壇始終貫穿著復古派與新變派的對立和鬥爭。明初宋濂、劉基等是一般意義上尚「理」，至明中葉李夢陽、何景明等「前七子」開始轉向形式方面的尚「法」，提出「文必秦漢，詩必盛唐」的口號。強調學習古代優良傳統的重要，本無可厚非，只是創作上滑入一味模擬，甚至剽竊前人作品的泥潭便不可取。繼之而起的「後七子」又將復古運動推向新的高潮，其代表性人物李攀龍、王世貞都認為，文自西漢、詩自盛唐而下俱不足觀，要求人們像臨摹書帖一樣模擬古人，包括篇章、句法和字彙。如王世貞寫道：

篇法：有起，有束，有放，有斂，有喚，有應。大抵一開則一闔，一揚則一抑，一象則一意，無偏用者。句法：有直下者，有倒插者。倒插最難，非老杜不能也。字法：有虛，有實，有沉，有響。虛、響易工，沉、實難至。五十六字，如魏明帝凌雲台材木，銖兩悉配乃可耳。（《藝苑巵言》卷一）

法度如此嚴森，除了模擬之外幾乎沒有創造的自由。

清代詩論中尚「法」傾向也很明顯。沈德潛提出「格調」說，以「中正和平」為基本標準選詩，強調審宗旨是尚義理，強調觀體裁、度音節是尚法度。其後翁方綱標榜「肌理」說，也是試圖將義理與法度統一在一起。文論中，桐城派的開山人物方苞明確提出「義法」說，「義」是指言有物，實即義理；「法」指言有序，包括章法、句法等。其實並不限於詩文，詞曲、戲劇理論也存在類似傾向。

創造是有序與無序的統一。尋求藝術的法度自古有之，至宋代較為突出，在明、清兩代則更為普遍。明代出現了要打破傳統規範的公安派，清中葉袁枚受公安派影響而主張「性靈」說，他們的抗衡是很有價值的，但就整個時代來說，則不免勢單力薄了。

第二節　尚「理」傾向的存在理由

「理」是審美與藝術活動的一種要素，不可或缺。由於「理」兼指玄理、倫理、文理等，對於審美和藝術活動的滲透甚至帶有全方位的性質。人們普遍認為，審美活動及其產品是合規律性與合目的性的統一，合規律性通常是指合「理」（物理、文理），合目的性也包含有合「理」（倫理、玄理）成分。

由此可見，尚「理」傾向有其存在的理由。具體地說，它促進藝術家提高學養，因而可能使藝術品內容充實，並且有助於藝術確立規範。尤其對於再現型的藝術門類，諸如繪畫、雕刻、敘事文學等，「理」的地位相對來說更為突出。劉熙載認為，「長於理則言有物，長於法則言有序」（《藝概》〈文概〉），是為中的之論。

一、促進藝術家提高學養

被後世廣為稱道的杜詩、韓文，其成就很大程度上得益於創作者深厚的學養。杜甫總結經驗說：「讀書破萬卷，下筆如有神。」（《奉贈韋左丞丈二十二韻》）「閱書百氏盡，落筆四座驚。」（《贈左僕射鄭國公嚴公武》）韓愈也自述道：「始者非三代兩漢之書不敢觀，非聖人之志不敢存，處若忘，行若遺，儼乎其若思，茫乎其若迷」；「然後識古書之正偽與雖正而不至焉者，昭昭然白黑分」；如此幾十年積累，終於達到心胸「沛然」、醇然的境界（《答李翊書》）。他們如此強調讀書，

在於迫切要求明理。

　　個人的實踐範圍是有限的，個人認識物理、倫理的廣度與深度也是有限的，因此，繼承文化遺產是修養的必須，而繼承文化遺產的主要途徑是讀書。據王正德《余師錄》引述，陳師道曾指出：

　　夫學以明理，文以述志，思以通其學，氣以達其文。古之人導其聰明，廣其見聞，所以學也；正志完氣，所以言也。

　　導聰明、廣見聞關係著藝術家的才與識兩個方面的修養，這需要通過學習與思考而獲得，落在實處便是「明理」。一旦把握了道理，就能意圖明確、氣力充沛地從事於詩文創作。按照方東樹的觀點，李白、杜甫、韓愈、蘇軾等之所以有後人高山仰止的藝術造詣，不只是他們才氣筆力雄肆，「直緣胸中蓄得道理多，觸手而發，左右逢源，皆有歸宿」（《昭昧詹言》卷十一）。

　　自然，提高學養的要求不限於從事詩文創作的藝術家，書家、畫家等概莫能外。唐岱在《繪事發微》中寫道：

　　畫學高深廣大，變化幽微，天時人事，地理物態，無不備焉。古人天資穎悟，識見宏遠，於書無所不讀，於理無所不通，斯得畫中三昧。……胸中具上下千古之思，腕下具縱橫萬里之勢。立身畫外，存心畫中，潑墨揮毫，皆成天趣。讀書之功，焉可少哉！

　　尤其是宋元以後的文人畫家，常將學養的重要性置於才情之上。

　　學養雖然落實於「明理」，但並非只是主理派才予以重視。蘇軾化用杜甫的詩句曰：「讀書萬卷始通神。」（《柳氏二甥筆跡》）連主張「性

靈」說的袁枚也吟詠道：「萬卷山積，一篇吟成。詩之與書，有情無情。鐘鼓非樂，舍之何鳴？」（《續詩品》〈博習〉）

二、促進藝術品內容充實

無論是有關宇宙大化的玄理，還是有關人際關係的倫理，均能構成藝術品的內容。由於玄學的影響，陸機雖然在創作上偏重於「文」，但在理論上仍給予「理」以重要地位。他認為在藝術構思中，「理扶質以立於，文垂條而結繁」，二者結合方能使作品「辭達而理舉」（《文賦》），明確地將「理」歸入內容範疇。然而構成作品內容的不只是「理」。人們常將「情」與「理」並舉，如劉勰說：「夫情動而言形，理髮而文見，蓋沿隱以至顯，因內而符外者也。」（《文心雕龍》〈體性〉）由於文學通過語言符號刻畫形象，表達意蘊，所以作品的外在形式是有組織的言語，其所刻畫的物像也屬於內容範疇。《金針詩格》的作者指出：「詩有內外意。內意欲盡其理，理謂義理之理，美刺箴誨是也。外意欲盡其象，象謂物像之象，日月山河蟲魚草木之類是也。」實為中的之論。「情」也好，「象」也好，均不足以與「文」持衡，如果完全拋開或相對忽視「理」，緣情、體物都很容易滋生追逐華豔的形式主義傾向，六朝文學之弊便是例證。

「理」作為事物的一定之則，的確具有「扶質以立幹」的功用，藝術家重「理」可使作品內容著實。清人屈大均寫道：

> 文人之文多虛，儒者之文多實；其虛以氣，其實以理故也。天下至實者，理而已耳；至虛者，氣而已耳。為文者，能以理為其氣則氣實，否則氣虛。……窮理所以盡其性，盡其性所以致於命。命至矣，性盡矣，如是而發為文，廣大為外，精微為內，高明為始，中庸為終，其造詣有非文人之所敢望者。（〈無悶堂文集序〉）

　　這是典型的主理派的觀點，其偏頗自不待言。但是它認為「儒者之文多實」符合歷史事實，而稱「至實者」為「理」對於文學藝術來說也是中肯的。

　　一般地說，偏重玄理、倫理的傾向與偏重華辭麗采的傾向是很難相容的，二者在歷史發展中相生而相剋，推動著藝術形態的嬗變。但是在人們的審美追求中，又總是以「文」與「質」「辭」與「理」的和諧統一為目標，所以重辭采者也言「理」，如陸機；重義理者也言「文」，如程廷祚云：「理充者華采不為累，氣盛者偶儷不為病，陳言不足去，新語不足撰，非格式所能拘，非世運所能限。」（《復家魚門論古文書》）對於個體創作活動來說，人們更多認為理居基礎地位，張耒認為，「理勝者文不期工而工，理詘者為粉澤而隙問百出。」（《答李推官書》）稱「文不期工而工」帶有誇張性質，不過，理詘者常常會有內容空虛、漏洞頻出的弊端卻是事實。

三、促進藝術形成規範

　　「理」通常是知性把握的對象或知性活動的產物，尚「理」傾向突出體現了知性對於藝術活動的滲透。其滲透程度不僅取決於個體氣質或時代精神，還取決於藝術門類及藝術體裁。

　　劉熙載曾指出：「大抵文善醒，詩善醉；醉中語亦有醒時道不到者。」（《藝概》〈詩概〉）醒是理智狀態，醉是迷狂狀態；迷狂狀態下不受「理」的羈絆，理智狀態中多循理而行。另一方面，正如魏徵所說：「理深者宜於時用，文華者宜於詠歌。」（《隋書》〈文學傳論〉）散文多合時用而作，其言理成分故遠遠高於詩歌。特別是我國古代，南北朝時雖然出現過「文」「筆」之分，但是並未得到後世廣泛認同和採納，其結果是使「文章」概念一直定位在實用與藝術的邊緣地帶。據此較易理解，人們從時代上確認尚「理」傾向主要是就詩論而言，

如果著眼於狹義的文論，則可以說尚「理」傾向一直占有優勢。例如牛希濟處於多情善感的五代，且是《花間集》的重要作者，可其論文卻大相異趣。他說：「聖人之德也有其位，乃以治化為文，唐、虞之際是也；聖人之德也無其位，乃以述作為文，周、孔之教是也。……時俗所省者，唯詩賦兩途，即有身不就學，口不知書，而能吟詠之列，是知浮豔之文，焉能臻於理道？」（《文章論》）也正因為如此，諸如「文以理為本」（陸希聲《唐太子校書李觀文集序》），「文以說理為上」（秦觀《通事說》），「文以理為主」（黃宗羲《論文管見》）之類觀點屢出之，且並非只是出自觀念保守的理學家之口。

論文尚「理」的正面作用之一是有益於確立藝術的思想內容方面的規範，即要求擇善固執。美包含有善的成分於自身（儘管這種善的成分常常不免時代或階級的侷限，構成美的相對性的一種因素），因此重「理」觀念不同程度上適用於其他藝術領域。

另一方面，人們尚「法」也是知性對於藝術活動的滲透。「法」是「理」在藝術符號操作中的表現。在藝術發展的途路中，一面創作一面總結是完全必要的，人們學習任何一種藝術，一般總是從學習有關法則開始，如朱熹所說：「余嘗以為天下萬事皆有一定之法，學之者須循序而漸進。」（《跋病翁先生詩》）達到熟練程度以後，則在遵循法度與超越法度的張力中展開創作活動。在這種意義上說，「法」既是成規，又在不斷修訂與創生之中。宋代呂本中等提倡「活法」，雖「活」仍不出「法」，因此導致種種弊端；明、清浪漫派藝術家（如石濤）提出「有法而無法」，則較好地揭示了藝術創新的內在張力。常有人認為，天才的創造不要法度。這是片面的見解。應該說，天才是從既有法度中獲得自由、遊刃有餘且能頒佈新法度的人，其活動不拘於成法而自有法。正如魏慶之所言：「李太白非無法度，乃從容於法度之中，蓋聖於

詩者也。」（《詩人玉屑》卷十四）蘇軾讚賞吳道子特別在於他能「出新意於法度之中，寄妙理於豪放之外」（《書吳道子畫後》）。李白、蘇軾都是頗具浪漫氣質的藝術大師，尚且不棄法度，何況他人？尤其在經歷了浪漫主義的文藝思潮以後，尚法度的古典主義傾向抬頭幾乎是必然的。

內容上的擇善與形式上的法度，舍「理」何求？雖然「善」與「法」的具體內涵因時因地有變遷，但二者合成的藝術規範在任何時候、任何地方都是存在的；甚至可以說，它與審美與藝術活動共存亡。

第三節　尚「理」傾向的負面影響

「理」作為一種因素，在藝術活動中必不可少，但是決不能將它抬高到主宰一切的地位；否則就會使文藝脫離審美的王國，成為宣講道德或哲學思想的工具。

本節主要著眼於尚「義理」（包括玄理、倫理等）的傾向立論，對於尚「文理」（連繫著法度）的傾向則不單列討論，擬在闡述中適當穿插。儘管二者都存在負面影響，但我國歷史上以前者尤劇；況且，並列地兼述兩個性質不同的方面容易造成頭緒繁多，增加閱讀的困難。

一、流於說教

先秦諸子的散文本來屬於人文著作，並非真正的藝術品，只是具有不同程度的文學性罷了。後世（特別是唐宋以後）學人多以之為文章的範本，如此形成的尺度用於文藝批評，就不免有注意內容而輕視形式，注重說理而輕視文采之弊。

韓愈自述「志在古道，又甚好其言辭」（《答陳生書》），已見尚「理」傾向，但畢竟追求「文」與「質」、「理」與「辭」的統一。至宋

代，這種志趣已難以讓一些文論家接受，甚至受到批評。周敦頤將文辭看作是一種容器，關鍵在於它容納的道理，所以他說：

> 文所以載道也。輪轅飾而人弗庸，徒飾也；況虛車乎？文辭，藝也；道德，實也。篤其實而藝者書之，美則愛，愛則傳焉。賢者得以學而至之，是為教。（《通書》〈文辭〉）

如果說，在先秦時代，孔子講「言之無文，行而不遠」（《左傳》〈襄公二十五年〉）是一種創見，那麼，在散文已經獲得獨立的文學體裁的地位以後，仍然以「文」為修飾之具的觀點則不免狹隘了。它意味著要剝奪抒情、狀物一類題材的作品存在的權利。果然，沿著這一方向，二程走得更遠。他們批評韓愈道：「退之晚來為文所得處甚多。學本是修德，有德然後有言；退之卻倒學了。」（《二程遺書》卷十八）以修德為本，就要求詩文以說教為本；若在言辭上更為用功，便是所謂倒學。

韓愈的受責難意味著宋人論文的重心更向傳道、言理方面轉移。「文以載道」命題雖然由周敦頤正式提出，實際上在宋初文論家中已普遍存在相似的觀念。石介論文重義理；田錫、智圓等論文求教化；王禹偁認為，古聖人不得已才為文，他們本來以修身和事君為務，「及其無位也，懼乎心之所有不得明乎外，道之所蓄不得傳乎後，於是乎有言焉。又懼乎言之易泯也，於是乎有文焉。」（《答張扶書》》）強調為「文」出於不得已，無可厚非；但以文章為傳道明理之具，且所傳所明是修身治國的道理，這不啻是以儒學規範文學，將文學作為宣傳古代聖賢倫理觀念的工具。這樣的觀點在有宋一代竟一直風行。宋末畫家、詩人王柏云：「『文以氣為主』，古有是言也；『文以理為主』，近

世儒者嘗言之。」(《題碧霞山人王公文集後》)

　　宋代一些詩文突出義理，就是凸現作品的道德評價層面。這種情況一般導致對鮮活之情與絢麗之文兩者的貶抑。如果說，「情」「理」「文」的有機結合能形成「理趣」，那麼，尚「理」而抑「情」、抑「文」則不能不造成「理障」。胡應麟曾談到：「禪家戒事、理二障，余戲謂宋人詩，病政坐此。蘇、黃好用事而為事使，事障也；程、邵好談理而為理縛，理障也。」(《詩藪》內編卷二)的確，理學家的某些詩作，簡直是「語錄講義之押韻者」(劉克莊《跋恕齋詩存稿》)。

二、觀念直露

　　要求文學作為道理說教的工具，一方面會重道輕文，直接影響人們的藝術傳達，同時更潛在地造成人們的思維抽象化，難以形成具體、鮮活的藝術形象，二者兼之，必然導致作品的觀念直露。

　　鼓吹「文以理為主」，是將文章的實用功能置於首位。朱熹以道為文之根本，視文為道的枝葉，他告誡說：「鄉(向)道之勤，衛道之切，不若求其所謂道者，而修之於己之為本；用力於文詞，不若窮經觀史以求義理，而措諸事業之為實也。……至於文詞，一小伎耳！以言乎邇，則不足以治己；以言乎遠，則無以治人。是亦何所與於人心之存亡、世道之隆替，而校其利害，勤懇反覆，至於連篇累牘而不厭耶？」(《答汪叔耕》)既然以修身、治人為首務，又何必苦心鑽研文詞？聖人的話總是坦易明白，不像歐、蘇諸公作文，欲說什麼又不敢分曉說，令人疑其見義理不明而不敢深言。就這樣，朱熹以先聖的學術性論文為尺度，衡量當代的文學性散文，對後者的形象性、含蓄性持鄙薄態度。比較而言，程頤的觀念更為極端，他視不直接言理的詩文為毫無價值的「閒言語」，舉例說：「且如今言能詩無如杜甫，如雲：『穿花蝴蝶深深見，點水蜻蜓款款飛。』如此閒言語，道出做甚？」

（《二程遺書》卷十八）

應該承認，程頤、朱熹等較為極端的觀念未必在宋代文藝批評中佔有統治地位；但它作為一種勢力不能不影響著時代的審美觀念。於是出現了一種較為普遍的情況：文趨於實用，詩趨於文。

嚴羽一針見血地批評蘇、黃及江西詩派「以文字為詩，以才學為詩，以議論為詩」（《滄浪詩話》〈詩辨〉），三者的共同傾向就是詩趨於文。劉克莊在更大範圍內評論説：

> 本朝則文人多，詩人少。三百年間，雖人各有集，集各有詩，詩各自為體，或尚理致，或負材力，或逞辯博，少者千篇，多至萬首，要皆經義策論之有韻者耳，非詩也。自二三巨儒及十數大作家，俱未免此病。（《跋竹溪詩》）

看來其時無論是學者，還是文人，大多有不同程度的以文為詩之弊。這種現象的出現，從藝術的歷史發展看是必要的，唐詩總體上顯得天然清新，至宋人無以延續，不得不多加人為雕飾，是此畢竟開拓出一片新天地。從當時的文化大背景看則又是必然的，宋代學術極其繁榮，文人普遍學者化，這就使人們以藝術方式把握世界時加重了知性成分的滲透，重義理，重法度都直接在此基礎上滋生。知性適宜於把握和描述抽象的東西，藝術中的尚「理」傾向因而難免觀念直露。

明代批評家楊慎指出：「唐人詩主情，去《三百篇》近；宋人詩主理，去《三百篇》卻遠矣。」（《唐詩主情》）我們並不認為《詩經》是詩歌的最高範本，但是它們確實體現了「情」與「理」「文」與「理」的樸素的統一；宋詩以理凸現，削弱了意興，打破了詩歌藝術的內在平衡態，因而距離《詩經》的精神與風貌較遠。

三、淡乎寡味

前面主要就宋代文學立論，闡述尚「理」傾向可能產生流於說教和觀念直露之弊，其實它同樣適用於具有這種傾向的其他時代或個體藝術家。因為無論是晉代、宋代或明、清，無論是群體或個體，只要是尚「理」傾向占上風，便有相同的存在根據和邏輯表現。

如果說流於說教主要涉及創作動機，觀念直露主要關聯著符號傳達，那麼淡乎寡味則是接受者在鑑賞時的體驗。三者大致跨越了藝術活動的全過程。

鍾嶸在〈詩品序〉中有三段文字抨擊廣義的尚理傾向，切中肯綮：

①永嘉時，貴黃、老，稍尚虛談，於時篇什，理過其辭，淡乎寡味。爰及江表，微波尚傳，孫綽、許詢、桓、庾諸公詩，皆平典似《道德論》，建安風力盡矣。

②夫屬詞比事，乃為通談。……大明、泰始中，文章殆同書抄。近任昉、王元長等，詞不貴奇，競須新事。爾來作者，浸以成俗。遂乃句無虛語，語無虛字，拘攣補納，蠹文已甚。但自然英旨，罕值其人。

③今既不被管弦，亦何取於聲律耶？……王元長創其首，謝朓、沈約揚其波，三賢或貴公子孫，幼有文辯，於是士流景慕，務為精密，襞積細微，專相陵架，故使文多拘忌，傷其真美。

參照胡應麟的用語，第①段是抨擊「理障」，第②段是抨擊「事障」，第③段我們不妨跳出佛家的視界，姑且稱之為「法障」。這是一

位真正把握藝術精神的詩論家秉持審美尺度而對詩歌領域理性化傾向的全面批判。雖然個別地方不免偏激（如對聲律的否定），但總體上看都擊中要害。其參照標準是「建安風力」「自然英旨」「真美」，以此衡量，「理障」導致平典而寡味，「事障」則拘攣而補納，法障雖精密卻拘忌。從接受者的感受方面看，「理」「事」「法」三障都造成作品「淡乎寡味」。

關於「理障」造成味寡，葉燮在《原詩》〈外篇〉借他人口作了具體解說，其中寫道：「若一切以理概之，理者，一定之衡，則能實而不能虛，為執而不為化，非板則腐，如學究之說書，閭師之讀律，又如禪家之參死句，不參活句。」以藝術形式直說道理，缺少情與景的依託，抽象之理裸露於外而無所寄寓，違背藝術的特性；沒有具體可感的形象，人們就會覺得味同嚼蠟。

鍾嶸指出「事障」的表現是「拘攣而補納」，即拘束、僵硬、拼湊，這樣形成的作品必然令人生厭。例如江西詩派領袖人物的作品，大多是「脫胎換骨」「換」出來的，閉門覓句「覓」出來的，不免拼裝痕跡。黃庭堅講究無一字無來處，又刻意求奇，於是從佛經、小說和前人語錄中蒐羅奇事、典故，連綴成篇，詩句一般都見拗硬。才氣不如黃庭堅的摹仿者則簡直如袁枚所說，只顧堆垛典故，「誤把抄書當作詩」（《隨園詩話》卷五）。

「法障」者表面上是在執著追求作品形式結構的美，但遺憾的是傷其真美。脫離活潑玲瓏的情性表現，形式結構便是一種僵死的東西，這樣的片面追求可以淪為機械的操作。後人對宋詩多有貶抑，雖然不無偏激，但未嘗沒有幾分道理。李東陽說：「唐人不言詩法。詩法多出宋，而宋人於詩無所得。所謂法者，不過一字一句對偶雕琢之工，而天真興致，則未可與道。」（《懷麓堂詩話》）吳可則從鑑賞方面指出：

「宋人詩集甚多，不耐讀，而又不能不讀，實是苦事。」（《答方季垾詩問》）

需要說明的是，以上均是就尚「理」傾向的極端情形而言。並非是所有尚「理」者必走的死胡同。「理」為藝術所不可少，只是存在一個化「障」為「趣」的度量關節點。

第三章

「理」範疇的現代闡釋

第一節 「理」的涵義

本篇第一章從歷時性角度梳理了「理」範疇的演變，從中可以見出，先哲已用「理」表示事物的秩序、法則、規律諸義，即所必然或所當然的定則、條緒。本節主要取共時性角度考察「理」範疇的基本內涵與外延。在評述了藝術中尚「理」傾向的得失之後，我們有可能將闡釋從哲學一般轉移到美學特殊。儘管「理」範疇的美學意味不易品評，缺少必要的活潑性或生命情調；但不可忽視的是，包含有序性、確定性的「理」，也為具體生動的審美意象奠定了基礎。

一、自然之「理」與人倫之「理」

先秦的莊子學派認為，「道」是宇宙的本根，「道」的具體化貫穿於自然萬物中便是「天理」，也就是物之固然。所以他們常常言及「萬

物之理」，甚至意識到萬物異理。我們將這種意義的「理」稱之為自然之「理」或「物理」。「物理」不是物，而是「物物者」，莊子學派要求人們認識它，順應它，即「達萬物之理」（《莊子》〈知北遊〉）、「依乎天理」（《莊子》〈養生主〉）。

　　但是我們的先人最為關注的，是人際關係的秩序問題。墨子學派提出取捨是非之理，莊子學派也談到過以義為理，而對後世影響最大的當是孟子所說的「理義」。由於「義」有合宜之意，因而可與「理」並列甚至交換使用；又由於「義」是純粹的人倫關係範疇，所以這種意義的「理」可稱作人倫之「理」或「倫理」。按孟子及宋明理學家的觀點，理就是性，為人類與生俱有，關鍵在於敞亮它並守之勿失。

　　這樣一來，在我們面前存在兩種不同性質的「理」：一是自然之理，要求人們去認識外物，以人合天；一是人倫之理，要求人們有良知發現，遵從內心律令。對於這兩種「理」的不同性質，西方近代學界逐漸取得共識。康德從人的主體地位出發，認為前者是人向自然立法，後者是人為自身立法。

　　儘管都是立法，但一者屬認識領域，一者屬道德領域。連繫於人的實際活動，前者致力於求真，要求合規律性，後者致力於持善，要求合目的性。

　　審美與藝術創造在一定程度上要吸納真和善於自身，達到合規律性與合目的性的統一。

　　一般來說，藝術形象的創造應該基本合乎「物理」。這在再現型藝術中有較為突出的表現。蘇軾認為，畫有常形、常理，「常形之失，止於所失而不能病其全，若常理之不當，則舉廢之矣。」（《淨因院畫記》）李開先也寫道：

物無鉅細，各具妙理，是皆出乎玄化之自然，而非由矯揉造作焉者。萬物之多，一物一理耳，惟夫繪事雖一物，而萬理具焉。非筆端有造化而胸中備萬物者，莫之擅長名家也。（《中麓畫品》〈序〉）

西洋畫尤為講究「物理」，文藝復興時代的畫家通過精研透視學、解剖學等而樹立起藝術的巍巍豐碑。當然，人物畫還須講求倫理。

音樂無須描摹物像，著重抒發內在的情感，屬於表現型藝術，合目的性的要求相對突出。同時曲調本身必須是一種數理結構，包含有自然法則。〈樂記〉的作者寫道：

凡音者，生於人心者也。樂者，通倫理者也。是故知聲而不知音者，禽獸是也。知音而不知樂者，眾庶是也。惟君子為能知樂。（〈樂本篇〉）

音不同於聲，在於它較有規律；而樂又不止是音，在於它包含有合目的性的因素，攜載著倫理教化的信息，可以發揮陶冶情性的強大功能。

從性質上看，文學既不屬於再現藝術也不屬於表現藝術，而是二者的綜合。黑格爾認為，詩（文學）是「作為統攝繪畫和音樂的整體」[1]出現的。相應地，物理與倫理、合規律性與合目的性的要求在這一領域幾乎平分秋色。清人方貞觀曾以杜甫、韓愈等的作品為例指出，他們如果不是「有得於天地萬物之理，古賢人之心，烏能至此？」（《輟鍛錄》）顯而易見，與萬物之理並列的「賢人之心」主要是指倫理。

1　黑格爾《美學》第三卷下冊，第5頁，商務印書館1981年版。

當然，我們也應看到，審美和藝術活動又可以超越常理。王維畫《雪中芭蕉》，蘇軾畫朱竹，是超越物理，人們並不認為是過錯；明、清小說中有不少地方打破了倫理的規範，卻更能見出人的情性表現之本真。

二、「思理」與「文理」

「思理」與「文理」都屬於形式結構範疇，不像「物理」與「倫理」那樣包含著具體的內容。

墨子學派重視思理的研究，建立起邏輯學，只是沒有明確提出「思理」概念。孟子採用「條理」一語，正合「理」字的本義，而就孟子的實際所指，似乎兼有「思理」與「文理」之義。荀子明確提出「文理」概念，認為它是人為修飾的產物。

比較而言，「思理」處於基礎地位。它存在於主體心中，如朱熹所說：「心包萬理，萬理具於一心。不能存得心，不能窮得理；不能窮得理，不能盡其心。」（《語類》卷九）但是它又不能等同所窮之理，而是所以能窮理之理，即思維的條緒、法則等，其先天性是毋庸置疑的，後天的實踐鍛鍊可使之磨礪光大。「思理」清晰，所窮之理明了，則見諸作品而自有文理。

藝術中，「思理」與「文理」二者歷來為人們所重視。陸機在《文賦》中描述道：

> 若夫應感之會，通塞之紀，來不可遏，去不可止。藏若景滅，行猶響起。方天機之駿利，夫何紛而不理。思風發於胸臆，言泉流於唇齒。紛葳蕤以馺遝，唯素毫之所擬。

講的是靈感到來後思潮迸發，從無序到有序的過程，它見諸言與

筆便形成文理。

　　劉勰明確採用「思理」與「文理」兩個概念。他所謂的「思理」正是思維的條緒之意，不過由於是在藝術研究中運用此詞，所以集中考察的是想像與形象思維。《文心雕龍》〈神思〉篇揭示「思理」的基礎是「積學以儲寶，酌理以富才，研閱以窮照」，而「思理」之微妙在於神與物游，「寂然凝慮，思接千載；悄焉動容，視通萬里」。「文理」關涉作品語言和篇章結構的統籌連綴，這也叫「附會之術」：「何謂附會？謂總文理，統首尾，定與奪，合涯際，彌綸一篇，使雜而不越者也。」（《文心雕龍》〈附會〉）「文理」基於思維的整合功能，見諸符號傳達的整體：「驅萬途於同歸，貞百慮於一致。使眾理雖繁，而無倒置之乖；群言雖多，而無棼絲之亂」（《文心雕龍》〈附會〉）。

　　「文理」與「思理」構成一種表裡關係，「文理」建基於「思理」，「思理」表現於「文理」。劉勰對此有深刻認識，所以當他討論「思理」時也涉及「文理」，討論「文理」時又連繫著「思理」，如說：「……使玄解之宰，尋聲律而定墨；獨照之匠，窺意象而運斤。」（《文心雕龍》〈神思〉）「玄解之宰」「獨照之匠」涉及「思理」，「定墨」與「運斤」則見諸「文理」，藝術思維與符號表達在理路上常常同步。作為藝術家的劉禹錫也深有感受，他說：

　　心源為爐，筆端為炭，鍛鍊元本，雕礱群形，糾紛舛錯，逐意奔走。因故沿濁，協為新聲。（《董氏武陵集紀》）

　　心源鍛鍊元本，筆端雕磨群形，藝術家一方面賦予雜亂的內容信息以形式，一方面賦予繁多的藝術符號以形式。「思理」構成作品的內形式，「文理」存在於作品外形式中，二者都是人類心靈要求和諧整一

傾向的體現，它們的結合使作品內外有序化。

　　我們將「思理」與「文理」均歸入形式範疇，也許令人不解。章學誠有段闡釋值得借鑑，他辨析道：「蓋文固所以載理，文不備，則理不明也。且文亦自有其理；妍蚩好醜，人見之者，不約而有同然之情，又不關於所載之理者，即文之理也。」（《文史通義》〈辨似〉）其實「思理」也當作如是觀。古人又常稱「思理」為「義脈」，「文理」為「章法」，二者作為形式有內、外之別。方東樹指出：「章法形骸也，脈所以組束形骸者也。章法在外可見，脈不可見。」（《昭昧詹言》）。

　　「思理」涉及邏輯，即使是詩，也含有邏輯成分。王夫之評述說：「『鐘聲扣白雲』句，入幽出朗。『扣』者，鐘與雲而俱扣也。無名理者不能作景語。」（《唐詩評選》卷三）「文理」包含法度。宋代李綱評杜甫詩：「句法理致，老而益精。」（《重校正杜子美集敘》）「思理」與「文理」雖然重要，但不當為其所縛，審美和藝術活動當能超越邏輯，超越法度，不然，就會降格為知性化的操作。西方現代某些批評流派，如新批評、結構主義等，窮研「思理」與「文理」，固然闢出了一片新的研究領域，可惜未能跳出科學主義傾向的臼窠。

三、可言之「理」與不可言之「理」

　　「理」，一般地講是可以言說的，任何一種具體事物的潛在條緒、法則都可以通過知性把握，通過語言加以確切表述。然而也存在難以言說甚至不可言說之「理」，它不在於明分，不在於取同別異，而處於渾一的狀態，因而知性無以把握，語言也無從界定。

　　先秦諸子所謂的「理」，無論是自然領域的「物理」、道德領域的「倫理」抑或思維領域的「名理」，都有其相對性與確定性，因而大致屬於可言說之列。魏晉玄學家區分本、末，末端之「理」有定有分，可言可名，但本根之「理」（即「至理」）實近於老、莊所謂的「道」，

雖可明而難言，如《老子》中所説：「道可道，非常道；名可名，非常名。」佛家以「平等真如」為理，更是不落言筌。宋明理學家以儒為本，兼收道、釋，因此他們所謂的「理」明顯有兩個層次：「現象界」的可言説的「分理」，「本體界」的不可言説的「至理」。前者是萬物各有其理，後者是萬物皆共一理，即「太極」。事實上，理學家們尤重後者，邵雍説：「夫所以謂之觀物者，非以目觀之也，非觀之以目而觀之以心也，非觀之以心而觀之以理也。」（〈觀物內篇〉）把握這種「理」須超越感性（目）、超越知性（心），以期心靈深層的敞亮，故王弼等採用「明至理」的説法。

在美學這一特殊領域，情形較一般哲學領域更為複雜。美的創造（特別在藝術活動中）並不排斥可言的「物理」與「倫理」，如前所述；而對於不可言之「理」，在這一領域的涉及面更為廣闊。葉燮寫道：

> 詩之至處，妙在含蓄無垠，思致微渺，其寄託在可言不可言之間，其指歸在可解不可解之會；言在此而意在彼，泯端倪而離形象，絕議論而窮思維，引人於冥漠恍惚之境，所以為至也。⋯⋯可言之理，人人能言之，又安在詩人之言之！可征之事，人人能述之，又安在詩人之述之！必有不可言之理，不可述之事，遇之於默會意象之表，而理與事無不粲然於前者也。（《原詩》〈內篇〉）

可言之「理」是抽象思維知解的對象，通常以議論形式表達出來，藝術活動以形象表達意旨，只有超越（同時可以適度蘊涵）可言之「理」才有作為文化形式獨立存在的理由。

其實，人類迄今創造的語言系統是很有侷限性的，因此造成很多東西不可言説。人類語言是一種抽象的共語義的體系，它很大程度上

是知性的成果，只適宜於把握抽象的、具有相對性的東西。卡西爾認為：「語言是在介乎『不確定』和『無限』之間的中間王國中活動的；它改變未確定物的形式，使其成為一個確定的觀念，而後將它控制在有限的確定範圍之內。」這樣，在語言表達的上限和下限都存在著「不可言傳之物」。[2]杜夫海納更明確地將整個符號學領域分為次語言學的、語言學的、超語言學的三個領域，認為只有在中間的語言學領域才信息與代碼平等。[3]由此我們較易理解，可言之「理」僅屬於知性活動的語言學領域。在其上限的玄理是藝術、宗教、哲學所力圖傳達的，但又是不可確切言說的，屬於超語言領域；無怪乎陶淵明在《飲酒》（之五）中感嘆：「此中有真意，欲辯已忘言。」在其下限的「情理」（姑且這樣稱謂），同樣難以言說，因為這種「理」沒有從具體的形象中分離出來，沒有提煉為抽象形態，尤其是人們霎時間的情緒體驗，常常沒有合適的言詞可以確切傳達，只能通過表情、體態等傳遞信息，即是次語言領域。

　　審美和藝術活動將三個層次的「理」融匯在具體型象的觀照中，如王夫之所說：

　　亦理亦情亦趣，逶迤而下，多取象外，不失圜中。（《古詩評選》卷五）

　　「圜中」在《莊子》中是指道樞，屬玄理，處於語言表達的上限，與人的現實情趣融為一體的「理」蘊涵於具體、直觀的形象中，屬於

2　　卡西爾《語言與神話》第99頁，三聯書店1988年版。

3　　杜夫海納《美學與哲學》第79頁，中國社會科學出版社1985年版。

語言表達的下限；藝術家既「遇之於默會意象之表」，又期望「引人於冥漠恍惚之境」，力圖引領人們從有限達到無限，因而側重於傳達不可言之「理」。

綜上所述，美學意義上的「理」既指「物理」又指「倫理」，既指「思理」又指「文理」，它雖然不排斥可言之「理」，但更致力於表達不可言之「理」。因此，將作為藝術要素的理稱作「理趣」，方能較好地體現其美學意味。

第二節　「理」在藝術家修養中的基礎地位

「理」存在於人生與外部世界的各個層次、各個維度中，決定著宇宙與人生總是存在有序性的一面，存在條緒與法則。過分尚「理」會使人的精神鎖於囚牢，墜入羅網，不得自由，從而失去主體性，因為人如果像現代計算機那樣運作，一輩子便了無生趣。然而，若完全拋棄理性，蔑視任何法則，這樣的自由便會失之輕浮與無聊。米蘭・昆德拉在小說中描述了後一種存在窘境：

最沉重的負擔壓得我們崩塌了，沉沒了，將我們釘在地上。可是在每一個時代的愛情詩篇裡，女人總渴望壓在男人的身軀之下。也許最沉重的負擔同時也是一種生活最為充實的象徵，負擔越沉，我們的生活也就越貼近大地，越趨近真切和實在。

相反，完全沒有負擔，人變得比大氣還輕，會高高地飛起，離別大地亦即離別真實的生活。他將變得似真非真。運動自由而毫無意

義。那麼我們將選擇什麼呢？沉重還是輕鬆？[4]

　　生存之重雖然不只由拘於「理」而致，但拋棄「理」必然造成生存之輕。審美生存要求在沉重中選擇輕鬆，在輕鬆中蘊涵沉重。

一、「理」與胸襟

　　沈德潛曾指出：「有第一等襟抱，第一等學識，斯有第一等真詩。如太空之中，不著一點；如星宿之海，萬源湧出；如土膏既厚，春雷一動，萬物發生。古來可語此者，屈大夫以下數人而已。」（《說詩晬語》卷上）襟抱與學識無疑會制約藝術家成就的高低，屈原確實是兼有宏大襟抱和豐厚學識的範例。

　　人的胸襟與學識常常互為因果，有胸襟者不斷積累學識，有學識者不斷擴大胸襟。建立在學識之上，於擴大胸襟最為緊要的是歷史使命感、社會責任感和形而上的精神追求。

　　人的歷史使命感和社會責任感是一種道義力量，核心是堅持理義。我國儒家學派對此特別重視。孔子生前失位去國，有人見他的行狀後感嘆說：「天下之無道也久矣，天將以夫子為木鐸。」（《論語》〈八佾〉）木鐸是一種金口木舌的器具，其振動可以警示聽眾，尤其用於政教場合；可以說，孔子是早於耶穌的傳道者。孟子更是直率地表白：「夫天未欲平治天下也，如欲平治天下，當今之世，捨我其誰也？」（《孟子》〈公孫丑下〉）失位而仍求濟世，憂世卻又樂天，是孔、孟相同的人生際遇和人生態度，這在中國古代士人中極具代表性。尤其是從事藝術活動的知識分子，往往一面有感於自身的未得其所，一面難以忘懷民眾的疾苦，所以志思蓄憤，述往事，思來者。對理義的追求

4　昆德拉《生命中不能承受之輕》第3頁，作家出版社1987年版。

使他們超越一己之憂感，從而成為時代的喉舌。

當然，並非只有堅持理義、積極入世者才有闊大的心胸，追求玄理、懷有出世之思者同樣如此。莊子學派認為通天下都是一氣，道蘊於氣中而為宇宙的本根，知道者必達於理，所謂聖人，就是「原天地之美而達萬物之理」（《孟子》〈知北遊〉）者。玄理超越人的現實進退窮通，往往尤為藝術家所鍾情。陶淵明經常體驗「縱浪大化」之樂，宗炳在山水面前澄懷觀道，蘇軾泛舟長江赤壁之下而頓生無限意識……凡此種種，表明優秀的藝術家大多具備一種浩瀚的宇宙宗教感情。

藝術創作需要寬闊的胸襟。可以溯源於孟子的「養氣」說便涉及胸襟的陶冶，所謂「至大至剛」既是對浩然之氣的規定，也可看作是對胸襟的要求，而這種胸襟只有配義與道方可獲得。明清一些詩論家、畫論家稱具有寬闊胸襟者為有「士氣」，認為它拒絕甜俗，因事業而為文。袁州平強調：「男子出世，不與乾坤撐持一番，雖文章做到極處，終如婦人女子，低眉斂衽，巧針細線，何足誇貴？」（《尺牘新鈔》一集）

藝術家的胸襟不僅要寬闊，還應該有高逸的一面。首先是不以現實的身世窮通為累，如歐陽修所說：「足下知道之明者，固能達於進退窮通之理，能達於此而無累於心，然後山林泉石可以樂。」（《答李大臨學士書》）其次還須敢於突破世俗認同的價值取向。錢謙益寫道：

　　古之為詩者，必有獨至之性，旁出之情，偏詣之學，輪囷逼塞偃排纍，人不能解而己不自喻者，然後其人始能為詩。而為之必工。是故軟美圓熟、周詳謹願、榮華富厚，世俗之所歎美也，而詩人以為笑；凌厲荒忽，敖僻清狂，悲憂窮蹇，世俗之所訽姍也，而詩人以為美。

（〈馮定遠詩序〉）

　　詩人之所尚與世俗之所尚確有對立的一面，審美按照人應該有的樣子朝上看，而不是按人現實的樣子朝下看。

　　堅持理義可以養成至大至剛的人格，追求玄理可能形成荒忽清狂的人格；前者近於孟子，後者近於莊子。這兩種人格都有傲岸的特點，容不得齷齪之胸、窮酸之氣。

二、「理」與「識」

　　「識」是藝術家的必備修養之一。劉勰提出「積學以儲室，酌理以富才，研閱以窮照，馴致以懌辭」（《文心雕龍》〈神思〉），將「學」「才」「識」「力」諸因素連結在一起。唐宋以後，明確強調「識」之重要者漸多。「識」一般是指人的見地；因人的見地與學習他人的思想成果密切相關，所以有時又稱「學識」；而人們更要求「識」不止於既有道理的認同，還當有自己的創新、獨到之處，故而常見「膽識」連用。葉燮以「才」「識」「膽」「力」四者概括藝術家的資稟，認為「識」是體，「才」是用；若「才」不足，當先推求於「識」。文章之能事始於「識」，因為主體若無識見，即使「理」「事」「情」錯陳於前也茫然莫辨：

　　惟有識則是非明，是非明則取捨定，不但不隨世人腳跟，並亦不隨古人腳跟。非薄古人為不足學也；蓋天地有自然之文章，隨我之所觸而發宣之，必有克肖其自然者，為至文以立極；我之命意發言，自當求其至極者。（《原詩》內篇）

　　「識」應該是個體直面世界的洞見。主體有識見便能明是非，定取

捨，直截把握天地萬物之理，自然合於古人，所以反求諸己至為重要。

「識」與「理」密不可分。魏僖總結為文之道，認為在於「積理」與「煉識」。據他看來，「人生平耳目所見聞，身所經歷，莫不有其所以然之理，雖市儈優倡大猾逆賊之情狀，灶婢乞夫米鹽凌雜鄙褻之故，必皆深思而謹識之，醞釀蓄積，沉浸而不輕發」（〈宗子發文集序〉），一旦臨文，所積自然奔湧而出。而所謂「煉識」，即是指「博學於文，而知理之要；練於物務，識時之所宜」（《答施愚山侍讀書》）。魏僖主要從散文形式的敘事作品著眼描述「積理」與「煉識」，不過其基本意旨則符合各個藝術門類。

一般來說，人們重視「煉識」主要在於明理。天地萬物存在客觀之理，有待人們去發現，「識」便是人的發現能力。清人惲敬以為：「作文之法，不過理實氣充。理實須先致知之功，氣充先須寡慾之功。」（《答來卿》）將「氣充」與「寡慾」連繫起來，是依據孟子的思想，將「理實」與「致知」相連繫，本於《大學》的觀點。「致知之功」就是「識」。事實上，唐宋以後人們重「識」受到佛學的影響，釋家以「識」為認知世界的能力。藝術活動也有待以識明理。陸希聲寫道：「詩人之作，本於風俗。大抵以物類比興，達乎情性之源，自非觀化察時，周知民俗之事，博聞多見，曲盡萬物之理者，則安足以蘊為六義之奧、流為絃歌之美哉！」（《北盧錄序》）「觀化察時」等等也是「識」。在這種意義上，「理」是「識」的結果。

但是人們又常常以「識」為識見，即認識的成果本身。嚴羽在《滄浪詩話》中稱：「學詩者以識為主，入門須正，立志須高；以漢、魏、晉、盛唐為師，不作開元、天寶以下人物。」其實這是「從最上乘，具正法眼，悟第一義」的換一種說法，這種既正且高的「識」主要是指識見。據何世璂記述，王士禎曾教導說：「為詩需要多讀書，以養其

氣；多歷名山大川，以擴其眼界；宜多親名師益友，以充其識見。」（《然燈記聞》）分開來是如此說，綜合起來則多讀書、遊山川、親師友三者都能提高識見。在這種意義上，「理」是「識」的內容。

清代另一位學者李沂談到：「詩須識高，而非讀書則識不高。」（《秋星閣詩話》）這話固然不差，只是還當進一步概括。讀書主要是為了明理，而明理的途徑不只是讀書。所以從更大範圍內說，不僅「煉識」有助於「積理」，而且「積理」反過來有助於「煉識」。一方面，無論是自然之「理」還是人倫之「理」，都充實著個體的識見，另一方面，熟練掌握思維之「理」，可以直接促進「識」的能力本身的提高。讀書對於「識」的促進，正表現於充實和提高兩個方面。

三、「理」與「情」

如果說「積理」促進胸襟的陶冶涉及藝術家的品格修養，促進識見的提高涉及藝術家的能力培養，那麼，主體在從事藝術活動時如何調整「理」與「情」的關係則直接關係到能否對生活作審美把握。

「理」與「情」是一對矛盾範疇。歷史地看，重「理」與重「情」是社會發展的槓桿之一，在一定程度上決定著時代文化風貌的更替。漢民族總體上偏重於道德理性，重「情」傾向間或衝破理性的約束，帶來社會面貌的更新。如本書中篇所述，先秦兩漢重「理」，結果出現魏晉南北朝的情感奔突；隋唐時期又漸趨理性化，繼之以唐末五代的再度鍾情；宋明理學禁錮既久，明後期因而形成尚「情」的洪流。這種情況不限於我國，西方中世紀之後出現文藝復興，古典主義持續一段時間後又導致浪漫主義抬頭……凡此種種，反映出矛盾方面主導地位相互轉化的必然性。

「理」與「情」的矛盾在個體人身上表現得最為集中和突出，而且貫穿於個體的一生。在這裡，「情」是人性的自然流露，「理」（特別是

倫理之「理」）則代表著社會的文化規約。任情而行似乎是個體的自由，但是這種自由可能流於輕浮；據理而動體現群體的要求，但是生活可能失之古板，顯得過於沉重。任情而行似乎保持了自我，但它可能僅僅是感性的自我；據理而動往往只是占有作為社會舞台上某一規定角色的自我，而不幸地喪失內在的真我。毋庸置疑，這種矛盾構成人的社會化生存的內在張力。清人王玠的看法頗有道理，他說：「理范於同，而情生於獨，獨之所生固未可強同。」（《王石和文》〈文情〉）除了代表群體性要求和個體性要求的性質上的區別以外，主「理」與主「情」還明顯存在心靈活動狀態的分野。首先是「理」方而「情」圓。所謂「方」是指確定性、有序性，如同一塊磐石，棱角分明；所謂「圓」是指不確定性，無序性，如同一汪水銀，隨遇變形。其次是「理」直而「情」綿。「理」可以被昭示，範圍、界限清晰，但可能抽象而無味；「情」則綿延不斷，混茫一片，卻顯具體而有趣。無怪乎一些言理詩淡乎寡味，袁宏道甚至認為，「入理愈深」而「去趣愈遠」（《敘陳正甫會心集》）。

知性可以把握「理」，但是不能把握美；「情」參與創造美的形象，但是美的形象不限於「情」。由此我們易於理解，在審美和藝術活動中，「理」與「情」均不可少。

「理」與「情」能否達到有機的統一？在主情派中的確存在極端的觀點，如湯顯祖曾說過：「情有者，理必無；理有者，情必無。」（《寄達觀》）我們最好將它看作是偏激的言論，因為即使在湯氏所撰的「臨川四夢」中，也並非只是情，沒有理。主理派幾乎普遍要求以理馭情或以理節情，這在道德領域也許是可行的，但是在審美領域則多有負面作用。藝術籲求寓情於景，寓理於情，不僅有情景的交融，還要有情理的交融。唐代李嶠以「情理」為詩的「十體」之一，指稱「敘情

而入理致」一類作品，他認為，像「游禽知暮返，行人獨未歸」（《評詩格》）便是情理交融之作。

　　「理」與「情」的融合情形因藝術形式的不同而有差異，但這只是量度問題。鄒祗謨的看法不無道理：「作詩之法，情勝於理；作文之法，理勝於情。乃詩未嘗不本理以緯夫情，文未嘗不因情以宣乎理，情理並至，此蓋詩與文所不能外也。」（《尺牘新鈔》二集）「情」與「理」的不可或缺還可以從藝術接受角度見出：一般來說，欣賞自然而然地注重體味作者情的律動，批評則較為注重於作品所蘊之理的揭示，包括「物理」與「倫理」「思理」與「文理」、可言之「理」與不可言之「理」等。

　　當然，不是任何一種「情」與任何一種「理」都可結合而加以審美表現的。王夫之指出：「經生之理，無關詩理；猶浪子之情，無當詩情。」（《古詩評選》卷五）經生講求功利、機巧，浪子一般玩世、厭世，藝術要求超越直接功利，要求對於人生具有正價值，因而拒斥經生之「理」，浪子之「情」。

　　順便提及，當代學界有些論者意欲建立情本體論哲學，這對於美學建設是一種奇思妙想，只是未必能夠實現。本體在我國古代又稱作「本根」，「情」為性之動，「性」為水，「情」為波，「性」才是本根，「情」如何能處此地位？「情」通常屬於感性領域，以感性因素為本，不免流於膚淺。當然，「情」也可以蘊藏深層次的心理內容，但這樣的深情已不是單純的情，它蘊涵著「性」，潛藏有「理」，體現了「志」；若以之為本體，則可以說是「情志」「情理」或「情性」的復合。

第三節　「理」在藝術作品中的體現

嚴格說來，「理」在藝術作品中只是「體現」，而不是直接地「表達」。作品切忌說理，不能以名理相求；但「理」卻有幾乎是全方位的滲透，包括「文」與「質」「形」與「神」「正」與「變」等方面。沒有「理」的參與建構，這些矛盾方面都難以真正成立。

藝術批評活動中論「理」成分頗多，由於它同樣涉及批評家的修養和作品的構成，篇幅所限，茲不另述。

一、「理」與「文」「質」

「文」與「質」是一對矛盾範疇，「理」與這對範疇密切關聯。

就人而言，「文」指表現於外的文飾、儀表，「質」則指內在的品質、德性。孔子說：「質勝文則野，文勝質則史。文質彬彬，然後君子。」（《論語》〈雍也〉）這裡所謂「野」是指失之粗樸，所謂「史」則指泥於修飾。孔子認為，只有將善良的品質與完美的文飾融合為一體，才是人應該有的樣子。正是人的美構成了審美尺度，對於藝術品也可作如是觀。皇甫湜寫道：

> 夫文者非他，言之華者也，其用在通理而已，固不務奇，然亦無傷於奇也。使文奇而理正，是尤難也。……夫言亦可以通理矣，而以文為貴者非他，文則遠，無文即不遠也。以非常之文，通至正之理，是所以不朽也。（《答李生第二書》）

作者主要就散文立論，突出了「理」的地位。誠然，「理」與「質」是交叉概念，二者不能完全等同；但「理」構成「質」的主要部分，所以「文」與「理」對舉也未尚不可。

　　文因質立，質資文宣。一般而言，「質」居基礎地位。歐陽修認為，「中充實則發為文者輝光」（《答祖擇之書》）。按照他的觀點，「中充實」當是指明道，後人有的稱之為「明理」。有關的「物理」「倫理」既明，加之以思理練達，這是「中充實」的基本內涵，是此通過文字表述，便見文采輝光。王安石就歐陽修的為人為文作了深情的闡述，切合此語：

　　如公器質之深厚，智識之高遠，而輔學術之精微，故充於文章，見於議論，豪健俊偉，怪巧瑰奇。其積於中者，浩如江河之停蓄；其發於外者，燦如日星之光輝。其清音幽韻，淒如飄風急雨之驟至；其雄辭閎辯，快如輕車駿馬之奔馳。世之學者，無問乎識與不識，而讀其文則其人可知。（《祭歐陽文忠公文》）

　　生活中的歐陽修器質深厚，智識高遠，學術精微，明察事理，故其為文，或為清音，或為雄辭，都無不得宜。

　　劉勰認為，「立文之本源」在於處理好「情」與「采」，即「質」與「文」的關係。在其語境中所謂的「情」其實還包括「理」，因此他以「情」「理」為經而以文辭為緯，認為「經正而後緯成，理定而後辭暢」（《文心雕龍》〈情采〉）。「辭暢」是言辭有法有則，合乎規律，也就是文理通暢；而文理通暢不是孤立的符號操作的有序，更是思想內容外化的結果。「理定」相對於「質」而言，「理」一方面是其構成要素（「倫理」或「玄理」等），另一方面又是其組織形式（作為「思理」）等。只有這樣看待，才能正確把握內容（「質」）與形式（「文」）的有機統一關係。

　　當然，形式也有其自身的相對獨立性，「文」與「質」相輔相成。

劉善經就文章（包括詩賦）的形成有則經驗之談值得注意，他説：「凡制其文，先布其位，猶夫行陣之有次，階梯之有依也。先看將作之文，體有大小；又看所為之事，理或多少。體大而理多者，定製宜宏；體小而理少者，置辭必局。……理貴於圓備，言資於順序，使上下符契，先後彌縫，擇言者不覺其孤，尋理者不見其隙，始其宏耳。」（《文鏡秘府》〈定位〉）

基於上述，我們可以説，「理」參與「質」和「文」的構成並影響著二者的有機統一。

二、「理」與「形」「神」

「形」與「神」是同「文」與「質」接近但又有不同的一對範疇。它們的相同點是涉及表與裡或外與內的層次關係，大致同外觀與內蘊的劃分相平行。它們的差異是多方面的，「文」與「質」主要就文本而言，尤其適用於文學文本；「形」與「神」主要就形象而言，涉及所有的藝術門類，其中尤以造型藝術最為突出。此外，「文」與「質」的表裡之分較為確定，「形」與「神」則只存在邏輯上的表裡關係，在具體型象上「神」同樣表露於外。

「形」指形體、形貌，「神」是神氣、神采，二者合成藝術形象。中國古代藝術由於偏重於表現，因而重「神」甚於重「形」。南朝謝赫自己作畫其實很講求形似，但評畫時仍將神采置於首位，如稱晉明帝的作品「雖略於形色，頗得神氣。筆跡超越，亦有奇觀」（《古畫品錄》）。最著名的當是蘇軾的觀點，他認為：「論畫以形似，見於兒童鄰。」（《書鄢陵王主簿所畫折技二首》）按蘇軾的思想，他並不是鄙薄形似，只不過鄙薄唯形是求罷了，其本意是強調「神」更重要。形似也好，神似也好，其參照系統中都有「理」存在。

「形」的描繪要求合乎「物理」。蘇軾非常讚賞吳道子畫人物的逼

真，簡直如同以燈取影，深得自然之數，即「物理」。據沈括在《夢溪筆談》記述，歐陽修曾得一幅題名《牡丹叢》的古畫，牡丹之下還有一隻貓。一天請他的親家吳育評判畫的精粗好壞，吳育一見便說：「這是正午牡丹。」其理由是畫中花瓣披開，顏色乾燥，且貓眼眯成一條線；若在早晨，花房收斂，因有露水而色澤鮮豔，且貓眼早晚是圓睜的。從這個故事中可以見出，藝術品的創作者與鑑賞者都需要精研物理。西方傳統繪畫對形似較為重視，所以文藝復興時期一些藝術大師無不精通解剖學、透視學等。

「神」的表現要求合乎倫理、玄理。由於它們有複雜、微妙的組合，論者常泛稱為「神理」。

對於人物形象，人們偏於強調要符合其社會地位或歷史角色，其性格特徵由特定的社會關係所決定，倫理成分相對突出。如郭若虛總結經驗道：「畫人物者，必分貴賤氣貌，朝代衣冠：釋門則有善功方便之顏，道像必具修真度世之範，帝王當崇上聖天日之表，外夷應得慕華欽順之情，儒賢即見忠信禮義之風，武士固多勇悍英烈之貌。」（《圖畫見聞志》〈論製作楷模〉）如此等等。個體作為某一特定群體的代表者來加以描繪，往往是敘事性藝術形式（戲劇、小說等）的著力點，在「典型」理論中講傳神，主要涉及這一層次的「理」。

以審美的眼光觀察外部自然，山水質有而趣靈，也就是流露出神氣。不過，山水詩畫中，人們更熱衷於表達玄理。宗炳自言畫山水是為了澄懷觀道和暢神，他認為，當人面對山水畫，「應會感神，神超理得，雖復虛求幽岩，何以加焉？又神本亡端，棲形感類，理入影跡，誠能妙寫，亦誠盡矣」（《畫山水序》）。自六朝以降，我國山水詩畫久盛不衰，人們普遍追求「超以象外，得其寰中」。屠隆寫道：

詩道之所以為貴者，在體物肖形，傳神寫意，妙入玄中，理超象外，鏡花水月，流霞迴風，人得之解頤，鬼聞之慾泣也。（《鴻苞》〈論詩文〉）

我國「意境」理論中講傳神，所涉及的多為玄理。這固然與受到莊學和佛學的影響有關，但更應該看作是藝術家的形而上追求在欣賞山水時而獲得呈現；因為沒有得到道、釋濡染的西方山水詩人或畫家也有類似傾向。

三、「理」與「正」「變」

就藝術形式本身來說，存在著文理和法則。每一優秀的藝術品，都是藝術發展演變過程中的一個環節，其中既有藝術的恆定因素，也有變異因素。恆定的因素來自對傳統的繼承，變異的因素則是在傳統基礎上的創新。優秀的藝術品正像自然界的生物一樣，遺傳與變異並存。

劉勰在《文心雕龍》中列〈通變〉篇對此作了專門探討，提出很多中肯的見解。他寫道：

夫設文之體有常，變文之數無方……凡詩賦書記，名理相因，此有常之體也；文辭氣力，通變則久，此無方之數也。名理有常，體必資於故實；通變無方，數必酌於新聲；故能騁無窮之路，飲不竭之源。

「有常」與「無方」均相對於「理」而言，二者構成肯定與否定，或正與變兩個矛盾方面。此處所謂「名理」並非指一般意義上的邏輯，而是特指某一種文體的理念，這種理念是文體的本質定性。作品須資故實，即「常」；因時代背景和藝術家個性等存在差異，作品又必有獨

特的樣態，發為新聲，即「變」。

劉勰的觀點是對的，在此基礎上我們還可以從藝術家和藝術品中分辨出古典主義和浪漫主義兩種對立傾向。

古典主義傾向力圖堅持藝術之正。黑格爾以古希臘雕刻為古典型，認為它是藝術的最高範本。我國明代前「後七子」提出「文必秦漢，詩必盛唐」，也是試圖確立詩、文的正宗。一般來說，古典主義者重視傳統的繼承，強調會通古今，他們尋覓凝固的形式，要求遵循規範，恪守法則。十八世紀英國學院派首領雷諾茲在《第一次演說》中告誡學生，必須遵奉藝術大師確立的法則，不得有違；我國明、清文壇一些復古派人物視法度為藝術的生命，甚至要求像臨書帖一樣模仿古人的佳作。

因此，古典主義傾向突出的作品，一般理性化色彩濃重。並且，這樣的作品不僅講究形式上的法度、文理，還可能在內容上堅持義理。我國宋以後崇尚法度的藝術家幾乎都重視作品的教化功能；西方新古典主義時期的法國戲劇，不僅在形式上堅持「三一律」，而且在內容上以歌頌和維護王權為宗旨。

浪漫主義傾向力圖實現藝術之變。此種傾向占主導地位的藝術家強調師心、師目而不是師古。袁宏道寫道：「故善畫者，師物不師人；善學者，師心不師道；善為詩者，師森羅萬象，不師先輩。法李唐者，豈謂其機格與字句哉？法其不為漢，不為魏，不為六朝之心而已，是真法者也。」（《序竹林集》）他們認為藝術形式是流動的，沒有固定的法度，因此反對為前人之作所約束，追求在作品中顯現屬於自己的個性特點。雨果曾稱浪漫主義為藝術中的自由主義；徐渭在題畫詩中云：「從來不見梅花譜，信手拈來自有神。」雖然浪漫主義者一般重情而輕理，但是到底不能擺脫「理」的潛在規範，因為「師物」即

涉及「物理」，「師心」也存在「思理」，「物理」與「思理」都會從「文理」上反映出來。

「正」與「變」相輔相成，范溫記述黃庭堅的觀點說：

> 蓋變體如行雲流水，初無定質，出於精微，奪乎天造，不可以形器求矣。然要之以正體為本，自然法度行乎其間。譬如用兵，奇正相生。初若不知正而徑出於奇，則紛然無復綱紀，終於敗亂而已矣。（《潛溪詩眼》）

「正」是本，是基礎。「變」固然是歷史的必然，是自由創造的體現，畢竟應在「正」的基礎上發生；否則，若毫無規範可言，便只能歸人敗亂一路了。

四、「理」貴隱匿

藝術作品不能沒有「理」，但是藝術作品又不能直說「理」，否則它就成為思想觀念的圖解，喪失自身的特性。我們的先人早就意識到這一矛盾，嚴羽就詩歌發議論道：

> 夫詩有別材，非關書也；詩有別趣，非關理也。然非多讀書，多窮理，則不能極其至。所謂不涉理路、不落言筌者，上也。（《滄浪詩話》〈詩辨〉）

毋庸諱言，這段話在言詞表達上有不太明確、不太貼切之處，如「別材」「別趣」是就詩作言，還是就詩人言，給後世留下理解的歧義；「非關……」的直接意思是「與……沒有關涉」，但若如此把握則不免偏激。堅持以禪喻詩的嚴羽大約參照了禪宗的斗機鋒，旨在突出事物

存在的悖論。我們知解其意，「非關理」等當是就作品而言，「多窮理」等當是就詩人的修養而言。

「窮理」與藝術家修養的關係，上一節已作闡述；現在需要探討的是，藝術品為何「非關理」？這既需要考慮藝術的特性，又需要分辨藝術所涉之理的特點。

藝術家在創作時運用的是形象思維。形象思維是受情感推動、由理想導引的「神」與「物」游的過程，理性觀念（觀念形態的理）若插入其中，就彷彿一塊石頭絮入了樹幹，會破壞它的有機性。石頭也許含有鐵質、碳素等，確是大樹所需要的，但是它拒絕如此外在的楔入，而是要通過根系從土壤中吸收，化為自身的有機成分。質言之，在藝術作品中，「理」貴隱匿。

海涅曾將藝術家比作小小的造物主，甚為貼切。再現型藝術致力於塑造「第二自然」，它與現實世界相彷彿，可見的只有山川的形色，人世的悲歡，除事物的外在「文理」之外，諸如「物理」「倫理」「玄理」等焉可直觀？表現型藝術致力於傳達創作者內心的欲求，寓情於景，托物言志，所以人們從作品中直接見到的仍然是景，是物，是一形象世界。

若將「思維」作狹義把握，僅指稱抽象的、理論的方式，那麼可以說，形象大於思維。我們的先人推演世界各種事物的微妙關係，感到言不盡意，只好立象以盡意，因而製作了八卦；莊子游心於天人之際，觀賞那恍兮惚兮、幽兮冥兮的大道，感到妙不可言，於是只好借編織寓言故事來加以表達。藝術雖然不排除反映「物理」「倫理」，但它最為關注的是人類生存的價值、意義、奧秘，所涉及的理是玄妙的，難以言說甚至不可言說的，於是正如葉燮所描述的那樣：「則幽渺以為理，想像以為事，惝恍以為情。」（《原詩》內篇）「理」為「情」

「象」所蘊涵，方能在藝術中立足。

據《詩人玉屑》所載，杜甫曾說過：「作詩用事，要如禪家語，水中著鹽，飲水乃知鹽味。」（卷七）儘管它很可能屬宋人假托，但至少從宋時起人們已用鹽水喻詩。當代學者錢鍾書綜合中外一些美學家的觀點而寫道：

　　理之在詩，如水中鹽、蜜中花，體匿性存，無痕有味，現相無相，立說無說。所謂冥合圓顯者也。[5]

「理」，賦予藝術活動以骨力，甚至參與構成作品的靈魂，但它只能像鹽溶之於水那樣，隱匿在無形無跡之中。

本篇論述至此，該收筆了。筆者腦海裡突然呈現錢起的兩句詩，也許含有合乎此境的「理趣」，故錄之：

　　曲終人不見，江上數峰青。

5　錢鍾書《談藝錄》第231頁，中華書局1984年版。

結　語

　　前面筆者分述了「志」「情」「理」三個範疇，現在有必要綜合起來略加討論。

　　考察美學問題應該以人為出發點和歸宿點，人的心靈活動與生存狀態是我們理解審美和藝術創造的基礎。時代審美觀念的變遷，美學範疇的一般關係及其在不同時空條件下的微妙變化都可以據此而獲得較為切當的解釋。

　　一

　　「志」「情」「理」的一般關係是怎樣的呢？

　　「志」與「情」屬於基本的心性因素，顯而易見；只是「理」的歸屬問題較為複雜。所謂「物理」，固然是外在於人的客觀存在，但是當它被揭示出來，則是人對外部世界的一種把握，同樣以意識形式呈現；更進一層說，人總是憑藉自己的思理去把握物理，並且只能在思理所可能的限度內把握物理，康德所講的「人向自然立法」正是此之謂。在審美和藝術活動中，存在於人自身的性理更為重要。「性理」有廣義

與狹義之分，廣義的「性理」約略相當於心理，包括人的精神活動所有的帶普遍性、規律性的東西；狹義的「性理」通常被看作是人倫立法的基礎，不僅孟子所講的「理義」屬於這一範疇，連道家非常注重、儒家並不忽視的「天人一」的玄理也可歸入此列（莊子學派追求全性葆真就涉及玄理）。由此看來，我們可以從心靈這個「小宇宙」中考察「志」「情」「理」三者的關係。

宋明時期的思想家普遍認為「性」即「理」。在他們看來，天命之謂性，人與生俱來便有仁、義、禮、智「四德」，「四德」便是天理。筆者並不認為人心中的天理只是「四德」，儘管「仁」包含有與天地萬物同體的傾向，「仁」的境界包含有玄理成分；同時「四德」也未必都是天理，因為像「禮」這樣的範疇其實很難歸入德性，它主要出自對現實既有人倫關係的認同。而且。也許「性」並非只是「理」，正如王夫之曾指出過的，有「理」便有「非理」存在。「理」一般是確定的東西，必有不確定的東西與之並存，方能解釋人的心靈活動與人的生存狀態其實是有序與無序的統一。王夫之認為「志」為「性」所自含，「志」就包含有某種不確定性，為個體的自由選擇留下足夠的空間。當然，「志」本身又為人的心靈活動和生存方式帶來確定性，並且如孟子所指出的，它包含有「居仁由義」於自身。這樣看來，又可以反過來說，「性」為「志」所自含，即當它顯現為「志」的時候。「情」與「性」有表、裡之分。二者有吻合與背離兩種基本情形：當「情」吻合「性」，為「性」的自然表現，是為中節；當它背離「性」，僅為一己之私慾所撥動，則為不中節。先哲肯定前者而否定後者。至此我們不難看出，「志」「情」「理」三者以「性」為軸心連結在一起。

「志」「情」「理」三者中，「理」處於基礎地位。這是因為，宇宙的萬事萬物都有自身的法則作為存在的依據，不能設想人類應當享有

擺脫一切法則的「自由」；如果真有這樣的「自由」，必將導致群體生活的無序，人類就不配稱作「文化生物」，對於每一個體來說也將是一種災難。「自由」是基於內在必然性的精神或實踐活動，包含「理」於自身。「自由」與其被理解為任意，不如理解為任志。「志」在人的生存中應該居主導地位，人類的歷史發展得益於「志」的潛在制導；對於個體來說，「志」不僅為其成長定向，而且為其一生的活動提供不竭的動力源泉。「情」是維繫人類的群體關係的紐帶，並使人類的生活有滋有味；它與「志」所經常表現的那樣屬於心靈的意向活動，也為人的行為提供動力。在審美與藝術活動中，「情」占有主幹地位，因為它很容易由現實感性對象激發，且在不經意中與映人頭腦的物像融為一體而形成審美意象。但是必須注意的是，如果沒有「志」的統率，「情」有可能流於盲目；如果沒有「理」蘊涵其中，「情」有可能顯得輕飄。中國古代美學家往往「情」「性」或「情」「志」並舉是很有見地的，只有關聯著「性」和「志」的情感才是真正的審美情感。

　　二

　　無論是個體一生，還是社會的歷史發展，「志」「情」「理」三者並非處於靜態平衡之中，常常一端凸現而其餘隨從，何者占支配地位，時有更替。一般來說，主「情」與主「理」尖銳對立，相互否定傾向最為顯目；「志」既必然包含著「理」，又較為容易與「情」匯合，所以尚「志」常能秉中而執兩。

　　探究「志」「情」「理」三者的動態關係是一件複雜卻饒有興味的事情。就個體一生而言，往往是少年期較重「情」，青、壯年較尚「志」，晚年較重「理」；就個體性別而言，男性大多屬於理智型，女性大多屬於情感型。這些都是不爭的事實，此處我們無暇深入地進行闡釋；也許更有必要的是社會歷史角度的考察。

正像生物的變異必須考慮特定環境的促成一樣，探究「志」「情」「理」三者一般關係發生變化的成因也不能不注意相關的外部條件。

首先是地域因素。我國以秦嶺一淮河為分界線，形成南北氣候的分野：南方降水充沛，氣候較為濕潤；北方降水稀少，氣候較為乾燥。與之相關，南方土壤豐厚，到處綠蔭掩映；北方土壤貧瘠，即使是山，也多見巨石嶙峋。氣候、食物、地貌等決定著南方人與北方人具有顯然不同的氣質特點：南方人較為柔和，北方人較為剛直。反映在審美觀念上，偏柔者尚「情」，偏剛者尚「理」；表現於藝術實踐中，便有「吳儂軟語」與「燕趙悲歌」的風格差異。魏徵曾指出：

> 江左宮商發越，貴於清綺；河朔詞義貞剛，重乎氣質。氣質則理勝其詞，清綺則文過其意。理深者便於時用，文華者宜於詠歌。此其南北詞人得失之大較也。（《隋書》〈文學傳序〉）

「清綺」是基於緣情，緣情之作多見妍媚。「氣質」當理解為氣顯質實，與現代之所謂涵義不同。筆者管見，這種南、北差異可以上溯到先秦文學乃至學術，適用於楚辭與《詩經》《莊子》與《孟子》等的比較研究。

其次是時代因素。本書各篇都設專章描述了範疇的歷史演變，從中可以看出，「情」與「理」構成一對矛盾範疇，在人們的思想觀念中有規律地交替更換其支配地位：凡是主「理」傾向過久，必然跟隨一個主「情」時代，力圖突破禁錮而獲得解放；而尚「情」既久，人們的精神有可能變得疲軟無力，需要一種剛性注入，於是重新尋求「理」的規範或呼喚「志」的高揚。對於社會發展是如此，對於個體生活也是如此，甚至可以說，後者是前者的基礎。不過，從社會角度更容易

發現，「情」「理」支配地位的交替中，哲學觀念發揮了對其他文化領域的強大影響。我國魏晉玄學的興盛直接引出晉代文學的主「理」傾向，玄言詩幾乎可以看作是玄學與文學的嫁接。理學在唐後期開始孕育（韓愈、李翱等始），至北宋而勃興，接著延續了幾個世紀，宋詩主「理」的基本原因之一便是植根於這樣的思想土壤。

比較而言，尚「志」的傾向有些特殊，它並不取決於明晰的思想觀念，卻真切地反映出時代精神。秦漢與盛唐藝術，包括詩文、雕刻、書法等，未必有意識地追求「言志」（由於「情」「志」詞義已分離，此取狹義），卻自然而然地理想高遠，氣勢壯闊；明、清時期幾乎是眾口一詞要「言志」，其藝術實踐則大多是在偏重「情」或偏重「理」之間兜圈子，未能充分顯現理想的光華，不免氣度狹小。當然，我們並不認為只有壯美形態的作品才稱得起尚「志」；事實上，如陶潛、王維的詩，胸懷廣宇，心隨大化，同樣是「言志」的典範之作。判別是否真正尚「志」，主要看藝術家和藝術品是否有宏闊的境界，它是志高、志遠、志潔的必然產物。

三

儘管因人、因地、因時可能出現偏重一端的傾向，但是審美和藝術活動本質上要求「志」「情」「理」三者全部到場並達到有機統一。這是因為，審美不只是對對象的觀照，同時更是主體從對象中直觀自身。只有從中看到了一個豐富的、健康的、自由的自我，對象才被認作是美；「志」「情」「理」作為審美主體的基本構成要素，缺一不可，尤其在藝術活動中，更易見出三者的共同參與。

音樂常被作為表現型藝術的代表，主體性因素異常突出。音樂擅長於抒情，音聲的波動適宜於顯示或激發主體的情感律動；它也方便於宣志，即使是如泣如訴的旋律，如阿炳的《二泉映月》，同樣蘊涵著

對美好人生境界的深切期盼。由於內心的情感得以宣洩，內心的憧憬得以表現，所以音樂能有力地促進心靈達到和諧。嵇康認為：「可以導養神氣，宣和情志，處窮獨而不悶者，莫近於音聲也。」（《琴賦序》）心靈的和諧須以合理為前提條件，音樂一方面通於倫理，如〈樂記〉之所言；另一方面包含著數理，西方有人（如萊布尼茲）甚至將它看作是心靈的數學練習。存形莫善於畫。繪畫作為再現型藝術的代表，注重反映客觀的物像。但這並不等於說這門藝術沒有體現主體性的要求，恰恰相反，繪畫中的藝術形象也同樣如黑格爾所說，被化為千眼的阿顧斯，「通過這千眼，內在的靈魂和心靈性在形象的每一點上都可以看得出」[1]。安格爾是法國十九世紀古典主義畫派的首領，他的一些女性裸體畫大多神態寧靜，其實那是藝術家「志」、「情」「理」達到諧調的產物。作者表達自己的觀念說：

> 藝術的生命就是深刻的思維和崇高的激情。必須賦予藝術以性格，以狂熱！熾熱不會毀滅藝術，毀滅它的倒是冷酷。[2]

顯而易見，作者持「情」「理」並重的觀點。他還認為，藝術傑作的使命是誘導和堅定人們所建立的信念（「志」），而不是炫人耳目。

事實上，能夠成為後世光輝楷模的藝術大師，其作品一般都體現了「志」「情」「理」的和諧統一。王夫之辨析「小家」與「大家」時寫道：

1　黑格爾《美學》第一卷，第198頁，商務印書館1979年版。
2　見於《外國美學》（2），第377頁，商務印書館1986年版。

　　藝苑品題有「大家」之目，自論詩者推崇李、杜始。李、杜允此令名者，抑良有故。齊、梁以來，自命為作者，皆有蹊徑，有階級；意不逮辭，氣不充體，於事、理、情、志，全無干涉……此謂小家。李、杜則內極才情，外周物理，言必有意，意必由衷；或雕或率，或麗或清，或放或斂……此謂大家。（《薑齋詩話》卷二）

　　認為「小家」與「事」「理」「情」「志」全無干涉，有誇大之嫌；說「大家」兼得「情」「志」「理」，則合乎實際。在「志」「情」「理」三者中，王夫之尤為強調「志」的統率作用，他說：「詩言志，又曰詩以道性情。賦，亦詩之一也。人苟有志，死生以之，性亦自定，情不能不因時爾。」（〈薑齋六十自定稿序〉）人若有「志」，連死、生之慮都不能擾亂心境，自然會理定而情暢。這樣論述很有見地。

　　審美一般以直覺形式進行，藝術家也多是憑自己的審美直覺從事創作。在直覺中，「志」往而「神」隨，「理」融而「情」暢，「心」「物」交流的過程讓情感與物像的結合得以凸現，「志」的導引與「理」的滲透則讓人不知不覺。正因為如此，主體便既獲得了精神的自由，又體驗到對象的生意，從而最終完成美的形象的創造。

後　記

　　一些年來，筆者主要致力於美學基礎理論的研究，雖然對我國傳統文化有濃厚興趣，且間或發表一些文字，但是帶有「游擊」性質；應約撰寫本書，私擬為一場攻堅戰。寒暑一週，全力以赴，不敢懈怠。

　　寫作過程中，特別參考了張岱年先生的《中國哲學大綱》和陳良運先生的《中國詩學體系論》，受益甚多，文中未能一一註明。陳良運先生自始至終關注本書的寫作，從最初的提綱到最後定稿，都仔細過目，提出了許多寶貴意見。

　　學界前輩蔡鍾翔先生和百花洲文藝出版社朱光甫同志不辭辛勞，審閱了全書並多有匡正，在此一併致以謝忱。

　　筆者側重於解析問題，因而不避一孔之見，甚至對某些流行的、「權威的」觀點也不求苟同。

　　識淺見謬之處，願得方家指正。

　　一本書的脫稿，彷彿送別一門生出山，期盼與不安並存。心血凝聚為成果，固然值得欣慰；可是它能適應複雜的實際情形嗎？它能經

受嚴峻的時間考驗嗎？不得而知。

　　這種時空意識既是壓力，又是動力，激勵著筆者送往迎來。

　　　　　　　　　二〇〇二年七月三日於武昌南湖之濱

昌明文庫·悅讀美學　A0606013

志情理：藝術的基元

作　　　者	胡家祥	
責任編輯	楊家瑜	
發 行 人	陳滿銘	
總 經 理	梁錦興	
總 編 輯	陳滿銘	
副總編輯	張晏瑞	
編 輯 所	萬卷樓圖書股份有限公司	
排　　　版	菩薩蠻數位文化有限公司	
印　　　刷	維中科技有限公司	
封面設計	菩薩蠻數位文化有限公司	

出　　　版　昌明文化有限公司

桃園市龜山區中原街 32 號

電話　(02)23216565

發　　　行　萬卷樓圖書股份有限公司

臺北市羅斯福路二段 41 號 6 樓之 3

電話　(02)23216565

傳真　(02)23218698

電郵　SERVICE@WANJUAN.COM.TW

大陸經銷

廈門外圖臺灣書店有限公司

電郵　JKB188@188.COM

ISBN 978-986-496-321-8

2019 年 6 月初版二刷

2018 年 2 月初版一刷

定價：新臺幣 420 元

如何購買本書：

1. 轉帳購書，請透過以下帳戶

合作金庫銀行　古亭分行

戶名：萬卷樓圖書股份有限公司

帳號：0877717092596

2. 網路購書，請透過萬卷樓網站

網址 WWW.WANJUAN.COM.TW

大量購書，請直接聯繫我們，將有專人為您

服務。客服：(02)23216565 分機 610

如有缺頁、破損或裝訂錯誤，請寄回更換

版權所有·翻印必究

Copyright©2016 by WanJuanLou Books CO.,

Ltd.All Right Reserved　　**Printed in Taiwan**

國家圖書館出版品預行編目資料

志情理：藝術的基元 / 胡家祥著. -- 初版. --

桃園市：昌明文化出版；臺北市：萬卷樓

發行, 2018.02

　　面；　　公分. -- (昌明文庫. 悅讀美學)

ISBN 978-986-496-321-8(平裝)

1.中國美學史

180.92　　　　　　　　　　　　107002514

本著作物經廈門墨客知識產權代理有限公司代理，由百花洲文藝出版社授權萬卷樓圖
書股份有限公司出版、發行中文繁體字版版權。